진짜 중국어 단어 5000

초판 1쇄 펴냄 2015년 10월 26일
    3쇄 펴냄 2018년 8월 20일

지은이 이혜영
펴낸이 고영은 박미숙

펴낸곳 뜨인돌출판(주) | 출판등록 1994.10.11.(제406-251002011000185호.)
주소 10881 경기도 파주시 회동길 337-9
홈페이지 www.ddstone.com | 블로그 blog.naver.com/ddstone1994
페이스북 www.facebook.com/ddstone1994
대표전화 02-337-5252 | 팩스 031-947-5868

ⓒ 2015 이혜영

ISBN 978-89-5807-585-1 13720
CIP2015020797

DSL은 뜨인돌출판(주)의 어학 전문 브랜드입니다.

진짜 중국어 단어 5000

이혜영 지음

DSL

프롤로그

73개 언어를 공부하면서 수많은 벅찬 순간들을 만났어요. 영어의 문법이 환해지던 순간, 불어가 들리던 순간 등 뭔가 이루었다는 생각에 즐거웠던 순간들도 많았지만, 가장 골치 아팠던 중국어의 긴 터널을 빠져 나와 중국 드라마를 즐기게 되었을 때의 그 짜릿함은 아직도 저를 흥분시키곤 합니다. 바로 그때의 짜릿함을 여러분과 함께 공유하고 싶어 이 책을 시작하게 되었어요.

처음엔 10개 언어도 다 못 하고 포기하고 말았어요
대학을 졸업하자마자 유학생인 남편을 따라 프랑스에 가서 만만히 보았던 불어를 공부하느라 생고생을 하다가 겨우 자리를 잡았지요. 그런데 불어로 진짜 공부 좀 해 보려는 찰나에 사정이 생겨 학교에 진학하지 못했어요. 할 수 없이 집에 들어앉아 10개 언어에 도전을 시작했지요.

처음에는 그다지 어렵지 않았어요. 아니 생각보다 훨씬 수월하다는 생각까지 들었어요. 고등학교와 대학 시절 이미 배웠던 독일어를 다시 공부하는 일도 재밌었고요. 불어와 영어가 자리를 잡은 상태에서 스페인어를 하는 일은 거짓말 조금 보태서 누워서 떡 먹기 같았어요. 정말 쉽게 느껴졌던 스페인어와 달리 초반에 헷갈려서 고생을 했던 이태리어도 금방 극복할 수 있었어요. 우리말과 구조가 너무나 비슷한 일본어 공부를 하는 일은 마치 모래주머니를 버리고 달리는 것처럼 가볍기도 했구요.

그런데 중국어, 러시아어, 아랍어로 범위를 넓히며 10개 언어에 본격적으로 다가가던 어느 날 완전히 무너지고 말았어요. 그 당시 다른 언어들은 나름대로 높은 수준의 단계로 가던 시점이었는데, 새로 시작한 언어들이 이전의 언어들과는 달리 즐기기는커녕 초반 진입부터 발목을 잡은 거예요. 그중에서도 가장 골치 아픈 언어는 중국어였어요. 제 목표는 책을 자유롭게 읽는 것이었는데 그 많은 한자들을 어떻게 다 외울 것인가, 걱정만 하다가 결국은 10개 언어를 다 정복하지 못한 채 프랑스를 떠나 미국으로 왔어요. 공부만 하며 고달프게 살던 프랑스의 생활이 싫어서 미국에서는 즐기면서 살아 보려 했어요. 하지만 늘 두고 온 10개 언어가 맘에 걸렸어요. 특히 새해를 맞이할 때마다 '이제 정말 10개 언어는 정복하지 못하고 말겠구나' 하는 위기감이 들었어요. 그래서 다시 공부를 시작해 볼까 생각하다가도 중국어 한자에 생각이 미치고 '그 많은 걸 어느 세월에…' 하는 마음이 들면 금세 기운이 빠지곤 했어요.

73개 언어 도전, 중국어 때문에 괴로웠어요

2012년 새로운 각오로 다시 공부를 시작했어요. 원래는 그렇게 두고 온 10개 언어를 마무리할 생각이었는데 어찌하다 보니 73개 언어로 늘어나게 되었어요. 개인적으로 프랑스에서 문법으로부터 자유로워진 순간을 경험하고 나서는 어느 언어도 문법 때문에 고생을 하지는 않았어요. 단어도 사전을 이용해서 공부하면 효율적으로 외울 수 있기 때문에 73개 언어에의 도전도 그리 두렵지는 않았어요.

그런데 중국어는 여전히 73개 언어 공부 내내 큰 두통거리였어요. 사방에서 중국어 한자가 저를 짓누르고 있는 것만 같았어요. 프랑스에서 불어사전을 외워 본 경험이 있던 저로서는 단어를 외우는 일이 그리 두렵지는 않아요. 그런데 사전을 외우는 일도 나름 단계라는 것이 있는데 중국어는 그게 통하지를 않았어요.

그렇다고 중국어를 빼고 72개 언어를 공부하고 싶은 마음은 추호도 없었어요. '어떻게 해서든 내가 할 수 있는 최선을 다하다 보면 좋은 방법이 생길 거야…'라는 믿음으로 일단 정석대로 공부를 진행했어요. 시중에 나와 있는 교재들을 사서 열심히 공부했어요. 공부하는 중간중간 약간의 희망을 갖고 〈보보경심〉이라는 중국 드라마를 자막을 켜서 보곤 했는데, 도저히 따라갈 수가 없었어요. 제가 원하는 건 100%의 완벽한 이해도 아니고 50~60% 정도의 흐름 파악이었는데도 그게 불가능했어요. 괴로웠어요.

저에게 중국어의 기적이 일어났어요!
그러던 어느 날 73개 언어 공부 자체에 회의를 느꼈다고나 할까, 마음이 어수선하고 몸이 좀 아팠어요. 공부를 전폐하고 쉬고 있는데 '이 기회에 그동안 시간이 없어서 등한시했던 한자를 주구장창 쓰면서 마음을 다스리면 좋겠다!!!'라는 생각이 퍼뜩 드는 거예요. 그래서 『HSK 필수어휘 8822』라는 책을 들고 표제어만 반복해서 쓰기 시작했어요. 그렇게 한두 달쯤 인사불성이 되어 쓰다 보니 갑자기 중국어 세상이 달라지기 시작했어요.

저에게 놀라운 일이 일어났어요!

혹시나 하는 마음에 들어 본 〈보보경정〉(보보경심 속편)이라는 드라마의 내용이 눈에 들어오더라구요. 드라마가 어떻게 돌아가는지 50~60% 이상 이해한 것 같고요, 자막도 전처럼 그렇게 후다닥 지나가지는 않았어요. 만세!!!! 〈보보경정〉의 자막을 어렵지 않게 읽어 내며 드라마를 즐기는 내내 심장이 뛰기 시작했어요. 그리고 단숨에 드라마 35편을 다 해치우고 말았어요. 하하.

중국어가 갑자기 가벼워지는 순간을 만난 거예요. 제 목표는 73개 언어로 자유로운 독서를 하는 것인데, 중국어의 두통에서 해방이 되니 73개 언어 공부의 무게가 거짓말 조금 보태서 반으로 줄어든 것만 같았어요.

요즈음 한국에서도 중국어의 열기가 뜨거워지면서 중국어 공부를 시작한 분들이 많다고 들었어요. 물론 중간에 포기한 분들도 많으실 테지요. 저 역시 중국어 공부 때문에 충분히 괴로웠던 사람 중 한 명이었으니까요. 하지만 중국어를 하나도 모르던 제가 중국 드라마 자막을 읽을 수 있게 된 것만 봐도 중국어를 독학할 수 있다는 건 분명해요~! 73개 언어에 도전하는 저도 했으니, 중국어만 공부하는 분들은 저보다 훨씬 빨리 해내실 수 있을 거예요. 여러분은 저보다 시행착오를 덜 겪고 더 빨리 중국어 기적의 순간을 체험해 보실 수 있기를 바라요.

중국어로 드라마를 보고 독서를 할 수 있게 되는 그 순간을 위하여 加油!!

레몬쌤이 전수하는 특별한 중국어 학습법

제가 한때 정신없이 베껴 썼던 '8822단어'가 이제는 '신HSK 5000단어'로 바뀌었다고 하네요. 와우!! 제가 공부할 때보다 단어가 3,822개나 줄다니~~. 여러분은 확실히 저보다 복이 많으시군요. 축하드려요! 그런데 시중 서점에서 5000단어가 한 권에 들어 있는 단어장을 찾을 수 없다고 하네요. 할 수 없이 중국어 전문가도 아닌 제가 용기를 내어 여러분이 편하게 5000단어를 쓰면서 외울 수 있도록『진짜 중국어 단어 5000』단어장을 만들었어요. 본래 목마른 사람이 우물을 파는 거지요. 이 단어장에는 중국 교육부에서 발표한 신HSK 5000단어 외에 모든 단어의 시작 글자인 표제자를 따로 넣었어요.(물론 5000단어 중 한 글자 단어 역시 표제자이지요.) 제 경험상 중국어는 처음부터 단어를 다 외우려고 들면 너무 많아서 힘들더라고요. 하지만 일단 표제자를 이해하고 나면 울타리를 만들어 놓은 것과 같아져요. 돌아서면 잊어버리는 상황에서 외워 두면 꽤 오래가는 상황으로 바뀌게 되는 거죠. 저의 경우에도 일단 시간을 내어 표제자를 외운 것이 오랜 방황을 끝내는 길이었거든요.

1단계 ▶ 표제자 밑에 한글 독음을 써 본다.

표제자 공부를 하기 위해 제일 먼저 한 일은 표제자들을 베껴 쓰는 일이었어요. 그런데 신기하게도 8,822개 단어의 표제자를 깨알같이 정리하고 보니 노트로 다섯 페이지밖에 안 되는 거예요. 이때부터 저도 모르게 '해 볼 만하겠다'는 생각이 들었어요. 일단 표제자의 한글 독음을 익히기로 하고, 한자 바로 밑에 이미 알고 있는 한자의 독음을 써 보기 시작했어요. 처음엔 중국어 간체자가 눈에 잘 들어오지 않아 한 장의 20%도 채우지 못했어요. 그런데 바꿔서 생각해 보면 이미 알고 있는 한자가 20%나 되는 거잖아요. 자신감이 생기더라구요.

『HSK 필수어휘 8822』 책을 옆에 두고 한 페이지에 한글 독음을 다 쓰고 나서 그 페이지를 다섯 번씩 반복해 썼어요. 그렇게 다섯 번을 반복해서 쓰고 나면 어느 정도 자리가 잡히는 듯한 느낌이 들어요. 아직 부족하다는 느낌이 드는 분은 눈으로 보면서 외워 보세요.

Tip ❶ 직접 표제자를 한 자 한 자 쓰는 수고를 덜어 드리기 위해 343p에 있는 샘플처럼 미리 표제자를 다 모아 놓았습니다. 뜨인돌출판사 홈페이지(www.ddstone.com ≫ 독자마당 ≫ DSL 자료실)에서 〈신HSK 1~6급 표제자 필사 노트〉를 다운받은 후, 다섯 부를 인쇄하여 각 페이지를 다섯 번씩 반복해서 써 보세요.

2단계 ▶ 표제자 밑에 한자를 써 보면서 병음까지 익힌다.

한글 독음 쓰는 게 어느 정도 자리를 잡았다는 느낌이 들자, 이제 본격적으로 중국어 발음, 즉 한어병음으로 읽는 법을 익히면서 한자까지 써 보기로 했어요. <u>단어장을 옆에 두고 병음을 입으로 중얼거리면서 한자를 따라 쓰는 거지요.</u> 역시 한 페이지씩 완성을 하고 다음 페이지로 넘어가는 방법을 택했어요. 한글 독음 쓰는 방법은 생각보다 빨리 끝났지만, 발음을 확인하며 한자를 써 가는 공부는 거의 두 달 가까이 걸렸어요. 헉 놀라셨나요? 몇 장 안 되지만 한자 한 글자를 쓰는 데 절대적인 시간이 필요해서 한 페이지를 끝내는 것도 그야말로 '일'이었어요. 그런데 아무 생각 없이 이 '일'을 즐기다 보면 어느 순간 복잡한 머릿속이 아주 깨끗하게 정리가 된답니다. 모든 공부가 그렇겠지만 언어는 특히 반복의 과정이 중요해요. 반복의 과정이 적당히 받쳐 주어야만 다음 과정이 가능해지더라구요. 반복의 과정을 머리를 식히는 과정으로 여기고 시간을 충분히 할애하면 드디어 언어에 날개가 달리는 거예요.

> **Tip ❷**
> 1단계에서 한글 독음을 써 보면서 본인은 몇 번쯤 써야 외워지는지 대략 감을 잡았지요? 역시 1단계와 똑같은 파일을 다섯 부씩 인쇄하여 최소한 다섯 번씩 써 주세요. 다섯 번으로 안 되겠다 싶은 분은 열 번, 열다섯 번씩 반복해 주세요. 사실 저는 무한 반복 쓰기의 매력에 중독되어 수십 번씩 반복한 것 같아요.

3단계 ▶ 본격적인 단어 공부

"자, 이제 본격적으로 단어를 공부하는 거야!!!" 그리고 표제자 목록 만들 때 참고했던 책 『HSK 필수어휘 8822』를 들었어요. 기초가 완전히 다져졌으니 굉장히 수월한 공부가 될 것이라고 기대를 하긴 했지만, 단어들이 어찌나 선명하게 보이던지 하마터면 이 책을 붙잡고 대성통곡을 할 뻔했어요, 하하하. 물론 그 단어들의 뜻까지 다 깨쳤다는 건 아니에요. 당연히 공부가 더 필요했어요. 하지만 이 책을 처음 봤을 때의 한자에 대한 느낌을 기억하고 있던 저는 겨우 두 달 만에 실력이 엄청나게 향상되었다는 걸 깨닫고는 거의 기절초풍을 할 지경이었어요. 이 책이 전에는 물먹은 솜처럼 느껴졌다면 표제자를 죽도록 공부하고 나서는 물 빠진 솜처럼 가볍게만 느껴졌어요.

기뻐서 난리가 난 심장을 부여잡고 색칠을 시작했어요. <u>이미 표제자로 한자를 충분히 익혔다고 생각했기 때문에 단어는 색칠을 해 가면서 익히기로 했어요.</u> 한자 쓰면서 손가락이 너무 고생을 해서 더 이상 쓸래야 쓸 수도 없었어요….

> **Tip ❸**
>
> 1. 2단계의 '한글 독음 쓰기'와 '병음 확인하며 한자 따라 쓰기' 과업을 완수하셨다면, 앞에서 말씀드린 DSL 자료실에서 〈필사할 신HSK 1~6급 5000단어〉를 인쇄하세요. 일단 죽 훑어 가면서 확실히 아는 단어에만 초록색 색연필을 칠해 보세요. 뿌듯하지요? 이제는 뜻이 아리송한 단어에 주황색 색연필을 칠해 보세요. A부터 Z까지 다 칠한 후에 주황색이 칠해진 단어를 책을 봐 가면서 5~10번씩 써 보세요. 이 과정이 다 끝나면 색이 칠해지지 않은 단어를 같은 방법으로 공략하는 거예요.

4단계 ▶ 짬짬이 문장 공부

중국어 단어만 계속 쓰다 보니 지루하기도 하고 힘드시다고요? 표제자 공부가 끝나고 단어를 색칠하는 틈틈이 문장을 말하고 쓰는 연습도 해 보세요. 중국어 공부를 조금이라도 해 본 분이라면 집에 '중국어 첫걸음' 책 한 권씩은 있을 거예요. 책꽂이에 꽂혀 잠들어 있는 '중국어 첫걸음' 책을 깨워 주세요.

자, 책을 펴시고 <u>중국어 단어 말고 회화 문장을 노트에 베껴 주세요.</u> 이제는 모르는 단어가 거의 없을 테지만 혹시라도 모르는 글자가 있거나, 해석이 잘 안 되는 부분은 문법 설명 부분을 눈으로 읽어서 문장의 구조를 파악해 주세요. 중국어는 문법이 크게 속을 썩이는 언어는 아니지만, 독서를 하려면 반드시 기본적인 문법 개념이 잡혀 있어야 해요. 하루에 한 과 정도 베껴 쓰다 보면 대부분의 첫걸음 책은 한 달 안에 끝낼 수 있어요.

> **Tip ❶**
> 혹시 아직 첫걸음 책을 본 적이 없거나 갖고 있는 책이 마음에 안 드는 분께는 DSL에서 출간한 『하루 10분 입이 열리는 기적의 독학 중국어』 책을 추천해 드려요. 대부분의 첫걸음 책들은 상황 회화 위주로 되어 있는데, 이 책은 단어 한 개를 크게 보여 주고 그 단어가 들어간 다섯 문장을 제시하고 있어요. 저는 최근에야 이 책을 보게 되었는데요. 한 권을 필사하기에 그다지 부담스럽지 않으면서 기초를 다지기 위한 설명도 충실한 편이어서 좋더라구요. 하루에 다섯 문장씩 쓰면 두 달, 열 문장씩 쓰면 한 달에 끝낼 수 있어요.

5단계 ▶ 중국 드라마 시청하기

짜잔~~ 드디어 그동안 공부한 내용을 확인해 보는 시간입니다. 유튜브에서 〈보보경심〉이나 〈보보경정〉 혹은 제목이 확 땡기는 중국 드라마 한 편을 다운받아서 자막을 틀고 봐 보세요. 처음엔 내용이 잘 안 들어올 수 있어요. 화면의 인물들보다 자막을 집중해서 읽어 보세요.

어떠세요? 생각보다 자막 글자가 눈에 잘 보이고 갑자기 내용이 이해되기 시작한다면 성공이에요~~~ 짝짝짝!!! 축하합니다!

혹시 자막이 눈에 잘 안 들어와도 너무 걱정하진 마세요. 사람에 따라 편차가 있을 수 있어요. 낙심하지 마시고, 표제자 쓰기나 단어 공부로 돌아가 공부했던 단어들을 계속 반복해 읽는 연습을 해 보세요. 중국어 자막이 눈에 확 들어오는 날까지 파이팅~~!

이 책의 특징과 구성

— 이 책 한 권에 신HSK 1~6급 필수 단어 5,000개가 다 들어 있습니다.
— 레몬쌤의 학습법에 따라 모든 단어의 표제자를 함께 정리했습니다.
— 한자에 익숙한 학습자들을 위해 모든 한자의 훈음과 번체자를 표기했습니다.

❶ 번호가 없는 한자는 신HSK 1~6급 필수 단어의 표제자입니다. (물론 번호가 붙어 있는 한 글자 단어도 표제자이지요.)

❷ 번호가 붙어 있는 한자는 2013년 중국 교육부 소속 한판汉办에서 개정 발표한 신HSK 1~6급 필수 단어입니다.

❸ 5000단어에는 모두 신HSK 급수를 표기했습니다.

❹ 한자의 뜻과 음은 최대한 제시 단어에 해당하는 뜻과 음을 찾아 적었습니다. 번체자 역시 중국식 한자가 아닌 한국에서 자주 쓰는 한자를 표기했습니다.

❺ 각 단어의 품사 및 성분을 약자로 표기했습니다.

명사	명	동사	동
형용사	형	수사	수
양사	양	대사	대
부사	부	전치사(개사)	전
접속사	접	조사	조
감탄사	감	조동사	조동
접두사	접두	성어	성
의성어	의성	의태어	의태

신HSK 1~6급 단어가 모두 들어 있는
진짜 중국어 단어 5000
A ~ Z

A

阿 ā
언덕 아阿
[접두] 친인척 관계가 있는 사람의 호칭 앞에 쓰임

1 **阿姨** āyí
3급 이모 阿姨
[명] 아주머니, 아줌마, 이모

2 **啊** a
3급 사랑할 아啊
[조] 문장 끝에 쓰여 긍정을 나타냄

3 **哎** āi
5급 애통해 하는 소리 애哎
[감] 어! 야! (놀람, 반가움 등을 나타냄)

4 **唉** āi
5급 대답할 애唉
[감] 에그, 후(탄식하는 소리)

5 **挨** ái
6급 때릴 애挨
[동] ~을 당하다, 어렵게 살아가다, 지체하다

癌 ái
암 癌
[명] 암

6 **癌症** áizhèng
6급 증세 症
[명] 암의 통칭

7 **矮** ǎi
3급 키 작을 왜矮
[형] (키가) 작다, (높이가) 낮다

8 **爱** ài
사랑 애愛
[동] (사람, 사물 등을) 사랑하다, 좋아하다, 애호하다

9 **爱不释手** àibúshìshǒu
6급 아닐 불不, 풀 석釋, 손 수手
[성] 너무나 좋아하여 차마 손에서 떼어 놓지 못하다

10 **爱戴** àidài
6급 (머리에) 일 戴
[동] 우러러 섬기다, 추대하다

11 **爱好** àihào
3급 좋아할 호好
[동] 애호하다, ~하기를 즐기다 [명] 취미, 애호

12 **爱护** àihù
5급 보호할 호護
[동] 소중히 하다, 잘 보살피다

13 **爱情** àiqíng
4급 뜻 情
[명] 남녀 간의 사랑, 애정

14 **爱惜** àixī
5급 아낄 석惜
[동] 아끼다, 소중히 여기다

15 **爱心** àixīn
5급 마음 심心
[명] 관심과 사랑, 사랑하는 마음

暧 ài
희미할 애暧
[형] 어둑하다

16 **暧昧** àimèi
6급 어두울 매昧
형 (의도, 태도 등이) 애매하다, 불확실하다

安 ān
편안할 안安
형 편안하다, 안정되다

17 **安静** ānjìng
3급 고요할 정靜
형 조용하다, 잠잠하다, 고요하다

18 **安宁** ānníng
6급 편안할 녕寧
형 편하다, 안정되다

19 **安排** ānpái
4급 늘어설 배排
동 (인원, 시간 등을) 안배하다, 일을 처리하다

20 **安全** ānquán
4급 모두 전全
형 안전하다

21 **安慰** ānwèi
5급 위로할 위慰
형 (마음에) 위로가 되다, 위로하다, 안위하다

22 **安详** ānxiáng
6급 자세할 상詳
형 침착하다, 차분하다

23 **安置** ānzhì
6급 놓을 치置
동 적절한 위치를 찾아 주다, 제자리에 놓다

24 **安装** ānzhuāng
5급 꾸밀 장裝
동 (기계, 기자재 등을) 설치하다, 인스톨하다

25 **岸** àn
5급 언덕 안岸
명 물가, 해안

按 àn
누를 안按
동 (손가락 등으로) 누르다 전 ~에 의거하여

26 **按摩** ànmó
6급 비빌 마摩
동 안마하다, 마사지하다

27 **按时** ànshí
4급 때 시時
부 제때에, 시간에 맞추어

28 **按照** ànzhào
4급 비출 조照
동 ~에 따르다, ~에 의거하다

案 àn
책상 안, 안건 안案
명 (법률상의) 사건, 기록, 문건, 서류

29 **案件** ànjiàn
6급 수량 단위 건件
명 사건, 안건

30 **案例** ànlì
6급 예 례, 보기 례例
명 사례

31 **暗** àn
5급 어두울 암暗
형 어둡다

32 **暗示** ànshì
6급 보일 시示
동 암시하다 명 암시

昂 áng
오를 앙昂
[형] (가격 등이) 오르다, (감정 등이) 고조되다

33 昂贵 ánggùi
6급 귀할 귀贵
[형] 비싸다

凹 āo
오목할 요凹
[형] 오목하다, 우묵하다

34 凹凸 āotū
6급 볼록할 철凸
[형] 울퉁불퉁하다

35 熬 áo
볶을 오熬
[동] 푹 삶다, 달이다, 인내하다

36 熬夜 áoyè
5급 밤 야夜
[동] 밤새우다, 철야하다

奥 ào
깊을 오奥
[형] 심오하다, 오묘하다

37 奥秘 àomì
6급 숨길 비秘
[명] 신비, 비밀

B

38 八 bā
1급 여덟 팔八
[수] 8, 여덟

巴 bā
바랄 파巴
[동] 엉겨 붙다, 바싹 달라붙다

39 巴不得 bābude
6급 아닐 불不, 얻을 득得
[동] 간절히 원하다, 갈망하다

40 巴结 bājie
6급 묶을 결结
[동] 아첨하다, 아부하다

41 扒 bā
6급 뺄 배扒
[동] 긁어 내다, 파내다, 헐다, (껍질을) 벗기다

42 疤 bā
6급 흉터 파疤
[명] 상처, 흉터, 흠

拔 bá
뽑을 발, 뺄 발拔
[동] 뽑다, 빼다

43 拔苗助长 bámiáozhùzhǎng
6급 싹 묘苗, 도울 조助, 자랄 장长
[성] 일을 급하게 하다가 도리어 일을 그르치다

44 **把** bǎ
3급 쥘 파把
전 ~으로, ~을 가지고

45 **把关** bǎguān
6급 관문 관關
동 관문을 지키다, 책임을 지다

46 **把手** bǎshou
6급 손 수手
명 손잡이, 핸들

47 **把握** bǎwò
5급 쥘 악握
동 파악하다, 장악하다

爸 bà
아비 파爸
명 아빠, 아버지

48 **爸爸** bàba
1급 아비 파爸
명 아빠, 아버지

罢 bà
그칠 파罷
동 멈추다, 그만두다, 끝나다, 마치다

49 **罢工** bàgōng
6급 일 공工
명 동맹 파업 동 동맹 파업하다

霸 bà
으뜸 패, 으뜸갈 패霸
동 독점하다, 패권을 장악하다

50 **霸道** bàdào
6급 길 도道
명 패도 형 횡포하다, 포악하다

51 **吧** ba
2급 어조사 파吧
조 문장 끝에서, 제의, 청유 등의 어기를 나타냄

52 **掰** bāi
6급 쪼갤 배掰
동 쪼개다, 떼어 내다

53 **白** bái
2급 흰 백白
형 하얗다, 희다

54 **百** bǎi
2급 일백 백百
수 100, 백

55 **百分之** bǎifēnzhī
4급 나눌 분分, 어조사 지之
퍼센트

56 **摆** bǎi
5급 흔들 파擺
동 흔들다, 젓다

57 **摆脱** bǎituō
6급 벗을 탈脫
동 벗어나다, 빠져나오다

败 bài
패할 패敗
동 (전쟁이나 경기에서) 지다, 패하다

58 **败坏** bàihuài
6급 상할 괴, 무너질 괴壞
동 손상시키다, 망치다 형 부패하다

拜 bài
절 배拜
동 절하다, 인사하다

59 拜访 bàifǎng
6급 찾을 방訪
동 삼가 방문하다, 예방하다

60 拜年 bàinián
6급 해 년年
동 세배하다, 새해 인사를 드리다

61 拜托 bàituō
6급 맡길 탁托
동 삼가 부탁드립니다

62 班 bān
3급 나눌 반班
명 조, 그룹, 반

颁 bān
반포할 반頒
동 수여하다, 공포하다, 반포하다

63 颁布 bānbù
6급 펼 포布
동 공포하다, 반포하다

64 颁发 bānfā
6급 쏠 발發
동 수여하다, 내리다

65 斑 bān
6급 얼룩 반斑
명 얼룩, 반점

66 搬 bān
3급 옮길 반搬
동 (무거운 물건을) 옮기다, 운반하다, 이사하다

版 bǎn
널빤지 판版
명 인쇄판, 인쇄 횟수, 신문의 지면

67 版本 bǎnběn
6급 근본 본本
명 판본

办 bàn
주관할 판辦
동 처리하다, 취급하다, 운영하다, 경영하다

68 办法 bànfǎ
3급 법 법法
명 방법, 수단, 방식

69 办公室 bàngōngshì
3급 함께할 공公, 방 실室
명 사무실, 오피스

70 办理 bànlǐ
5급 다스릴 리理
동 처리하다, 취급하다, 해결하다

71 半 bàn
3급 반 반半
수 절반, 2분의 1

72 半途而废 bàntú'érfèi
6급 길 도途, 말 이을 이而, 버릴 폐廢
성 일을 중도에 그만두다

扮 bàn
꾸밀 분扮
동 분장하다, 차려입다, 얼굴 표정을 짓다

73 扮演 bànyǎn
6급 널리 펼 연演
동 출연하다

伴 bàn
짝 반伴
명 짝, 동행, 친구, 동반자

74 **伴侣** bànlǚ
6급 짝 려侣
명 배우자, 동료

75 **伴随** bànsuí
6급 따를 수随
동 따라가다, 동행하다

帮 bāng
도울 방帮
동 돕다, 거들다

76 **帮忙** bāngmáng
3급 바쁠 망忙
동 일(손)을 돕다, 도움을 주다

77 **帮助** bāngzhù
2급 도울 조助
동 돕다, 원조하다

绑 bǎng
묶을 방绑
동 (끈, 줄 따위로) 감다, 묶다

78 **绑架** bǎngjià
6급 얽어 맬 가架
동 납치하다

榜 bǎng
방 붙일 방榜
명 편액, 게시한 명단, 공고문

79 **榜样** bǎngyàng
6급 모양 양样
명 모범, 본보기

80 **棒** bàng
4급 막대 봉棒
형 (체력이나 능력이) 강하다

傍 bàng
곁 방傍
동 (시간이) 임박하다, 다가오다

81 **傍晚** bàngwǎn
5급 늦을 만晚
명 저녁 무렵

82 **磅** bàng
6급 돌 떨어지는 소리 방磅
명 파운드(중량 단위), 포인트(글자 크기)

83 **包** bāo
3급 쌀 포包
동 (종이나 얇은 것으로) 싸다, 싸매다

84 **包庇** bāobì
6급 덮을 비庇
동 비호하다, 감싸 주다

85 **包袱** bāofu
6급 보자기 복袱
명 부담, 짐, 보자기, 보따리

86 **包裹** bāoguǒ
5급 쌀 과裹
명 소포, 보따리

87 **包含** bāohán
5급 머금을 함含
동 포함하다

88 **包括** bāokuò
5급 묶을 괄括
동 포함하다, 포괄하다

89 **包围** bāowéi
6급 둘레 위围
동 포위하다, 에워싸다

90 **包装** bāozhuāng
6급 꾸밀 장裝
동 포장하다 명 포장

91 **包子** bāozi
4급 접미사 자子
명 (소가 든) 찐빵, 바오쯔

92 **薄** báo
5급 얇을 박薄
형 엷다, 얇다

93 **饱** bǎo
3급 배부를 포飽
형 배부르다

94 **饱和** bǎohé
6급 화할 화和
형 포화 상태에 이르다

95 **饱经沧桑** bǎojīngcāngsāng
6급 지날 경經, 큰 바다 창滄, 뽕나무 상桑
성 세상만사의 변화를 실컷 경험하다

宝 bǎo
보배 보寶
형 진귀한, 소중한 명 보물, 보배

96 **宝贝** bǎobèi
5급 조개 패貝
명 귀염둥이, 착한 아기, 보물, 보배

97 **宝贵** bǎoguì
5급 귀할 귀貴
형 진귀한, 귀중한, 소중한

保 bǎo
지킬 보保
동 보호하다, 보위하다

98 **保持** bǎochí
5급 가질 지持
동 (지속적으로) 유지하다, 지키다

99 **保存** bǎocún
5급 있을 존存
동 보존하다, 간수하다, 간직하다

100 **保管** bǎoguǎn
6급 주관할 관管
동 보관하다 부 꼭, 틀림없이

101 **保护** bǎohù
4급 보호할 호護
동 보호하다

102 **保留** bǎoliú
5급 머무를 류留
동 보존하다, 유지하다, 보류하다

103 **保密** bǎomì
6급 비밀 밀密
동 비밀을 지키다, 기밀로 하다

104 **保姆** bǎomǔ
6급 유모 모姆
명 보모, 가정부

105 **保守** bǎoshǒu
6급 지킬 수守
형 보수적이다 동 고수하다

106 **保卫** bǎowèi
6급 지킬 위衛
동 보위하다

107 **保险** bǎoxiǎn
5급 험할 험險
명 보험, 안전 장치 형 안전하다

| 108 | **保养** bǎoyǎng
6급 기를 양養
동 수리하다, 보수하다, 보양하다

| 109 | **保障** bǎozhàng
6급 가로막을 장障
동 확보하다 명 보장

| 110 | **保证** bǎozhèng
4급 증명할 증證
동 보증하다, 담보하다

| 111 | **保重** bǎozhòng
6급 소중히 할 중重
동 건강에 주의하다, 몸조심하다

| | **报** bào
갚을 보, 알릴 보報
동 (은혜를) 보답하다, 갚다, (원한을) 보복하다

| 112 | **报仇** bàochóu
6급 원수 구仇
동 복수하다, 보복하다

| 113 | **报酬** bàochou
6급 갚을 수酬
명 보수, 대가, 월급

| 114 | **报答** bàodá
6급 대답할 답答
동 보답하다, 감사를 표하다

| 115 | **报到** bàodào
5급 이를 도到
동 도착하였음을 보고하다, 도착 등록을 하다

| 116 | **报道** bàodào
5급 말할 도道
명 (뉴스 등의) 보도 동 보도하다

| 117 | **报复** bàofù
6급 돌아올 복復
동 보복하다, 앙갚음하다 명 보복, 앙갚음

| 118 | **报告** bàogào
5급 알릴 고告
명 보고서, 리포트 동 보고하다, 발표하다

| 119 | **报警** bàojǐng
6급 경계할 경, 경비 경警
동 경찰에 신고하다

| 120 | **报名** bàomíng
4급 이름 명名
동 신청하다, 등록하다

| 121 | **报社** bàoshè
5급 모일 사, 단체 사社
명 신문사

| 122 | **报销** bàoxiāo
6급 녹일 소, 사라질 소銷
동 청구하다, 결산하다

| 123 | **报纸** bàozhǐ
2급 종이 지紙
명 신문

| 124 | **抱** bào
4급 안을 포抱
동 안다, 포옹하다

| 125 | **抱负** bàofù
6급 질 부負
명 포부, 큰 뜻

| 126 | **抱歉** bàoqiàn
4급 흉년 들 겸, 모자랄 겸歉
동 미안해 하다, 미안하게 생각하다

127 **抱怨** bàoyuàn
5급 원망할 원怨
동 (불만을 품고) 원망하다

暴 bào
사나울 폭暴
형 흉악하다, 난폭하다

128 **暴力** bàolì
6급 힘 력力
명 폭력, 공권력

129 **暴露** bàolù
6급 드러날 로露
동 폭로하다, 드러내다

曝 bào
햇빛 쬘 폭曝
동 햇볕에 말리다(쬐다)

130 **曝光** bàoguāng
6급 빛 광光
동 (사진에서) 노출하다, 폭로되다, 드러나다

爆 bào
터질 폭爆
동 폭발하다, 터지다, 파열하다

131 **爆发** bàofā
6급 필 발發
동 폭발하다, 발발하다

132 **爆炸** bàozhà
6급 터질 작炸
동 폭발하다, 작렬하다

杯 bēi
잔 배杯
명 컵, 잔

133 **杯子** bēizi
1급 접미사 자子
명 컵, 잔

卑 bēi
낮을 비卑
형 (위치가) 낮다, (지위나 신분이) 낮다

134 **卑鄙** bēibǐ
6급 더러울 비, 비루할 비鄙
형 비열하다, 졸렬하다

135 **背** bēi
5급 등 배背
명 (등에) 짊어지다, 업다

悲 bēi
슬플 비悲
형 슬프다, 슬퍼하다

136 **悲哀** bēi'āi
6급 슬플 애哀
형 슬프고 애통하다 명 비애, 슬픔

137 **悲惨** bēicǎn
6급 참혹할 참惨
형 비참하다, 슬프다

138 **悲观** bēiguān
5급 볼 관觀
형 비관하다, 비관적이다

北 běi
북녘 북北
명 북, 북쪽

139 **北方** běifāng
3급 방향 방方
명 북방, 북쪽

140	**北极** běijí 6급 남북의 두 끝 극極 명 북극	147	**背诵** bèisòng 6급 외울 송誦 동 외우다, 암송하다
141	**北京** Běijīng 1급 서울 경京 명 베이징	148	**倍** bèi 4급 곱 배倍 양 배, 배수, 곱절
	贝 bèi 조개 패貝 명 조개	149	**被** bèi 3급 입을 피被 동 덮다, ~에게 ~를 당하다
142	**贝壳** bèiké 6급 껍질 각殼 명 조가비	150	**被动** bèidòng 6급 움직일 동動 형 피동적이다, 수동적이다
	备 bèi 갖출 비備 동 준비하다, 마련하다 형 갖추다, 완비하다	151	**被告** bèigào 6급 알릴 고告 명 피고, 피고인
143	**备份** bèifèn 6급 부분 분份 동 복제하다, 백업하다	152	**被子** bèizi 5급 접미사 자子 명 이불
144	**备忘录** bèiwànglù 6급 잊을 망忘, 기록할 록錄 명 비망록, 회의록		**奔** bēn 달릴 분奔 동 내달리다, 질주하다
	背 bèi 5급 등 배, 배반할 배背 명 등, (사물의) 뒷면, 반대편	153	**奔波** bēnbō 6급 물결 파波 동 분주히 뛰어다니다
145	**背景** bèijǐng 5급 경치 경景 명 배후 (세력), 백그라운드, 배경	154	**奔驰** bēnchí 6급 말 달릴 치馳 동 질주하다, 폭주하다
146	**背叛** bèipàn 6급 배반할 반叛 동 배반하다, 배신하다	155	**本** běn 1급 근본 본, 책 본本 명 책, 공책 양 권(책 세는 단위)

156 **本科** běnkē
5급 과목 과科
명 (대학교의) 학부 (과정)

157 **本来** běnlái
4급 올 래來
부 본래, 원래

158 **本领** běnlǐng
5급 거느릴 령領
명 기량, 능력, 수완, 재능

159 **本能** běnnéng
6급 능할 능能
명 본능 부 본능적으로

160 **本钱** běnqián
6급 돈 전錢
명 본전, 원금

161 **本人** běnrén
6급 사람 인人
명 나, 본인

162 **本身** běnshēn
6급 몸 신身
명 그 자신, 그 자체

163 **本事** běnshì
6급 일 사事
명 능력, 재능

164 **本质** běnzhì
5급 바탕 질質
명 본질, 본성

165 **笨** bèn
4급 거칠 분, 조잡할 분笨
형 멍청하다, 어리석다

166 **笨拙** bènzhuō
6급 졸렬할 졸拙
형 멍청하다, 우둔하다

崩 bēng
무너질 붕崩
동 무너지다, 허물어지다

167 **崩溃** bēngkuì
6급 무너질 궤潰
동 붕괴하다, 무너지다

168 **甭** béng
6급 쓰지 않을 용甭
부 ~할 필요 없다, ~하지 마라

迸 bèng
솟아날 병, 흩어져 달아날 병迸
동 내뿜다, 분사하다, 솟아오르다

169 **迸发** bèngfā
6급 필 발發
동 솟아나다, 내뿜다

170 **蹦** bèng
6급 뛸 붕蹦
동 뛰어오르다, 껑충 뛰다

逼 bī
핍박할 핍逼
동 핍박하다, 협박하다, 강압하다

171 **逼迫** bīpò
6급 핍박할 박迫
동 핍박하다, 옥죄어 재촉하다

鼻 bí
코 비鼻
명 코

172 **鼻涕** bítì
6급 눈물 체涕
명 콧물

173 **鼻子** bízi
3급 접미사 자子
명 코

174 **比** bǐ
2급 견줄 비比
동 비교하다

175 **比方** bǐfang
6급 본뜰 방方
동 비유하다 접 예컨대

176 **比较** bǐjiào
3급 비교할 교较
동 비교하다 부 비교적, 상대적으로

177 **比例** bǐlì
5급 보기 례, 법식 례例
명 비례, 비율

178 **比如** bǐrú
4급 같을 여如
접 예를 들어, 예를 들면

179 **比赛** bǐsài
3급 내기할 새赛
명 경기, 시합

180 **比喻** bǐyù
6급 깨우칠 유喻
명 비유 동 비유하다

181 **比重** bǐzhòng
6급 무거울 중重
명 비중

彼 bǐ
저것 피彼
대 그것, 저것, 저기, 저쪽, 타인, 상대방

182 **彼此** bǐcǐ
5급 이 차此
대 피차, 상호, 서로

笔 bǐ
붓 필笔
명 펜, 필기 도구

183 **笔记本** bǐjìběn
3급 기록할 기记, 책 본本
명 노트북, 노트, 수첩

鄙 bǐ
더러울 비, 비루할 비鄙
형 비속하다, 저속하다, 비천하다

184 **鄙视** bǐshì
6급 볼 시视
동 경멸하다, 경시하다

必 bì
반드시 필必
부 반드시, 꼭, 분명히

185 **必然** bìrán
5급 그러할 연然
형 필연적이다 부 분명히, 꼭

186 **必须** bìxū
3급 모름지기 수, 마땅히 수须
부 반드시 ~해야 한다, 꼭 ~해야 한다

187 **必要** bìyào
5급 요긴할 요, 중요할 요要
형 필요로 하다, 없어서는 안 되다

毕 bì
마칠 필畢
동 완성하다, 끝내다, 마치다

188 **毕竟** bìjìng
5급 마침내 경竟
부 결국, 끝내, 필경

189 **毕业** bìyè
4급 직업 업業
동 졸업하다 명 졸업

闭 bì
닫을 폐閉
동 닫다, 다물다, 끝내다, 멈추다

190 **闭塞** bìsè
6급 막을 색塞
형 소식에 어둡다, 외지다

弊 bì
폐단 폐弊
명 부정 행위, 폐단, 문제점

191 **弊病** bìbìng
6급 병 병病
명 폐단, 문제점

192 **弊端** bìduān
6급 조짐 단端
명 폐단, 폐해

避 bì
피할 피避
동 피하다, 도망가다

193 **避免** bìmiǎn
5급 면할 면免
동 피하다, 면하다, (나쁜 상황을) 방지하다

194 **臂** bì
6급 팔 비臂
명 팔

边 biān
가장자리 변邊
명 변두리, 가장자리, 가

195 **边疆** biānjiāng
6급 경계 강疆
명 국경 지대, 변경

196 **边界** biānjiè
6급 지경 계界
명 경계선

197 **边境** biānjìng
6급 지경 경境
명 국경 지대

198 **边缘** biānyuán
6급 가장자리 연緣
명 가장자리 부분

编 biān
엮을 편編
동 편성하다, 조직하다, 배열하다, 편집하다

199 **编辑** biānjí
5급 편집할 집輯
동 편집하다 명 편집, 편집자

200 **编织** biānzhī
6급 짤 직織
동 엮다, 짜다

鞭 biān
채찍 편鞭
명 채찍, 회초리

201 **鞭策** biāncè
6급 채찍 책策
동 독려하고 재촉하다, 채찍질하다

202 **鞭炮** biānpào
5급 터질 포炮
명 폭죽의 총칭

贬 biǎn
낮출 폄貶
동 깎아 내리다, 폄하하다, 비하하다

203 **贬低** biǎndī
6급 낮을 저低
동 가치를 깎아 내리다, 얕잡아 보다

204 **贬义** biǎnyì
6급 뜻 의, 의미 의義
명 부정적이거나 혐오적인 의미

205 **扁** biǎn
6급 납작할 편扁
형 평평하다, 납작하다

变 biàn
변할 변變
동 변화하다, 이전과 다르다, 바뀌다

206 **变故** biàngù
6급 연고 고故
명 변고, 재난

207 **变化** biànhuà
3급 될 화化
동 변화하다, 달라지다

208 **变迁** biànqiān
6급 옮길 천遷
동 변천하다

209 **变质** biànzhì
6급 바탕 질質
동 변질되다

210 **便** biàn
5급 편할 편便
형 편리하다, 편하다, 적당하다, 적합하다

211 **便利** biànlì
6급 이로울 리利
형 편리하다

212 **便条** biàntiáo
6급 가지 조條
명 메모, 쪽지

213 **便于** biànyú
6급 어조사 우于
동 ~하기에 쉽다, ~에 편하다

214 **遍** biàn
4급 두루 편遍
양 번, 차례, 회

215 **遍布** biànbù
6급 펼 포布
동 널리 퍼지다, 널리 분포하다

辨 biàn
분별할 변辨
동 분별하다, 가리다, 구별하다

216 **辨认** biànrèn
6급 알 인認
동 식별해 내다

辩 biàn
6급 말씀 변辯
동 변론하다, 해명하다

217 **辩护** biànhù
6급 보호할 호護
동 변호하다, 변론하다

218 **辩解** biànjiě
6급 풀 해解
동 해명하다, 변명하다

219 **辩论** biànlùn
5급 논할 론論
동 변론하다, 논쟁하다, 토론하다

220 **辩证** biànzhèng
6급 증명할 증證
동 변증하다, 논증하다

辫 biàn
땋을 변辮
명 땋은 머리, 변발

221 **辫子** biànzi
6급 접미사 자子
명 땋은 머리, 변발

标 biāo
표할 표, 나타낼 표標
명 표지, 기호, 부호, 지표, 표준

222 **标本** biāoběn
6급 근본 본本
명 표본, 시료

223 **标点** biāodiǎn
5급 점 점點
명 구두점 동 구두점을 표시하다

224 **标记** biāojì
6급 기록할 기記
명 표기 동 표기하다

225 **标题** biāotí
6급 제목 제題
동 제목을 달다

226 **标志** biāozhì
5급 뜻 지志
명 상징, 표지 동 상징하다, 명시하다

227 **标准** biāozhǔn
4급 의거할 준準
명 표준, 기준, 잣대

表 biǎo
겉 표, 표표, 나타낼 표表
명 시계, 계량기, 미터, 표면 동 표현하다

228 **表达** biǎodá
5급 전달할 달達
동 (자신의 사상이나 감정을) 나타내다, 표현하다

229 **表格** biǎogé
4급 격식 격格
명 표, 양식, 도표, 서식

230 **表决** biǎojué
6급 결단할 결決
동 표결하다

231 **表面** biǎomiàn
5급 낯 면面
명 표면, 겉, 외관

232 **表明** biǎomíng
5급 밝을 명明
동 분명하게 밝히다, 표명하다

233 **表情** biǎoqíng
5급 뜻 정情
명 표정

234 **表示** biǎoshì
4급 보일 시示
동 의미하다, 가리키다

235 **表态** biǎotài
6급 모습 태態
동 입장을 밝히다 명 입장

236 **表现** biǎoxiàn
5급 나타날 현現
명 태도, 행동, 표현 동 나타내다, 표현하다

237 **表演** biǎoyǎn
4급 널리 펼 연演
동 공연하다, 연기하다

238 **表扬** biǎoyáng
4급 날릴 양揚
동 칭찬하다, 표창하다

239 **表彰** biǎozhāng
6급 뚜렷할 창彰
동 표창하다

240 **憋** biē
6급 악할 별, 성급할 별憋
동 답답하게 하다, 참다, 억제하다

241 **别** bié
2급 나눌 별, 다를 별別
동 이별하다, 헤어지다 부 ~하지 마라

242 **别人** biéren
3급 사람 인人
대 (일반적인) 남, 타인

243 **别墅** biéshù
6급 농막 서墅
명 별장

244 **别致** biézhì
6급 이를 치致, 촘촘할 치緻
형 색다르다, 별나다

别 biè
활 뒤틀릴 별彆
동 다른 사람의 습관이나 의견을 바꾸다

245 **别扭** bièniu
6급 묶을 뉴扭
형 어색하다, 부자연스럽다, 잘 통하지 않다

宾 bīn
손님 빈賓
명 손님

246 **宾馆** bīnguǎn
2급 집 관館
명 (규모가 비교적 큰) 호텔

濒 bīn
물가 빈瀕
동 (물가에) 인접하다, 가까워지다, 직면하다

247 **濒临** bīnlín
6급 임할 림臨
동 인접하다, 가까이 가다

冰 bīng
얼음 빙冰
명 얼음

248 **冰雹** bīngbáo
6급 우박 박雹
명 우박

249 **冰激凌** bīngjīlíng
5급 격할 격激, 얼음 릉凌
명 아이스크림

250 **冰箱** bīngxiāng
3급 상자 상箱
명 냉장고

251 **丙** bǐng
6급 셋째 천간 병丙
명 병, 세 번째

饼 bǐng
떡 병餅
명 부침개, 전, 전병

252 **饼干** bǐnggān
4급 마를 건乾
명 비스킷, 과자

并 bìng
아우를 병並
동 병렬하다, 나란히 하다 부 결코, 전혀

253 **并非** bìngfēi
6급 아닐 비非
동 결코 ~하지 않다

254 **并列** bìngliè
6급 벌일 렬列
동 병렬하다

255 **并且** bìngqiě
4급 또 차且
접 게다가, 나아가

病 bìng
병 병病
명 병, 질병

256 **病毒** bìngdú
5급 독 독毒
명 바이러스, 병균

257 **拨** bō
6급 다스릴 발撥
동 (옆으로) 움직이다, 밀다, 젖히다

波 bō
물결 파波
명 파도, 물결

258 **波浪** bōlàng
6급 물결 랑浪
명 파도, 물결

259 **波涛** bōtāo
6급 큰 물결 도濤
명 파도

玻 bō
유리 파玻
'玻璃(유리)'의 구성자

260 **玻璃** bōli
5급 유리 리璃
명 유리

剥 bō
벗길 박剝
동 (표면이) 벗겨져 떨어지다, 침식되다, 빼앗다

261 **剥削** bōxuē
6급 깎을 삭削
동 착취하다

播 bō
(씨를) 뿌릴 파播
동 씨를 뿌리다, 전파하다, 알리다

262 **播放** bōfàng
5급 놓을 방放
동 방송하다, 방영하다

263 **播种** bōzhǒng
6급 씨 종種
통 파종하다, 씨를 뿌리다

伯 bó
맏 백伯
명 맏이, 백부, 큰아버지, 어르신

264 **伯母** bómǔ
6급 어미 모母
명 백모, 큰어머니, 아주머니

脖 bó
목 발脖
명 목

265 **脖子** bózi
5급 접미사 자子
명 목

博 bó
넓을 박博
형 풍부하다, 많다, 광범하다, 폭넓다

266 **博大精深** bódàjīngshēn
6급 큰 대大, 정밀할 정精, 깊을 심深
성 사상·학식이 넓고 심오하다

267 **博览会** bólǎnhuì
6급 볼 람覽, 모일 회會
명 박람회

268 **博士** bóshì
4급 선비 사士
명 박사(학위)

269 **博物馆** bówùguǎn
5급 물건 물物, 집 관館
명 박물관

搏 bó
잡을 박搏
통 갈기다, 후려치다, 덮쳐 잡다

270 **搏斗** bódòu
6급 싸울 투鬥
통 격투하다, 갈기다

薄 bó
얇을 박薄
형 엷다, 얇다, (감정이) 냉담하다, 메마르다

271 **薄弱** bóruò
6급 약할 약弱
형 박약하다, 취약하다

补 bǔ
기울 보, 고칠 보, 채울 보補
통 수선하다, 고치다, 보충하다, 채워 넣다

272 **补偿** bǔcháng
6급 갚을 상償
통 보충하다, 보상하다

273 **补充** bǔchōng
5급 찰 충充
통 보충하다, 추가하다

274 **补救** bǔjiù
6급 구원할 구救
통 교정하다, 보완하다

275 **补贴** bǔtiē
6급 붙일 첩貼
명 보조금, 수당 통 보조하다

捕 bǔ
사로잡을 포捕
통 잡다, 붙잡다, 체포하다

276 **捕捉** bǔzhuō
6급 잡을 착捉
동 잡다, 체포하다

哺 bǔ
먹을 포哺
동 양육하다, 먹여 키우다

277 **哺乳** bǔrǔ
6급 젖 유乳
동 젖을 먹이다

278 **不** bù
1급 아닐 불不
부 ~ 아니다, ~하지 않다

279 **不安** bù'ān
5급 편안할 안安
형 불안하다, 편안하지 않다

280 **不但…而且…** búdàn…érqiě…
3급 다만 단但, 말 이을 이而, 또 차且
~뿐만 아니라, 게다가

281 **不得不** bùdébù
4급 얻을 득得
부 어쩔 수 없이, 부득불, 반드시

282 **不得了** bùdéliǎo
5급 얻을 득得, 어기사 료了
형 (정도가) 심하다, 큰일났다, 야단났다

283 **不得已** bùdéyǐ
6급 얻을 득得, 이미 이已
형 어쩔 수 없다, 부득이하다

284 **不断** búduàn
5급 끊을 단斷
동 끊임없다 부 계속해서, 부단히

285 **不妨** bùfáng
6급 방해할 방妨
부 (~하는 것도) 괜찮다, 무방하다

286 **不敢当** bùgǎndāng
6급 감히 감敢, 맡을 당當
천만의 말씀입니다

287 **不顾** búgù
6급 돌아볼 고顧
동 고려하지 않다, 꺼리지 않다

288 **不管** bùguǎn
4급 다스릴 관管
접 ~을 막론하고, ~에 관계없이

289 **不过** búguò
4급 지날 과過
접 그러나, 그런데(반전을 나타냄)

290 **不见得** bújiànde
5급 볼 견見, 어조사 득得
반드시 ~한 것은 아니다

291 **不禁** bùjīn
6급 금할 금禁
부 자기도 모르게, 절로

292 **不仅** bùjǐn
4급 겨우 근僅
접 ~뿐만 아니라

293 **不堪** bùkān
6급 견딜 감堪
동 감당할 수 없다

294 **不可思议** bùkěsīyì
6급 허락할 가可, 생각 사思, 의논할 의議
성 불가사의하다, 상상할 수 없다

295 **不客气** búkèqi
1급 손님 객客, 기운 기氣
사양하지 않다, 체면 차리지 않다, 천만에요

296 **不愧** búkuì
6급 부끄러울 괴愧
동 ~에 부끄럽지 않다, ~라고 할 만하다

297 **不料** búliào
6급 헤아릴 료料
부 뜻밖에, 의외로

298 **不免** bùmiǎn
6급 면할 면免
부 면할 수 없다, 피하지 못하다

299 **不耐烦** búnàifán
5급 견딜 내耐, 번거로울 번煩
형 귀찮다, 성가시다, 못 참다

300 **不然** bùrán
5급 그러할 연然
접 그렇지 않으면, 아니면

301 **不如** bùrú
5급 같을 여如
동 ~만 못하다 접 ~하는 편이 낫다

302 **不时** bùshí
6급 때 시時
부 자주, 늘, 수시로

303 **不惜** bùxī
6급 아낄 석惜
동 아끼지 않다

304 **不相上下** bùxiāngshàngxià
6급 생각할 상相, 위 상上, 아래 하下
성 우열을 가릴 수 없다, 막상막하

305 **不像话** búxiànghuà
6급 모양 상, 닮을 상像, 말씀 화話
형 말이 안 된다, 이치에 맞지 않다

306 **不屑一顾** búxièyígù
6급 마음에 둘 설屑, 하나 일一, 돌아볼 고顧
성 거들떠볼 가치도 없다

307 **不言而喻** bùyán'éryù
6급 말씀 언言, 말 이을 이而, 깨우칠 유喻
성 말하지 않아도 안다

308 **不要紧** búyàojǐn
5급 바랄 요要, 팽팽할 긴緊
괜찮다, 문제 될 것이 없다

309 **不由得** bùyóude
6급 말미암을 유由, 어조사 득得
부 저절로, 자연히   동 허용하지 않다

310 **不择手段** bùzéshǒuduàn
6급 가릴 택擇, 손 수手, 방법 단段
성 목적 달성을 위하여 수단 방법을 가리지 않다

311 **不止** bùzhǐ
6급 그칠 지止
동 멈추지 않다, 그치지 않다

312 **不足** bùzú
5급 넉넉할 족足
형 부족하다, 충분하지 않다

313 **布** bù
5급 베 포, 펼 포布
명 천, 베, 포

314 **布告** bùgào
6급 알릴 고告
명 게시문   동 공고하다

315 **布局** bùjú
6급 펼 국局
명 구도, 짜임새, 배치

316 **布置** bùzhì
6급 놓을 치置
동 안배하다, 진열하다

步 bù
걸음 보步
동 걷다 명 걸음, 보폭

317 **步伐** bùfá
6급 벨 벌, 칠 벌伐
명 걸음걸이, 속도

318 **步骤** bùzhòu
5급 달릴 취骤
명 (일이 진행되는) 순서, 절차, 차례

部 bù
나눌 부, 부서 부部
명 부분, 부위, 부문

319 **部分** bùfen
4급 나눌 분分
명 (전체 중의) 부분, 일부

320 **部门** bùmén
5급 문 문门
명 부, 부문, 부서

321 **部署** bùshǔ
6급 부서 서, 임명할 서署
동 배치하다, 안배하다   명 배치, 안배

322 **部位** bùwèi
6급 자리 위位
명 부위

C

323 **擦** cā
4급 문지를 찰擦
동 (천, 수건 등으로) 닦다

324 **猜** cāi
4급 추측할 시猜
동 추측하다, 알아맞히다

才 cái
재주 재才
명 재능, 재주, 능력

325 **才干** cáigàn
6급 재능 간幹
명 능력, 재간

材 cái
재목 재材
명 목재, 재목

326 **材料** cáiliào
4급 헤아릴 료料
명 재료, 원료, 자료 데이터

财 cái
재물 재财
명 재물, 재화, 재정

327 **财产** cáichǎn
5급 낳을 산産
명 재산, 자산

328 **财富** cáifù
6급 부유할 부富
명 부, 재산

329 **财务** cáiwù
6급 힘쓸 무務
명 재무, 재정

330 **财政** cáizhèng
6급 정치 정政
명 재정

裁 cái
마를 재裁
동 줄이다, 삭감하다, 마름질하다, 재단하다

331 **裁缝** cáifeng
6급 솔기 봉縫
명 재봉사

332 **裁判** cáipàn
6급 판단할 판判
명 심판 동 심판하다

333 **裁员** cáiyuán
6급 사람 원員
동 감원하다, 인원을 축소하다

采 cǎi
캘 채采
동 따다, 뜯다, 캐다, 채굴하다

334 **采访** cǎifǎng
5급 찾을 방訪
동 탐방하다, 인터뷰하다, 취재하다

335 **采购** cǎigòu
6급 살 구購
동 구입하다, 구매하다

336 **采集** cǎijí
6급 모을 집集
동 채집하다, 수집하다

337 **采纳** cǎinà
6급 들일 납納
동 수락하다, 접수하다

338 **采取** cǎiqǔ
5급 가질 취取
동 채택하다, 취하다, 강구하다

彩 cǎi
빛깔 채彩
명 색, 빛깔, 색깔

339 **彩虹** cǎihóng
5급 무지개 홍虹
명 무지개

340 **彩票** cǎipiào
6급 표 표票
명 복권

341 **踩** cǎi
5급 밟을 채踩
동 밟다, 딛다, 디디다

342 **菜** cài
1급 나물 채菜
명 채소, 야채, 반찬, 요리

343 **菜单** càidān
3급 홑 단單
명 메뉴, 식단, 차림표

参 cān
참가할 참參
동 참가하다, 가입하다, 참여하다

344 **参观** cānguān
4급 볼 관觀
[동] 참관하다, 견학하다

345 **参加** cānjiā
3급 더할 가加
[동] 참가하다, 참여하다

346 **参考** cānkǎo
5급 생각할 고考
[동] (다른 사람의 의견 등을) 참고하다, 참조하다

347 **参谋** cānmóu
6급 꾀할 모謀
[명] 카운슬러, 상담자 [동] 조언하다, 권하다

348 **参与** cānyù
5급 참여할 여與
[동] 참여하다, 참가하다

349 **参照** cānzhào
6급 비출 조照
[동] 참조하다, 참고하다

餐 cān
먹을 찬餐
[명] 음식, 식사, 요리, 끼니

350 **餐厅** cāntīng
4급 관청 청廳
[명] 식당

残 cán
잔인할 잔, 남을 잔殘
[형] 결여되다, 불완전하다, 남은, 나머지의

351 **残疾** cánjí
6급 병 질疾
[명] 장애, 장애인

352 **残酷** cánkù
6급 독할 혹酷
[형] 잔혹하다, 냉혹하다

353 **残留** cánliú
6급 머무를 류留
[동] 남아 있다

354 **残忍** cánrěn
6급 참을 인忍
[형] 잔인하다, 악랄하다

惭 cán
부끄러울 참慚
[형] 부끄럽다, 창피하다

355 **惭愧** cánkuì
5급 부끄러울 괴愧
[형] 부끄럽다, 창피하다

灿 càn
빛날 찬燦
[형] 찬란하다, 눈부시게 빛나다

356 **灿烂** cànlàn
6급 빛날 란爛
[형] 찬란하다, 눈부시다

仓 cāng
창고 창倉
[명] 창고, 곳간

357 **仓促** cāngcù
6급 재촉할 촉促
[형] 촉박하다, 황급하다

358 **仓库** cāngkù
6급 창고 고庫
[명] 창고, 곳간

苍 cāng
푸를 창蒼
형 푸르다, 회백색이다, 희끗희끗하다

359 苍白 cāngbái
6급 흰 백白
형 창백하다, 생기가 없다

360 舱 cāng
6급 선창 창艙
명 객실, 선실

操 cāo
잡을 조操
동 (손에) 쥐다, 잡다, 종사하다, (일을) 하다

361 操场 cāochǎng
5급 장소 장場
명 운동장

362 操劳 cāoláo
6급 일할 로勞
동 애써 일하다, 수고하다

363 操练 cāoliàn
6급 익힐 련練
동 훈련하다, 갈고닦다

364 操心 cāoxīn
5급 마음 심心
동 마음을 쓰다, 신경을 쓰다, 애태우다

365 操纵 cāozòng
6급 세로 종縱
동 제어하다, 조종하다

366 操作 cāozuò
6급 지을 작作
동 조작하다, 다루다, 일하다

嘈 cáo
떠들 조嘈
형 시끄럽다, 떠들썩하다, 소란스럽다

367 嘈杂 cáozá
6급 섞일 잡雜
형 떠들썩하다, 시끌벅적하다

368 草 cǎo
3급 풀 초草
명 풀, 초고 형 거칠다, 세밀하지 않다

369 草案 cǎo'àn
6급 책상 안案
명 초안

370 草率 cǎoshuài
6급 대강 솔率
형 적당히 하다, 대강하다

371 册 cè
5급 책 책册
명 책, 책자

厕 cè
뒷간 측厠
명 화장실, 변소

372 厕所 cèsuǒ
4급 곳 소所
명 화장실, 변소

侧 cè
곁 측側
명 옆, 곁, 편, 측면

373 侧面 cèmiàn
6급 낯 면面
명 옆면, 측면

测 cè
잴 측测
동 측량하다, 측정하다

374 **测量** cèliáng
6급 헤아릴 량量
동 측량하다   명 측량, 측정

375 **测验** cèyàn
5급 시험할 험验
동 시험하다, 테스트하다

策 cè
꾀 책, 채찍 책策
명 매, 채찍

376 **策划** cèhuà
6급 그을 획劃
동 획책하다, 계획하다   명 기획자

377 **策略** cèlüè
6급 다스릴 략略
명 책략, 전술   형 전략적이다, 전술적이다

378 **层** céng
3급 층 층層
명 층

379 **层出不穷** céngchūbùqióng
6급 날 출出, 아닐 불不, 다할 궁窮
성 끊임없이 나타나다

380 **层次** céngcì
6급 버금 차次
명 단계, 순서

曾 céng
일찍 증曾
부 일찍이, 이전에, 이미, 벌써

381 **曾经** céngjīng
5급 지날 경經
부 일찍이, 이전에, 이미, 벌써

叉 chā
갈래 차叉
명 포크, 쇠스랑, 갈퀴, ×표

382 **叉子** chāzi
5급 접미사 자子
명 포크, 쇠스랑, 갈퀴, ×표

差 chā
다를 차, 어긋날 차差
형 다르다, 차이가 있다, 어긋나다

383 **差别** chābié
6급 나눌 별別
명 차별, 차이

384 **差距** chājù
5급 떨어져 있을 거距
명 격차, 차이

385 **插** chā
5급 꽂을 삽插
동 끼우다, 꽂다, 삽입하다

386 **插座** chāzuò
6급 자리 좌座
명 콘센트

387 **茶** chá
1급 차 차茶
명 차

查 chá
조사할 사查
동 검사하다, 조사하다

| 388 | **查获** cháhuò
6급 얻을 획獲
동 수사하여 체포하다

| 389 | **岔** chà
6급 갈림길 차岔
명 분기점, 갈림길   동 어긋나다, 빗나가다

刹 chà
절 찰刹
명 절, 사찰

| 390 | **刹那** chànà
6급 그 나那
명 찰나, 순간

诧 chà
놀라워할 타詫
동 놀라다, 이상하게 여기다

| 391 | **诧异** chàyì
6급 다를 이異
동 의아해하다, 이상해하다

| 392 | **差** chà
3급 차이 날 차差
형 나쁘다, 표준에 못 미치다   동 모자라다

| 393 | **差不多** chàbuduō
4급 아닐 불不, 많을 다多
형 (시간, 정도, 거리 등이) 비슷하다

| 394 | **拆** chāi
5급 헐어 버릴 탁拆
동 (붙여 놓은 것을) 뜯다, 떼어 내다

柴 chái
섶 시柴
명 장작, 땔감

| 395 | **柴油** cháiyóu
6급 기름 유油
명 중유

| 396 | **搀** chān
6급 도울 참攙
동 부축하다, 돕다, 섞다, 타다

| 397 | **馋** chán
6급 탐할 참饞
동 게걸스럽다, 식탐하다

缠 chán
묶을 전纏
동 휘감다, 둘둘 말다, 얽매다, 얽히다

| 398 | **缠绕** chánrào
6급 두를 요繞
동 둘둘 감다, 얽히다, 방해하다

产 chǎn
낳을 산産
동 낳다, 출산하다, 생산하다

| 399 | **产品** chǎnpǐn
5급 물건 품品
명 생산품, 제품

| 400 | **产生** chǎnshēng
5급 날 생生
동 생기다, 발생하다, 출현하다

| 401 | **产业** chǎnyè
6급 직업 업業
명 산업, 공업, 부동산

阐 chǎn
밝힐 천闡
동 (이치를) 천명하다, 명백하게 밝히다

402 阐述 chǎnshù
6급 펼 술, 말할 술述
동 상세히 논술하다, 명백하게 논술하다

颤 chàn
떨릴 전颤
동 떨다, 진동하다, 흔들리다

403 颤抖 chàndǒu
6급 떨 두抖
동 부들부들 떨다

昌 chāng
창성할 창昌
형 창성하다, 흥하다

404 昌盛 chāngshèng
6급 성할 성盛
형 창성하다, 흥성하다

405 长 cháng
2급 길 장長
형 (길이, 시간이) 길다

406 长城 Chángchéng
4급 성 성城
명 만리장성의 줄임말

407 长江 Chángjiāng
4급 강 강江
명 창강, 양쯔강

408 长途 chángtú
5급 길 도途
형 장거리의, 먼 거리의

409 尝 cháng
4급 맛볼 상嘗
동 맛보다, 시험삼아 먹어 보다, 시험삼아 해 보다

410 尝试 chángshì
6급 시험 시試
동 시도해 보다, 테스트해 보다

常 cháng
항상 상常
부 늘, 항상, 자주

411 常识 chángshí
5급 알 식識
명 상식, 일반 지식

偿 cháng
갚을 상償
동 갚다, 배상하다, 보상하다

412 偿还 chánghuán
6급 돌아올 환還
동 상환하다, 갚다

413 场 chǎng
4급 장소 장場
명 장소, 곳

414 场合 chǎnghé
6급 합할 합合
명 특정한 시간

415 场面 chǎngmiàn
6급 낯 면面
명 장면, 정경

416 场所 chǎngsuǒ
6급 곳 소所
명 장소

敞 chǎng
넓찍할 창敞
동 활짝 열다, 펼쳐 열다

417 **敞开** chǎngkāi
6급 열 개開
동 활짝 열다 부 한껏

畅 chàng
펼 창暢
형 막힘이 없다, 통하다, 거침없다

418 **畅通** chàngtōng
6급 통할 통通
형 원활하다, 막힘없이 잘 통하다

419 **畅销** chàngxiāo
6급 녹일 소, 사라질 소銷
형 판로가 넓다, 잘 팔리다

倡 chàng
여광대 창倡
명 광대, 창우, 배우

420 **倡导** chàngdǎo
6급 이끌 도導
동 앞장서서 제창하다

421 **倡议** chàngyì
6급 의논할 의議
동 제의하다 명 제의

唱 chàng
노래할 창唱
동 노래 부르다

422 **唱歌** chànggē
2급 노래 가歌
동 노래 부르다

423 **抄** chāo
5급 베낄 초抄
동 베끼다, 베껴 쓰다

钞 chāo
베낄 초鈔
명 지폐, 종이돈 동 베껴 쓰다, 옮겨 쓰다

424 **钞票** chāopiào
6급 표 표票
명 지폐, 돈

超 chāo
넘을 초超
동 초과하다, 넘다, 추월하다

425 **超过** chāoguò
4급 지날 과過
동 초과하다, 넘다, 추월하다

426 **超级** chāojí
5급 등급 급級
형 최상급의, 슈퍼(super)

427 **超市** chāoshì
3급 시장 시市
명 超级市场(슈퍼마켓)의 약칭, 슈퍼마켓

428 **超越** chāoyuè
6급 뛰어넘을 월越
동 넘다, 능가하다

巢 cháo
새집 소巢
명 새집, 새의 둥지

429 **巢穴** cháoxué
6급 구멍 혈穴
명 집, 소굴, 은신처

430 **朝** cháo
5급 왕조 조朝
명 조정, 조대, 왕조

43

431 **朝代** cháodài
6급 시대 대代
몡 연대, 시기, 시대

嘲 cháo
비웃을 조嘲
통 비웃다, 놀리다, 조롱하다

432 **嘲笑** cháoxiào
6급 웃을 소笑
통 비웃다, 놀리다

潮 cháo
조수 조, 젖을 조潮
형 습하다, 눅눅하다   몡 조류, 추세

433 **潮流** cháoliú
6급 흐를 류流
몡 조류, 추세

434 **潮湿** cháoshī
5급 축축할 습濕
형 습하다, 축축하다

435 **吵** chǎo
5급 떠들 초吵
형 시끄럽다, 떠들썩하다, 말다툼하다

436 **吵架** chǎojià
5급 얽어 맬 가架
통 말다툼하다, 다투다

437 **炒** chǎo
5급 볶을 초炒
통 (기름 따위로) 볶다

车 chē
수레 차車
몡 자동차, 마차, 자전거

438 **车库** chēkù
5급 창고 고庫
몡 차고

439 **车厢** chēxiāng
5급 행랑 상廂
몡 (열차, 자동차 등의) 객실, 화물칸, 트렁크

彻 chè
통할 철徹
형 통하다, 꿰뚫다, 관통하다

440 **彻底** chèdǐ
5급 밑 저底
형 철저하다, 철저히 하다

撤 chè
거둘 철, 치울 철撤
통 없애다, 제거하다, 물러나다, 철수하다

441 **撤退** chètuì
6급 물러날 퇴退
통 철수하다, 퇴각하다

442 **撤销** chèxiāo
6급 녹일 소, 사라질 소銷
통 없애다, 취소하다

沉 chén
잠길 침沈
통 (물 속에) 가라앉다, 잠기다

443 **沉淀** chéndiàn
6급 앙금 전淀
통 침전하다, 가라앉다

444 **沉闷** chénmèn
6급 답답할 민悶
형 우울하다, 칙칙하다

445	**沉默** chénmò 5급 잠잠할 묵默 동 침묵하다, 말을 하지 않다	453	**衬托** chèntuō 6급 맡길 탁托 동 부각시키다, 돋보이게 하다
446	**沉思** chénsī 6급 생각 사思 동 심사숙고하다		**称** chèn 알맞을 칭, 부합할 칭稱 동 어울리다, 맞다, 적합하다
447	**沉重** chénzhòng 6급 무거울 중重 형 몹시 무겁다, 심각하다, 우울하다	454	**称心如意** chènxīnrúyì 6급 마음 심心, 같을 여如, 뜻 의意 성 마음에 꼭 들다
448	**沉着** chénzhuó 6급 붙을 착着 형 침착하다	455	**趁** chèn 5급 쫓을 진趁 전 ~을 틈타, (시간, 기회 등을) 이용하여
	陈 chén 묵을 진, 늘어놓을 진陳 형 진열하다, 배열하다, 낡다, 오래되다	456	**称** chēng 5급 일컬을 칭, 부를 칭稱 동 부르다, 칭하다, 일컫다
449	**陈旧** chénjiù 6급 옛 구舊 형 낡다, 오래되다	457	**称号** chēnghào 6급 부르짖을 호, 이름 호號 명 칭호, 호칭
450	**陈列** chénliè 6급 벌일 렬列 동 진열하다	458	**称呼** chēnghu 5급 부를 호呼 동 ~이라고 부르다, 일컫다
451	**陈述** chénshù 6급 펼 술, 말할 술述 동 진술하다	459	**称赞** chēngzàn 5급 칭찬할 찬贊 동 칭찬하다, 찬양하다
	衬 chèn 속옷 츤襯 동 안에 덧대다 형 안에서 받쳐 주는, 안에 덧대는		**成** chéng 이룰 성成 동 완성하다, 성공하다, 이루다
452	**衬衫** chènshān 3급 윗도리 삼衫 명 와이셔츠, 셔츠, 블라우스	460	**成本** chéngběn 6급 근본 본本 명 원가, 자본금

461 **成分** chéngfèn
5급 나눌 분分
몡 (구성) 성분, 요소, 출신

462 **成功** chénggōng
4급 공로 공功
통 성공하다, 이루다

463 **成果** chéngguǒ
5급 결과 과果
몡 성과, 결과

464 **成绩** chéngjì
3급 쌓을 적績
몡 성적, 성과, 수확

465 **成交** chéngjiāo
6급 사귈 교交
통 거래가 성립하다

466 **成就** chéngjiù
5급 나아갈 취就
몡 성취, 성과, 업적

467 **成立** chénglì
5급 설 립立
통 (조직, 기구 등을) 창립하다, 설립하다

468 **成人** chéngrén
5급 사람 인人
몡 성인, 어른

469 **成熟** chéngshú
5급 익을 숙熟
형 성숙하다, 익다, 여물다

470 **成天** chéngtiān
6급 하늘 천天
몡 하루 종일, 온종일

471 **成为** chéngwéi
4급 할 위爲
통 ~이 되다, ~으로 되다

472 **成效** chéngxiào
6급 본받을 효效
몡 효능, 효과

473 **成心** chéngxīn
6급 마음 심心
튄 고의로, 일부러 몡 선입견, 편견

474 **成语** chéngyǔ
5급 말씀 어語
몡 성어, 관용어

475 **成员** chéngyuán
6급 사람 원員
몡 성원, 구성원

476 **成长** chéngzhǎng
5급 자랄 장長
통 성장하다, 자라다

呈 chéng
드릴 정呈
통 (어떤 색깔이나 상태를) 나타내다, 띠다

477 **呈现** chéngxiàn
6급 나타날 현現
통 나타나다, 드러나다

诚 chéng
정성 성誠
형 (마음이) 진실한, 성실한

478 **诚恳** chéngkěn
5급 간절할 간懇
형 진실하다, 간절하다

479 **诚实** chéngshí
4급 열매 실實
〔형〕 진실하다, 참되다, 성실하다

480 **诚挚** chéngzhì
6급 잡을 지摯
〔형〕 성실하고 진실하다

承 chéng
받들 승, 이을 승承
〔동〕 받다, 받치다, 견디다, 맡다, 담당하다

481 **承办** chéngbàn
6급 주관할 판辦
〔동〕 맡아 처리하다

482 **承包** chéngbāo
6급 쌀 포包
〔동〕 청부 맡다, 하청을 받다

483 **承担** chéngdān
5급 멜 담擔
〔동〕 맡다, 담당하다, 감당하다

484 **承诺** chéngnuò
6급 승낙할 낙諾
〔동〕 승낙하다, 대답하다 〔명〕 승낙, 대답

485 **承认** chéngrèn
5급 알 인認
〔동〕 승인하다, 인정하다

486 **承受** chéngshòu
5급 받을 수受
〔동〕 받아들이다, 견뎌 내다, 감당하다

城 chéng
성 성城
〔명〕 성, 성벽

487 **城堡** chéngbǎo
6급 작은 성 보堡
〔명〕 작은 성, 성보

488 **城市** chéngshì
3급 저자 시市
〔명〕 도시

489 **乘** chéng
6급 탈 승乘
〔동〕 오르다, 타다, 곱하다

490 **乘坐** chéngzuò
4급 앉을 좌坐
〔동〕 (자동차, 배, 비행기 등을) 타다

491 **盛** chéng
6급 담을 성盛
〔동〕 (용기 등에) 물건을 담다

程 chéng
한도 정, 길 정程
〔동〕 헤아리다, 따져 보다 〔명〕 법칙, 규칙

492 **程度** chéngdù
5급 법도 도度
〔명〕 정도, 수준

493 **程序** chéngxù
5급 차례 서序
〔명〕 순서, 절차, 단계

惩 chéng
혼낼 징懲
〔동〕 처벌하다, 징벌하다

494 **惩罚** chéngfá
6급 벌할 벌罰
〔명〕 징벌 〔동〕 징벌하다

澄 chéng
물 맑을 징澄
[동] 분명하게 밝히다 [형] (물이) 매우 맑다

495 **澄清** chéngqīng
6급 맑을 청清
[동] 분명히 하다 [형] 맑고 깨끗하다

496 **橙** chéng
6급 귤 등橙
[명] 오렌지 [형] 오렌지색의

497 **秤** chèng
6급 저울 칭稱
[명] 저울

498 **吃** chī
1급 먹을 흘吃
[동] 먹다

499 **吃惊** chījīng
4급 놀랄 경驚
[동] 놀라다

500 **吃苦** chīkǔ
6급 쓸 고苦
[동] 고생하다

501 **吃亏** chīkuī
5급 손해 볼 휴虧
[동] 손해를 보다, 손실을 입다

502 **吃力** chīlì
6급 힘 력力
[형] 힘들다, 고달프다

池 chí
못 지池
[명] 못, 늪

503 **池塘** chítáng
5급 못 당塘
[명] (작고 얕은) 못, 욕조

迟 chí
늦을 지遲
[형] 느리다, 더디다, 굼뜨다

504 **迟到** chídào
3급 이를 도到
[동] 지각하다

505 **迟钝** chídùn
6급 무딜 둔鈍
[형] 둔하다, 느리다

506 **迟缓** chíhuǎn
6급 느릴 완緩
[형] 느리다, 완만하다

507 **迟疑** chíyí
6급 의심할 의疑
[형] 망설이다, 머뭇거리다

508 **迟早** chízǎo
5급 아침 조무
[부] 조만간, 머지않아

持 chí
가질 지持
[동] 쥐다, 잡다, 가지다

509 **持久** chíjiǔ
6급 오랠 구久
[형] 오래 유지되다

510 **持续** chíxù
5급 이을 속續
[동] 지속하다

48

尺 chǐ
자 척尺
[명] 자, 척

511 尺子 chǐzi
5급 접미사 자子
[명] 자, 표준, 척도

赤 chì
붉을 적赤
[형] 붉은, 옅은 주홍색의

512 赤道 chìdào
6급 길 도道
[명] 적도

513 赤字 chìzì
6급 글자 자字
[명] 적자, 결손

翅 chì
날개 시翅
[명] (새, 곤충 등의) 날개

514 翅膀 chìbǎng
5급 어깨뼈 방膀
[명] 날개

515 冲 chōng
5급 찌를 충冲
[동] (끓는 물 등을) 붓다, 뿌리다

516 冲动 chōngdòng
6급 움직일 동動
[명] 충동 [동] 격해지다, 흥분하다

517 冲击 chōngjī
6급 칠 격擊
[동] 돌격하다, 부딪치다

518 冲突 chōngtū
6급 갑자기 돌突
[동] 충돌하다, 싸우다 [명] 모순, 충돌

充 chōng
채울 충充
[형] 가득하다, 충분하다 [동] 가득 채우다, 메우다

519 充当 chōngdāng
6급 맡을 당當
[동] 맡다, 담당하다

520 充电器 chōngdiànqì
5급 번개 전電, 그릇 기器
[명] 충전기

521 充分 chōngfèn
5급 나눌 분分
[형] 충분하다 [부] 충분히

522 充满 chōngmǎn
5급 가득 찰 만滿
[형] 가득 차다, 모든, 전부의

523 充沛 chōngpèi
6급 성한 모양 패沛
[형] 넘쳐흐르다, 충족하다

524 充实 chōngshí
6급 열매 실實
[형] (내용, 인원, 재력 등이) 충분하다, 풍부하다

525 充足 chōngzú
6급 넉넉할 족足
[형] 충분하다, 충족하다

重 chóng
거듭 중重
[동] 중복하다, 거듭하다, 반복하다

526 重叠 chóngdié
6급 거듭 첩첩
동 중첩되다, 중복되다

527 重复 chóngfù
5급 돌아올 복復
동 (같은 일을) 반복하다, 되풀이하다

528 重新 chóngxīn
4급 새 신新
부 다시, 재차

崇 chóng
높을 숭崇
형 높다   동 존경하다, 중시하다

529 崇拜 chóngbài
6급 절 배拜
동 숭배하다

530 崇高 chónggāo
6급 높을 고高
형 숭고하다, 고상하다

531 崇敬 chóngjìng
6급 공경할 경敬
동 존경하고 사모하다

宠 chǒng
총애할 총寵
동 총애하다, 편애하다

532 宠物 chǒngwù
5급 물건 물物
명 애완 동물, 반려 동물

抽 chōu
뽑을 추抽
동 (일부를) 뽑아내다, 빼내다, 추출하다

533 抽屉 chōuti
5급 서랍 체屉
명 서랍

534 抽象 chōuxiàng
5급 코끼리 상象
동 추상하다   형 추상적이다

535 抽烟 chōuyān
4급 연기 연烟
동 담배를 피우다, 흡연하다

稠 chóu
빽빽할 조稠
형 조밀하다, 촘촘하다

536 稠密 chóumì
6급 빽빽할 밀密
형 조밀하다, 촘촘하다

筹 chóu
꾀할 주筹
동 기획하다, 계획하다   명 계책, 방법

537 筹备 chóubèi
6급 갖출 비備
동 기획하고 준비하다

538 丑 chǒu
5급 추할 추丑
형 추하다, 못생기다

539 丑恶 chǒu'è
6급 악할 악恶
형 추악하다, 더럽다

540 臭 chòu
5급 냄새 취臭
형 (냄새가) 지독하다, 역겹다, 꼴불견이다

541 **出** chū
2급 날 出出
동 나가다, 나오다

542 **出版** chūbǎn
5급 날빤지 판版
동 (서적, 음반 등을) 출판하다, 출간하다

543 **出差** chūchāi
4급 보낼 차差
동 (외지로) 출장 가다

544 **出发** chūfā
4급 쏠 발發
동 출발하다, 떠나다

545 **出口** chūkǒu
5급 입 구口
동 말을 꺼내다, 말을 하다, 수출하다   명 출구

546 **出路** chūlù
6급 길 로路
명 출로, 출구, 통로

547 **出卖** chūmài
6급 팔 매賣
동 배반하다, 배신하다

548 **出色** chūsè
5급 빛 색色
형 특별히 좋다, 대단히 뛰어나다

549 **出身** chūshēn
6급 몸 신身
명 신분, 출신

550 **出神** chūshén
6급 귀신 신神
동 넋을 잃다, 넋이 나가다

551 **出生** chūshēng
4급 날 생生
동 출생하다, 태어나다

552 **出示** chūshì
5급 보일 시示
동 내보이다, 제시하다

553 **出息** chūxi
6급 쉴 식息
명 전도(前途), 발전성, 장래성

554 **出席** chūxí
5급 자리 석席
동 회의에 참가하다, 출석하다

555 **出现** chūxiàn
4급 나타날 현現
동 출현하다, 나타나다

556 **出租车** chūzūchē
1급 세낼 조租, 수레 차車
명 택시

初 chū
처음 초初
형 처음의, 최초의, 첫번째의

557 **初步** chūbù
6급 걸음 보步
형 처음 단계의, 시작 단계의, 초보적인

558 **初级** chūjí
5급 등급 급級
형 초급의, 가장 낮은 단계의

559 **除** chú
6급 덜 제除
동 제거하다, 없애다   전 ~을 제외하고

560 除非 chúfēi
5급 아닐 비非
[접] 오직 ~하여야(비로소)　[전] ~를 제외하고는

561 除了 chúle
3급 어기사 료了
[전] ~을 제외하고(는), ~ 외에 또

562 除夕 chúxī
5급 저녁 석夕
[명] 섣달 그믐날 밤, 제야

厨 chú
부엌 주厨
[명] 주방, 부엌

563 厨房 chúfáng
4급 방 방房
[명] 주방, 부엌

处 chǔ
곳 처處
[동] (곳, 상황에) 처하다, 존재하다, 처리하다

564 处分 chǔfèn
6급 성분 분分
[동] 처벌하다, 처분하다, 처리하다　[명] 처분, 처벌

565 处境 chǔjìng
6급 지경 경境
[명] (처해 있는) 처지, 환경, 상태, 상황

566 处理 chǔlǐ
5급 다스릴 리理
[동] 처리하다, (사물을) 안배하다

567 处置 chǔzhì
6급 놓을 치置
[동] 처치하다, 징벌하다, 처리하다

储 chǔ
쌓을 저儲
[동] 저축하다, 저장하다

568 储备 chǔbèi
6급 갖출 비備
[동] (물자를) 비축하다, 저장하다

569 储存 chǔcún
6급 있을 존存
[동] 모아 두다, 쌓아 두다, 저축하여 두다

570 储蓄 chǔxù
6급 쌓을 축蓄
[동] 저축하다, 비축하다　[명] 저금, 예금, 저축

触 chù
닿을 촉觸
[동] 부딪치다, 닿다, 접촉하다

571 触犯 chùfàn
6급 범할 범犯
[동] 저촉되다, 범하다, 위반하다

川 chuān
내 천川
[명] 하천, 내

572 川流不息 chuānliúbùxī
6급 흐를 류流, 아닐 불不, 쉴 식息
[성] (행인, 차량 등이) 냇물처럼 끊임없이 오가다

573 穿 chuān
2급 뚫을 천穿
[동] (옷, 신발, 양말 등을) 입다, 신다

574 穿越 chuānyuè
6급 뛰어넘을 월越
[동] (산, 들 등을) 넘다, 통과하다, 지나가다

传 chuán
전할 전傳
동 전하다, 전파하다, 널리 퍼뜨리다

575 传播 chuánbō
5급 (씨를) 뿌릴 파播
동 전파하다, 널리 퍼뜨리다

576 传达 chuándá
6급 전달할 달達
동 전하다, 전달하다

577 传单 chuándān
6급 홑 단單
명 전단, 전단지

578 传染 chuánrǎn
5급 물들 염染
동 전염하다, 감염하다, 옮다

579 传授 chuánshòu
6급 줄 수授
동 전수하다, 가르치다

580 传说 chuánshuō
5급 말씀 설說
명 전설

581 传统 chuántǒng
5급 계통 통統
명 전통 형 전통적이다, 보수적이다

582 传真 chuánzhēn
4급 참 진眞
명 팩시밀리, 팩스

583 船 chuán
3급 배 선船
명 배, 선박

584 船舶 chuánbó
6급 배 박舶
명 배, 선박

喘 chuǎn
헐떡일 천喘
동 헐떡이다, 헐떡거리다, 숨차다

585 喘气 chuǎnqì
6급 기운 기氣
동 호흡하다, 숨차다

586 串 chuàn
6급 꿸 관串
동 꿰다, 뒤섞이다 명 꼬치

窗 chuāng
창 창窗
명 창, 창문

587 窗户 chuānghu
4급 집 호户
명 창문, 창

588 窗帘 chuānglián
5급 발 렴簾
명 커튼

床 chuáng
평상 상床
명 침대, 침상, 베드

589 床单 chuángdān
6급 홑 단單
명 침대보

590 闯 chuǎng
5급 부딪칠 츰闖
동 돌진하다, 갑자기 뛰어들다

创 chuàng
시작할 창創
동 처음으로 하다, 시작하다, 창조하다

591 **创立** chuànglì
6급 설 립立
동 창립하다, 창건하다

592 **创新** chuàngxīn
6급 새 신新
명 창의성 동 창조하다

593 **创业** chuàngyè
6급 직업 업業
동 창업하다

594 **创造** chuàngzào
5급 만들 조造
동 창조하다, 만들다

595 **创作** chuàngzuò
6급 지을 작作
동 창작하다 명 문예창작

596 **吹** chuī
5급 불 취吹
동 입으로 힘껏 불다, 바람이 불다

597 **吹牛** chuīniú
6급 소 우牛
동 허풍을 떨다, 큰소리치다

598 **吹捧** chuīpěng
6급 받들 봉捧
동 치켜세우다

炊 chuī
불땔 취炊
동 취사하다, 밥을 짓다

599 **炊烟** chuīyān
6급 연기 연烟
명 밥 짓는 연기

垂 chuí
드리울 수垂
동 드리우다, 늘어뜨리다, (머리를) 숙이다

600 **垂直** chuízhí
6급 곧을 직直
형 수직의

601 **锤** chuí
6급 저울추 추錘
명 추, 쇠망치 동 두드리다, 단련하다

602 **春** chūn
3급 봄 춘春
명 봄

纯 chún
순수할 순純
형 순수하다, 깨끗하다 부 완전히

603 **纯粹** chúncuì
6급 순수할 수粹
형 순수하다, 깨끗하다 부 완전히

604 **纯洁** chúnjié
6급 깨끗할 결潔
형 순결하다 동 순결하게 하다, 정화하다

词 cí
말 사詞
명 단어, 말, 문구

605 **词典** cídiǎn
3급 법 전典
명 사전

606 **词汇** cíhuì
5급 무리 휘, 어음 회 詞彙
명 어휘, 용어

607 **词语** cíyǔ
4급 말씀 어語
명 어휘, 글자

辞 cí
사퇴할 사, 사양할 사 辭
동 사직하다, 사양하다, 거절하다

608 **辞职** cízhí
5급 직분 직職
동 사직하다, 직장을 그만두다

慈 cí
자애로울 자 慈
형 자애롭다, 인자하다

609 **慈善** císhàn
6급 착할 선善
형 동정심이 많다, 배려하다

610 **慈祥** cíxiáng
6급 상서로울 상祥
형 자애롭다, 자상하다

磁 cí
자석 자磁
명 자성

611 **磁带** cídài
6급 띠 대帶
명 테이프

雌 cí
암컷 자雌
형 암컷의, 유약하다, 연약하다

612 **雌雄** cíxióng
6급 수컷 웅雄
명 암컷과 수컷 명 승패, 우열

此 cǐ
이 차此
대 이, 이것

613 **此外** cǐwài
5급 밖 외外
명 이 외에, 이 밖에

614 **次** cì
2급 버금 차次
양 차례, 번, 회

615 **次品** cìpǐn
6급 물건 품品
명 질이 낮은 물건, 등외품

616 **次序** cìxù
6급 차례 서序
명 차례, 순서

617 **次要** cìyào
5급 중요할 요要
형 부차적인, 다음으로 중요한

伺 cì
문안할 사伺
'伺候(시중 들다)'의 구성자

618 **伺候** cìhou
6급 살필 후候
동 시중들다, 돌보다

619 **刺** cì
6급 찌를 자刺
동 찌르다, 뚫다, 정탐하다 명 가시, 바늘

620 **刺激** cìjī
5급 격할 격激
동 자극하다, 고무하다, 북돋우다

匆 cōng
바쁠 총匆
형 바쁘다, 급하다, 총망하다

621 **匆忙** cōngmáng
5급 바쁠 망忙
형 매우 바쁘다, 총망하다

聪 cōng
귀 밝을 총聰
형 귀가 밝다, 똑똑하다, 총명하다

622 **聪明** cōngming
3급 밝을 명明
형 똑똑하다, 총명하다

623 **从** cóng
2급 따를 종從
동 따르다, 좇다

624 **从此** cóngcǐ
5급 이 차此
부 지금부터, 이제부터

625 **从而** cóng'ér
5급 말 이을 이而
접 따라서, 그리하여

626 **从来** cónglái
4급 올 래來
부 (과거부터) 지금까지, 여태껏, 이제까지

627 **从前** cóngqián
5급 앞 전前
명 이전, 종전, 옛날

628 **从容** cóngróng
6급 용납할 용容
형 침착하다, 여유 있다, 넉넉하다

629 **从事** cóngshì
5급 일 사事
동 종사하다, 몸담다

630 **丛** cóng
6급 모일 총叢
명 덤불, 수풀, 무리, 떼   동 군집하다

凑 còu
모일 주湊
동 한데 모으다, 모이다, 다가가다, 접근하다

631 **凑合** còuhe
6급 합할 합合
형 그런대로 ~할 만하다   동 함께 모이다

粗 cū
거칠 조粗
형 거칠다, 엉성하다, 조악하다

632 **粗糙** cūcāo
5급 거칠 조糙
형 (질감이) 거칠다, 까칠까칠하다

633 **粗鲁** cūlǔ
6급 노둔할 로魯
형 교양이 없다

634 **粗心** cūxīn
4급 마음 심心
형 세심하지 못하다, 소홀하다, 부주의하다

促 cù
재촉할 촉促
동 재촉하다, 다그치다

635 **促进** cùjìn
5급 나아갈 진進
[동] 촉진시키다, 재촉하다, 독촉하다

636 **促使** cùshǐ
5급 하여금 사使
[동] ~하도록 (재촉)하다, ~하게 (추진)하다

637 **醋** cù
5급 식초 초醋
[명] 식초, 초, 질투, 샘

638 **窜** cuàn
6급 달아날 찬竄
[동] 도망가다, 달아나다

639 **催** cuī
5급 재촉할 최催
[동] 재촉하다, 독촉하다, 다그치다

摧 cuī
꺾을 최摧
[동] 부러뜨리다, 쳐부수다, 파괴하다

640 **摧残** cuīcán
6급 해칠 잔殘
[동] 학대하다, 파괴하다

脆 cuì
연할 취脆
[형] 쉽게 부러지다, 약하다, 바삭바삭하다

641 **脆弱** cuìruò
6급 약할 약弱
[형] 취약하다, 약하다

642 **存** cún
4급 있을 존存
[동] 생존하다, 존재하다, 있다

643 **存在** cúnzài
5급 있을 재在
[동] 존재하다 [명] 존재

644 **搓** cuō
6급 비빌 차搓
[동] 비비다, 문지르다

磋 cuō
갈 차磋
[동] 의논하고 토론하다

645 **磋商** cuōshāng
6급 헤아릴 상商
[동] 협의하다, 논의하다

挫 cuò
6급 꺾을 좌挫
[동] 좌절하다

646 **挫折** cuòzhé
6급 꺾을 절折
[명] 좌절, 실패 [동] 좌절시키다, 패배시키다

措 cuò
둘 조措
[동] 안배하다, 배치하다

647 **措施** cuòshī
5급 베풀 시施
[명] 조치, 대책

648 **错** cuò
2급 어긋날 착錯
[동] 틀리다, 맞지 않다

649 **错误** cuòwù
4급 틀릴 오, 그르칠 오誤
[명] 착오, 잘못 [형] 부정확하다, 잘못되다

D

650 **搭** dā
6급 탈 탑搭
동 넣다, 걸다, 잇다, (자동차 등을) 타다

651 **搭档** dādàng
6급 문서 당檔
동 협력하다 명 짝, 파트너

652 **搭配** dāpèi
6급 짝지을 배, 나눌 배配
동 배합하다, 짝을 이루다 형 걸맞다

答 dā
답할 답答
동 대답하다

653 **答应** dāying
5급 응할 응, 대답할 응應
동 대답하다, 응답하다

达 dá
이를 달, 통달할 달達
동 도달하다, 도착하다, 통달하다

654 **达成** dáchéng
6급 이룰 성成
동 달성하다, 도달하다

655 **达到** dádào
5급 이를 도到
동 달성하다, 도달하다

答 dá
대답할 답答
동 대답하다, 회답하다

656 **答案** dá'àn
4급 책상 안案
명 답안, 답, 해답

657 **答辩** dábiàn
6급 말씀 변辯
동 답변하다

658 **答复** dáfù
6급 돌아올 복復
동 회답하다, 답변하다 명 회답, 대답

打 dǎ
칠 타, 때릴 타打
동 (손이나 기구로) 치다, 때리다, 두드리다

659 **打扮** dǎban
4급 꾸밀 분扮
동 화장하다, 치장하다, 단장하다

660 **打包** dǎbāo
6급 쌀 포包
동 포장하다, 싸다

661 **打电话** dǎ diànhuà
6급 번개 전電, 말씀 화話
전화를 걸다, 전화하다

662 **打工** dǎgōng
5급 일 공工
동 아르바이트하다

663 **打官司** dǎ guānsi
6급 벼슬 관官, 맡을 사司
동 소송하다, 고소하다

664 **打击** dǎjī
6급 칠 격擊
동 공격하다, 치다, 두들기다

665 **打架** dǎjià
6급 얽어 맬 가架
동 싸우다, 다투다

666 **打交道** dǎ jiāodao
5급 사귈 교交, 길 도道
(사람끼리) 왕래하다, 교제하다

667 **打篮球** dǎ lánqiú
2급 바구니 람籃, 공 구球
농구를 하다

668 **打量** dǎliang
6급 헤아릴 량量
동 (복장이나 외모를) 훑어보다, 짐작하다

669 **打猎** dǎliè
6급 사냥할 렵獵
동 사냥하다, 수렵하다

670 **打喷嚏** dǎ pēntì
5급 뿜을 분噴, 재채기 체嚏
동 재채기를 하다

671 **打扰** dǎrǎo
4급 시끄러울 요擾
동 방해하다, 폐를 끼치다

672 **打扫** dǎsǎo
3급 쓸 소掃
동 청소하다

673 **打算** dǎsuan
3급 셈 산算
동 ~할 생각이다(작정이다)

674 **打听** dǎting
5급 들을 청聽
동 물어보다, 탐문하다

675 **打印** dǎyìn
4급 도장 인印
동 (프린터로) 인쇄하다, 프린트하다

676 **打仗** dǎzhàng
6급 무기 장仗
동 전쟁하다, 전투하다, 싸우다

677 **打招呼** dǎ zhāohu
4급 부를 초招, 부를 호呼
(말이나 행동으로) 인사하다

678 **打折** dǎzhé
4급 꺾을 절折
동 가격을 깎다, 디스카운트하다

679 **打针** dǎzhēn
4급 바늘 침針
동 주사를 놓다, 주사를 맞다

680 **大** dà
1급 큰 대大
형 (부피, 면적 등이) 크다, 넓다

681 **大不了** dàbuliǎo
6급 아닐 불不, 어기사 료了
형 대단하다 부 기껏해야

682 **大臣** dàchén
6급 신하 신臣
명 대신, 중신

683 **大方** dàfang
5급 떳떳할 방方
형 (언행이) 시원시원하다, 대범하다

684 **大概** dàgài
4급 대개 개槪
부 아마도, 대개

685 **大伙儿** dàhuǒr
6급 많을 화夥, 아이 아兒
대 모두들, 여러 사람

686 **大家** dàjiā
2급 집 가家
대 모두, 다들

687 **大厦** dàshà
5급 큰 집 하廈
명 빌딩, (고층) 건물

688 **大使馆** dàshǐguǎn
4급 하여금 사使, 집 관館
명 대사관

689 **大肆** dàsì
6급 방자할 사肆
부 제멋대로, 함부로

690 **大体** dàtǐ
6급 몸 체體
부 대략, 대체로

691 **大象** dàxiàng
5급 코끼리 상象
명 코끼리

692 **大型** dàxíng
5급 모형 형型
형 대형의

693 **大意** dàyi
6급 뜻 의意
형 부주의하다, 소홀하다

694 **大约** dàyuē
4급 대략 약約
부 아마, 대개는, 대략, 대강

695 **大致** dàzhì
6급 이를 치致, 촘촘할 치緻
부 대개, 대체로   형 대략적인

696 **呆** dāi
5급 어리석을 태呆
형 (머리가) 둔하다, 멍청하다, 멍하다

歹 dǎi
몹쓸 대歹
형 나쁘다, 안 좋다, 악하다

697 **歹徒** dǎitú
6급 무리 도徒
명 악당, 나쁜 사람

大 dài
큰 대大
원래 발음은 dà인데, 일부 단어에서 dài로 발음함

698 **大夫** dàifu
4급 지아비 부夫
명 의사

代 dài
대신할 대代
동 대리하다, 대신하다, 대체하다

699 **代表** dàibiǎo
5급 겉 표表
명 대표, 대표자   동 대표하다, 대신하다

700 **代价** dàijià
6급 값 가價
명 대가, 가격, 대금

701 **代理** dàilǐ
6급 다스릴 리理
동 대리하다, 대신하다

702 **代替** dàitì
5급 바꿀 체替
동 대체하다, 대신하다

703 **带** dài
3급 띠 대帶
명 띠, 벨트, 끈   동 (몸에) 지니다, 휴대하다

704 **带领** dàilǐng
6급 거느릴 령領
동 인솔하다, 이끌다, 안내하다

贷 dài
빌릴 대貸
동 (돈을) 꾸다, 빌리다, 대여하다, 대출하다

705 **贷款** dàikuǎn
5급 정성 관, 돈 관款
동 (은행에서) 대출하다   명 대출금

待 dài
기다릴 대, 대우할 대, 대접할 대待
동 대우하다, (사람을) 대하다, 접대하다

706 **待遇** dàiyù
5급 만날 우遇
명 대우, 대접   동 대우하다

怠 dài
게으를 태怠
형 태만하다, 게으르다, 나태하다

707 **怠慢** dàimàn
6급 느릴 만慢
동 냉대하다, 푸대접하다

逮 dài
잡을 체, 이를 체逮
동 이르다, 미치다, 체포하다, 잡다

708 **逮捕** dàibǔ
6급 사로잡을 포捕
동 체포하다, 잡다

709 **戴** dài
4급 (머리에) 일 대戴
동 착용하다, (머리에) 쓰다, 차다, 끼다, 달다

担 dān
멜 담, 짐 담擔
명 짐

710 **担保** dānbǎo
6급 지킬 보保
동 보증하다, 담보하다

711 **担任** dānrèn
5급 맡길 임任
동 맡다, 담임하다, 담당하다

712 **担心** dānxīn
3급 마음 심心
동 염려하다, 걱정하다

单 dān
홑 단單
형 홑의, 하나의, 단독의

713 **单纯** dānchún
5급 순수할 순純
형 단순하다   부 오로지, 단순히

714 **单调** dāndiào
5급 고를 조調
형 단조롭다

715 单独 dāndú
5급 홀로 독獨
부 단독으로, 혼자서

716 单位 dānwèi
5급 자리 위位
명 직장, 기관, 단체, 회사

717 单元 dānyuán
5급 으뜸 원元
명 (교재 등의) 단원, (아파트 등의) 현관

耽 dān
즐길 탐, 지체할 탐耽
동 탐닉하다, 빠지다, 지연하다, 지체하다

718 耽误 dānwu
5급 틀릴 오, 그르칠 오誤
동 (시간을 지체하다가) 일을 그르치다

胆 dǎn
쓸개 담膽
명 담낭, 쓸개, 담력, 담

719 胆怯 dǎnqiè
6급 겁낼 겁怯
형 겁내다, 무서워하다

720 胆小鬼 dǎnxiǎoguǐ
5급 작을 소小, 귀신 귀鬼
명 겁쟁이

诞 dàn
낳을 탄誕
동 태어나다, 탄생하다

721 诞辰 dànchén
6급 별 진辰
명 (윗사람이나 존경하는 사람의) 생일

722 诞生 dànshēng
6급 날 생生
동 탄생하다, 태어나다, 생기다

723 淡 dàn
5급 맑을 담淡
형 (맛이) 약하다, 싱겁다

724 淡季 dànjì
6급 계절 계季
명 비성수기

725 淡水 dànshuǐ
6급 물 수水
명 담수, 민물

蛋 dàn
새알 단蛋
명 (새, 거북, 뱀 등의) 알

726 蛋白质 dànbáizhì
6급 흰 백白, 바탕 질質
명 단백질

727 蛋糕 dàngāo
3급 떡 고糕
명 케이크, 카스텔라

728 当 dāng
4급 맡을 당當
동 담당하다, 맡다

729 当场 dāngchǎng
6급 장소 장場
부 당장, 즉석에서

730 当初 dāngchū
6급 처음 초初
명 당초, 원래, 그때

D

731 当代 dāngdài
6급 시대 代
명 당대, 그 시대

732 当地 dāngdì
5급 땅 地
명 현지, 현장

733 当面 dāngmiàn
6급 낯 面
부 직접 마주하여, 맞대면하여

734 当前 dāngqián
6급 앞 前前
명 현재, 오늘 동 직면하다, 눈앞에 닥치다

735 当然 dāngrán
3급 그러할 然
형 당연하다, 물론이다

736 当时 dāngshí
4급 때 時
명 당시, 그 때

737 当事人 dāngshìrén
6급 일 事, 사람 人
명 관계자, 당사자

738 当务之急 dāngwùzhījí
6급 힘쓸 務, 어조사 之, 급할 急
성 당장 급히 처리해야 하는 일

739 当心 dāngxīn
5급 마음 心
동 조심하다, 주의하다

740 当选 dāngxuǎn
6급 가릴 選
동 당선되다

741 挡 dǎng
5급 가로막을 擋
동 막다, 저지하다, 차단하다

742 党 dǎng
6급 무리 黨
명 당, 정당, 파벌

743 档 dàng
문서 檔
명 문서, 서류, 파일, 기록

743 档案 dàng'àn
6급 책상 案
명 공문서, 서류, 파일

744 档次 dàngcì
6급 버금 次
명 (품질 등의) 등급, 차등

745 刀 dāo
4급 칼 刀
명 칼

746 导 dǎo
이끌 導
동 이끌다, 인도하다, 지도하다

746 导弹 dǎodàn
6급 탄알 彈
명 유도탄, 미사일

747 导航 dǎoháng
6급 배 航
동 유도하다, 인도하다

748 导向 dǎoxiàng
6급 향할 向
동 유도하다, 발전시키다

749 **导演** dǎoyǎn
5급 널리 펼 연演
몡 연출자, 감독, 안무 통 연출하다, 감독하다

750 **导游** dǎoyóu
4급 놀 유游
몡 관광 가이드

751 **导致** dǎozhì
5급 이를 치致
통 (어떤 사태를) 야기하다, 초래하다

岛 dǎo
섬 도岛
몡 섬

752 **岛屿** dǎoyǔ
5급 섬 서嶼
몡 섬, 도서

捣 dǎo
찧을 도捣
통 교란하다, 귀찮게 굴다

753 **捣乱** dǎoluàn
6급 어지러울 란亂
통 교란하다, 소란을 피우다

倒 dǎo
넘어질 도倒
통 넘어지다, 자빠지다, (사업이) 파산하다

754 **倒闭** dǎobì
6급 닫을 폐閉
통 도산하다

755 **倒霉** dǎoméi
5급 곰팡이 매霉
혱 재수 없다, 운수 사납다

756 **到** dào
2급 이를 도到
통 도달하다, 도착하다

757 **到处** dàochù
4급 곳 처處
몡 도처, 곳곳

758 **到达** dàodá
5급 이를 달達
통 도착하다, 도달하다, 이르다

759 **到底** dàodǐ
4급 밑 저底
뷔 도대체

760 **倒** dào
4급 거꾸로 도倒
혱 (상하, 전후가) 거꾸로 되다, 뒤집히다

盗 dào
훔칠 도盜
통 훔치다, 도둑질하다

761 **盗窃** dàoqiè
6급 훔칠 절竊
통 도둑질하다, 절도하다

道 dào
길 도, 말할 도道
몡 길, 도로

762 **道德** dàodé
5급 덕 덕德
몡 도덕, 윤리

763 **道理** dàolǐ
5급 다스릴 리理
몡 도리, 이치, 법칙

764 **道歉** dàoqiàn
4급 흉년 들 겸歉
동 사과하다, 사죄하다

稻 dào
벼 도稻
명 벼, 볍씨

765 **稻谷** dàogǔ
6급 곡식 곡穀
명 벼

得 dé
얻을 득得
동 얻다, 획득하다, 받다

766 **得不偿失** débùchángshī
6급 아닐 불不, 갚을 상償, 잃을 실失
성 얻는 것보다 잃는 것이 더 많다

767 **得力** délì
6급 힘 력力
동 도움을 받다, 효과가 있다   형 유능하다

768 **得天独厚** détiāndúhòu
6급 하늘 천天, 홀로 독獨, 두터울 후厚
성 처한 환경이 남달리 좋다

769 **得意** déyì
4급 뜻 의意
형 득의하다, 대단히 만족하다

770 **得罪** dézuì
6급 죄 죄罪
동 미움을 사다, 노여움을 사다

771 **地** de
3급 어조사 지地
조 관형어 단어나 구 뒤에 쓰여 부사처럼 만들어 줌

772 **的** de
1급 어조사 적的
조 ~의, ~한

773 **得** de
2급 어조사 득得
조 동사나 형용사를 결과나 정도 보어와 연결시킴

774 **得** děi
4급 어조사 득得
조동 ~해야 한다

775 **灯** dēng
3급 등 등燈
명 등, 등롱, 램프, 라이트

776 **灯笼** dēnglong
6급 대바구니 롱籠
명 등롱, 초롱

登 dēng
오를 등登
동 (사람이) 오르다, 올라가다, 기재하다

777 **登机牌** dēngjīpái
4급 틀 기, 기계 기機, 패 패牌
명 탑승권

778 **登记** dēngjì
5급 기록할 기記
동 등기하다, 등록하다, 기입하다

779 **登陆** dēnglù
6급 육지 륙陸
동 상륙하다, (상품 등이) 시장에 진출하다

780 **登录** dēnglù
6급 기록할 록錄
동 등록하다, 기입하다, 로그인하다

65

| 781 | 蹬 dēng
6급 밟을 등蹬
동 밟다, 딛다, 디디다

| 782 | 等 děng
4급 무리 등等
조 등, 따위

| 783 | 等 děng
2급 기다릴 등, 같을 등等
동 기다리다

| 784 | 等待 děngdài
5급 기다릴 대, 대우할 대待
동 기다리다

| 785 | 等候 děnghòu
6급 때 후, 기다릴 후候
동 기다리다

| 786 | 等级 děngjí
6급 등급 급級
명 등급, 계급

| 787 | 等于 děngyú
5급 어조사 우于
동 ~와 같다, 맞먹다, ~이나 다름없다

| 788 | 瞪 dèng
6급 바로 볼 징瞪
동 (눈을) 크게 뜨다

| 789 | 低 dī
4급 낮을 저低
형 (높이, 등급이) 낮다

| 堤 dī
둑 제堤
명 둑, 제방

| 790 | 堤坝 dībà
6급 방죽 파壩
명 댐과 둑

| 791 | 滴 dī
5급 물방울 적滴
동 (액체가) 똑똑 (한 방울씩) 떨어지다

| 的 dí
확실할 적的
부 정말로, 확실히, 실제로

| 792 | 的确 díquè
5급 굳을 확確
부 확실히, 분명히, 참으로

| 敌 dí
적 적敵
명 적, 상대, 적수

| 793 | 敌人 dírén
5급 사람 인人
명 적

| 794 | 敌视 díshì
6급 볼 시視
동 적대시하다, 적대하다

| 抵 dǐ
부딪칠 저抵
동 떠받치다, 고이다, 저항하다, 버티다

| 795 | 抵达 dǐdá
6급 통달할 달, 이를 달達
동 도착하다, 도달하다

| 796 | 抵抗 dǐkàng
6급 겨룰 항, 대항할 항抗
동 저항하다, 대항하다

797 **抵制** dǐzhì
6급 억제할 제制
동 보이콧하다, 배척하다

798 **底** dǐ
4급 밑 저底
명 밑, 바닥

地 dì
땅 지地
명 육지, 땅, 바닥

799 **地步** dìbù
6급 걸음 보步
명 정도, 형편, 상황

800 **地道** dìdao
5급 길 도道
형 오리지널의, 정통의, 순수한, 진짜의

801 **地点** dìdiǎn
4급 점 점點
명 지점, 장소, 위치

802 **地方** dìfang
3급 곳 방方
명 부분, 점, 장소, 곳

803 **地理** dìlǐ
5급 다스릴 리理
명 지리

804 **地球** dìqiú
4급 공 구球
명 지구

805 **地区** dìqū
5급 지경 구區
명 지역, 지구

806 **地势** dìshì
6급 형세 세勢
명 지세, 땅의 형세

807 **地毯** dìtǎn
5급 담요 담毯
명 양탄자, 카페트

808 **地铁** dìtiě
3급 쇠 철鐵
명 지하철

809 **地图** dìtú
3급 그림 도圖
명 지도

810 **地位** dìwèi
5급 자리 위位
명 (사회적) 지위, 위치, (사람이나 물건의) 자리

811 **地震** dìzhèn
5급 우레 진震
명 지진

812 **地址** dìzhǐ
4급 터 지址
명 주소, 소재지

813 **地质** dìzhì
6급 바탕 질質
명 지질, 지질학

弟 dì
아우 제弟
명 남동생, 아우

814 **弟弟** dìdi
아우 제弟
명 남동생

815 递 dì
5급 전할 체遞
동 넘겨 주다, 전해 주다, 건네다

816 递增 dìzēng
6급 더할 증增
동 점점 늘다, 점차 증가하다

第 dì
차례 제第
명 순서, 차례   접두 (수사 앞에서) 제

817 第一 dìyī
2급 하나 일一
수 제1, 최초

颠 diān
꼭대기 전顚
명 정수리, 머리꼭지, 정상, 꼭대기

818 颠簸 diānbǒ
6급 까부를 파簸
동 (위아래로) 흔들리다, 요동하다

819 颠倒 diāndǎo
6급 넘어질 도倒
동 뒤바뀌다, 전도되다, 어수선하다

典 diǎn
법 전典
동 주관하다, 관장하다   명 제도, 법규

820 典礼 diǎnlǐ
6급 예도 례禮
명 (성대한) 식, 의식, 행사

821 典型 diǎnxíng
6급 모형 형型
명 전형, 대표적인 인물   형 전형적인

822 点 diǎn
1급 점 점點
양 약간, 조금

823 点心 diǎnxin
5급 마음 심心
명 간식(거리)

824 点缀 diǎnzhuì
6급 꿰맬 철綴
동 단장하다, 그럴듯하게 꾸미다

电 diàn
번개 전, 전기 전電
명 전기, 번개, 전보

825 电池 diànchí
5급 못 지池
명 건전지

826 电脑 diànnǎo
1급 뇌 뇌腦
명 컴퓨터

827 电视 diànshì
1급 볼 시視
명 텔레비전

828 电台 diàntái
5급 대 대臺
명 무선 통신기, 라디오 방송국

829 电梯 diàntī
3급 사다리 제梯
명 엘리베이터

830 电影 diànyǐng
1급 그림자 영影
명 영화

831 **电源** diànyuán
6급 근원 원源
몡 전원

832 **电子邮件** diànzǐyóujiàn
3급 접미사 자子, 우편 우邮, 수량 단위 건件
몡 전자우편, 이메일

833 **垫** diàn
6급 빠질 점垫
동 받치다, 깔다 몡 방석, 깔개

惦 diàn
염려할 점惦
동 늘 생각하다, 항상 마음에 두다

834 **惦记** diànjì
6급 기록할 기记
동 염려하다, 걱정하다

奠 diàn
제사 지낼 전奠
동 제물로 제사를 지내다(올리다)

835 **奠定** diàndìng
6급 정할 정定
동 다지다, 닦다, 안정시키다

836 **叼** diāo
6급 입에 물 조叼
동 (물체의 일부분을) 입에 물다

雕 diāo
새길 조雕
동 새기다, 조각하다

837 **雕刻** diāokè
6급 새길 각刻
동 조각하다 몡 조각품

838 **雕塑** diāosù
6급 흙 빚을 소塑
동 조소하다 몡 조소품

839 **吊** diào
6급 조문할 조吊
동 걸다, 내려놓다, 취소하다

840 **钓** diào
5급 낚시 조钓
동 낚다, 낚시질하다

调 diào
고를 조, 조사할 조调
동 조사하다, 옮기다, 이동하다, 파견하다

841 **调查** diàochá
4급 조사할 사查
동 (현장에서) 조사하다

842 **调动** diàodòng
6급 움직일 동动
동 바꾸다, 옮기다, 이동하다

843 **掉** diào
4급 흔들 도掉
동 떨어지다, 떨어뜨리다, 떨구다

844 **跌** diē
6급 거꾸러질 질跌
동 쓰러지다, (물가가) 내리다, (물체가) 떨어지다

845 **丁** dīng
6급 넷째 천간 정丁
몡 성년 남자, 인구, 도막, 덩이

叮 dīng
신신당부할 정叮
동 신신당부하다, 거듭 부탁하다

846 叮嘱 dīngzhǔ
6급 부탁할 촉囑
동 신신당부하다, 거듭 부탁하다

847 盯 dīng
6급 똑바로 볼 정盯
동 주시하다, 응시하다

848 顶 dǐng
5급 정수리 정頂
명 최고점, 상한, 꼭대기, 정수리

定 dìng
정할 정定
동 고정하다, 고정시키다, 결정하다

849 定期 dìngqī
6급 기약할 기期
동 날짜를 정하다 형 정기적인

850 定义 dìngyì
6급 옳을 의義
명 정의

851 丢 diū
4급 잃을 주丢
동 잃다, 잃어버리다, 분실하다

852 丢人 diūrén
6급 사람 인人
동 체면을 잃다, 쪽팔리다

853 丢三落四 diūsānlàsì
6급 셋 삼三, 떨어질 락落, 넷 사四
성 흐리멍덩하다

854 东 dōng
3급 동녘 동, 주인 동東
명 동쪽

855 东道主 dōngdàozhǔ
6급 길 도道, 주인 주主
명 주인, 주최자, 초대자

856 东西 dōngxi
1급 서쪽 서西
명 물건, 사물, 것

857 东张西望 dōngzhāngxīwàng
6급 넓힐 장張, 서쪽 서西, 바랄 망望
성 여기저기 두리번거리다

858 冬 dōng
3급 겨울 동冬
명 겨울, 겨울철

董 dǒng
감독할 동董
동 감독하다, 관리하다

859 董事长 dǒngshìzhǎng
6급 일 사事, 우두머리 장長
명 대표이사, 회장

860 懂 dǒng
2급 알 동懂
동 알다, 이해하다

动 dòng
움직일 동動
동 움직이다, 행동하다, 동작하다

861 动荡 dòngdàng
6급 방종할 탕蕩
동 불안하다, 동요하다

862 动画片 dònghuàpiàn
5급 그림 화畫, 조각 편片
명 만화 영화

863 **动机** dòngjī
6급 틀 기, 기계 기機
명 동기

864 **动静** dòngjing
6급 고요할 정靜
명 동정, 동태, 인기척

865 **动力** dònglì
6급 힘 력力
명 동력, 원동력

866 **动脉** dòngmài
6급 혈맥 맥脈
명 동맥

867 **动身** dòngshēn
6급 몸 신身
동 출발하다, 떠나다

868 **动手** dòngshǒu
6급 손 수手
동 착수하다, 때리다, 만지다

869 **动态** dòngtài
6급 모습 태態
명 동태, 동향 형 동태적인

870 **动物** dòngwù
3급 물건 물物
명 동물

871 **动员** dòngyuán
6급 사람 원員
동 전시 체제화하다, 동원하다

872 **动作** dòngzuò
4급 지을 작作
명 동작, 행동 동 움직이다, 행동하다

873 **冻** dòng
5급 얼 동凍
동 얼다, 응고되다, 춥다, 차다

874 **冻结** dòngjié
6급 묶을 결結
동 얼다, 동결하다, 당분간 중지하다

875 **栋** dòng
6급 마룻대 동棟
명 마룻대, 집 양 동, 채(건물을 세는 단위)

876 **洞** dòng
5급 동굴 동洞
명 구멍, 굴, 동굴

877 **都** dōu
1급 모두 도都
부 모두, 다, 전부

878 **兜** dōu
6급 투구 두兜
명 호주머니, 자루

879 **陡** dǒu
험할 두陡
형 가파르다, 깎아지르다

879 **陡峭** dǒuqiào
6급 가파를 초峭
형 험준하다, 가파르다

斗 dòu
싸울 투鬥
동 싸우다, 승패를 겨루다

880 **斗争** dòuzhēng
6급 다툴 쟁爭
동 투쟁하다, 싸우다

71

豆 dòu
콩 두豆
명 콩, 콩알

881 豆腐 dòufu
5급 썩을 부腐
명 두부

882 逗 dòu
5급 머무를 두逗
동 놀리다, 골리다 형 우습다, 재미있다

督 dū
감독할 독督
동 살피다, 감찰하다, 감독하다

883 督促 dūcù
6급 재촉할 촉促
동 감독하다, 독촉하다

毒 dú
독 독毒
명 독, 독극물

884 毒品 dúpǐn
6급 물건 품品
명 마약

独 dú
홀로 독獨
형 단일한, 하나의 부 홀로, 혼자

885 独裁 dúcái
6급 마를 재裁
동 독재하다, 독자적으로 판단하다

886 独立 dúlì
5급 설 립立
동 (국가나 정권이) 독립하다

887 独特 dútè
5급 특별할 특特
형 독특하다, 특별하다, 특수하다

888 读 dú
1급 읽을 독讀
동 낭독하다, 읽다

堵 dǔ
담 도堵
동 막다, 틀어막다, 가로막다

889 堵车 dǔchē
4급 수레 차車
동 교통이 꽉 막히다

890 堵塞 dǔsè
6급 막을 색塞
동 막히다, 가로막다

赌 dǔ
내기 도賭
동 노름하다, 도박하다

891 赌博 dǔbó
6급 넓을 박博
동 노름하다, 도박하다

杜 dù
막을 두杜
동 막다, 근절하다, 방지하다

892 杜绝 dùjué
6급 끊을 절絶
동 제지하다, 두절하다, 없애다

肚 dù
배 두肚
명 배, 복부

893 **肚子** dùzi
4급 접미사 자子
명 (사람이나 동물의) 복부, 배

度 dù
법도 도, 잘 도度
동 (시간을) 보내다, (시간이) 경과하다

894 **度过** dùguò
5급 지날 과過
동 (시간을) 보내다, 지내다, 넘기다

895 **端** duān
6급 바를 단端
형 똑바르다, 곧다, 단정하다

896 **端午节** Duānwǔ Jié
6급 낮 오午, 절기 절節
명 단오

897 **端正** duānzhèng
6급 바를 정正
형 단정하다, 똑바르다, 바르게 하다

898 **短** duǎn
3급 짧을 단短
형 (공간적 거리나 시간이) 짧다

899 **短促** duǎncù
6급 재촉할 촉促
형 (시간이) 매우 짧다, 촉박하다

900 **短信** duǎnxìn
4급 편지 신信
명 문자 메시지, 짧은 편지

901 **段** duàn
3급 층계 단, 구분 단段
양 단락, 토막(사물의 한 부분을 나타냄)

902 **断** duàn
5급 끊을 단斷
동 (도막으로) 자르다, 끊다

903 **断定** duàndìng
6급 정할 정定
동 단정하다, 결론을 내리다

904 **断绝** duànjué
6급 끊을 절絶
동 단절하다, 끊다, 차단하다

锻 duàn
쇠 불릴 단鍛
동 단조(鍛造)하다

905 **锻炼** duànliàn
3급 정련할 련煉
동 (몸을) 단련하다

906 **堆** duī
5급 쌓을 퇴堆
동 (사물이) 쌓여 있다, 쌓이다, 퇴적되다

907 **堆积** duījī
6급 쌓을 적積
동 쌓이다, 퇴적되다

队 duì
무리 대隊
명 열, 대열, 단체, 팀

908 **队伍** duìwu
6급 대오 오伍
명 대열, 집단, 군대

909 **对** duì
2급 대답할 대對
형 맞다, 옳다

910 **对** duì
2급 대할 대對
[전] ~에게, ~을 향하여

911 **对比** duìbǐ
5급 견줄 비比
[동] 대비하다, 대조하다

912 **对不起** duìbuqǐ
1급 아닐 불不 일어날 기起
[동] 미안합니다, 죄송합니다

913 **对策** duìcè
6급 꾀 책, 채찍 책策
[명] 대책, 대응책

914 **对称** duìchèn
6급 저울질할 칭稱
[형] (도형이나 물체가) 대칭이다

915 **对待** duìdài
5급 기다릴 대, 머무를 대待
[동] 다루다, 대처하다

916 **对方** duìfāng
5급 상대방 방方
[명] 상대방, 상대편

917 **对付** duìfu
6급 줄 부付
[동] 대응하다, 대처하다

918 **对话** duìhuà
4급 말씀 화話
[동] 대화하다

919 **对抗** duìkàng
6급 겨룰 항, 대항할 항抗
[동] 대항하다, 저항하다

920 **对立** duìlì
6급 설 립立
[동] 대립하다, 모순되다

921 **对联** duìlián
6급 연이을 련聯
[명] 대련, 주련

922 **对面** duìmiàn
4급 낯 면面
[명] 맞은편, 건너편, 반대편

923 **对手** duìshǒu
5급 손 수手
[명] 상대, 적수

924 **对象** duìxiàng
5급 코끼리 상象
[명] 대상, (연애, 결혼의) 상대

925 **对应** duìyìng
6급 응할 응應
[동] 대응하다 [형] 대응하는, 상응하는

926 **对于** duìyú
4급 어조사 우于
[전] ~에 대해서, ~에 대하여

927 **对照** duìzhào
6급 비출 조照
[동] 대조하다, 대비하다

兑 duì
바꿀 태兌
[동] 수표, 어음 등으로 지불하거나 현금으로 바꾸다

928 **兑换** duìhuàn
5급 바꿀 환換
[동] 환전하다, 현금으로 바꾸다

929 **兑现** duìxiàn
6급 나타날 현, 현금 현現
[동] 현금으로 바꾸다, 약속을 실행하다

930 **吨** dūn
5급 톤 돈噸
[양] (중국식) 톤(1000kg)

931 **蹲** dūn
5급 쭈그릴 준蹲
[동] 쪼그리고 앉다, 웅크리고 앉다

932 **顿** dùn
5급 조아릴 돈頓
[동] 잠시 멈추다, 잠깐 쉬다

933 **顿时** dùnshí
6급 때 시時
[부] 갑자기, 곧바로, 바로

934 **多** duō
1급 많을 다多
[형] (수량이) 많다

935 **多亏** duōkuī
5급 이지러질 휴虧
[동] 은혜를 입다, 덕택이다

936 **多么** duōme
3급 어조사 마麽
[부] 얼마나(의문문이나 감탄문에 쓰임)

937 **多少** duōshao
1급 적을 소少
[대] 얼마, 몇

938 **多余** duōyú
5급 남을 여餘
[형] 여분의, 나머지의, 쓸데없는

939 **多元化** duōyuánhuà
6급 으뜸 원元, 될 화化
[동] 다원화하다

哆 duō
입 딱 벌릴 치哆
'哆嗦(떨다)'의 구성자

940 **哆嗦** duōsuō
6급 할을 색嗦
[동] 떨다

941 **朵** duǒ
5급 송이 타朵
[양] 송이, 조각, 점

躲 duǒ
피할 타躲
[동] 숨다, 피하다

942 **躲藏** duǒcáng
5급 감출 장藏
[동] 숨다, 피하다

堕 duò
떨어질 타隋
[동] 빠지다, 떨어지다

943 **堕落** duòluò
6급 떨어질 락落
[동] 타락하다, 부패하다

E

额 é
이마 액, 한도 액额
명 이마, 일정 수량

944 **额外** éwài
6급 밖 외外
형 정액 외의, 초과한, 별도의

恶 ě
악할 악恶
형 나쁘다, 열악하다, 모질다

945 **恶心** ěxin
6급 마음 심心
동 속이 메스껍다, 구역질이 나다

946 **恶化** èhuà
6급 될 화化
동 악화되다

947 **恶劣** èliè
5급 못할 렬劣
형 아주 나쁘다, 열악하다

948 **饿** è
3급 주릴 아饿
형 배고프다

遏 è
막을 알遏
동 금지하다, 막다, 저지하다

949 **遏制** èzhì
6급 억제할 제制
동 저지하다, 억제하다

恩 ēn
은혜 은恩
명 은혜, 애정, 사랑

950 **恩怨** ēnyuàn
6급 원망할 원怨
명 은혜와 원한, 은원

儿 ér
아이 아儿
명 어린이, 아이, 아들

951 **儿童** értóng
4급 아이 동童
명 아동, 어린이

952 **儿子** érzi
1급 접미사 자子
명 아들

953 **而** ér
4급 말 이을 이而
접 ~하고도, 그리고, ~지만, 그러나

954 **而已** éryǐ
6급 이미 이已
조 ~뿐이다

耳 ěr
귀 이耳
명 귀

955 **耳朵** ěrduo
3급 늘어질 타朵
명 귀

E

956 耳环 ěrhuán
5급 고리 환環
몡 귀고리

957 二 èr
1급 두 이二
㊄ 2, 둘

958 二氧化碳 èryǎnghuàtàn
산소 양氧, 될 화化, 탄소 탄碳
몡 이산화탄소

F

959 发 fā
3급 필 발, 쏠 발, 일어날 발發
통 보내다, 건네주다, 부치다, 발송하다

960 发表 fābiǎo
5급 겉 표表
통 (신문, 잡지 등에) 글을 게재하다, 발표하다

961 发布 fābù
1급 펼 포布
통 선포하다, 발포하다

962 发财 fācái
6급 재물 재財
통 부자가 되다, 돈을 벌다

963 发愁 fāchóu
5급 근심 수愁
통 걱정하다, 근심하다, 우려하다

964 发达 fādá
5급 이를 달達
통 발전시키다, 발달시키다

965 发呆 fādāi
6급 어리석을 태呆
통 멍하다, 어리둥절하다

966 发动 fādòng
6급 움직일 동動
통 시동을 걸다, 발동하다

967 **发抖** fādǒu
5급 떨 두抖
동 (벌벌) 떨다, 떨리다

968 **发挥** fāhuī
5급 휘두를 휘揮
동 발휘하다

969 **发觉** fājué
6급 깨달을 각覺
동 발견하다, 깨닫다

970 **发明** fāmíng
5급 밝을 명明
동 발명하다 명 발명

971 **发票** fāpiào
5급 표 표票
명 영수증

972 **发烧** fāshāo
3급 불사를 소燒
동 열이 나다

973 **发射** fāshè
6급 쏠 사射
동 쏘다, 발사하다

974 **发生** fāshēng
4급 날 생生
동 (없던 현상이) 생기다, 발생하다

975 **发誓** fāshì
6급 맹세할 서誓
동 맹세하다

976 **发现** fāxiàn
3급 나타날 현現
동 발견하다, 알아차리다 명 발견

977 **发行** fāxíng
6급 다닐 행, 행할 행行
동 발행하다, 배급하다

978 **发言** fāyán
5급 말씀 언言
동 의견을 발표하다, 발언하다 명 발언

979 **发炎** fāyán
6급 불꽃 염炎
동 염증이 생기다, 염증을 일으키다

980 **发扬** fāyáng
6급 날릴 양揚
동 드높이다, 발휘하다

981 **发育** fāyù
6급 기를 육育
동 발육하다, 자라다, 성장하다

982 **发展** fāzhǎn
4급 펼 전展
동 발전하다

罚 fá
벌할 벌罰
동 처벌하다, 벌하다

983 **罚款** fákuǎn
5급 정성 관, 돈 관款
동 위약금을 물리다, 벌금을 부과하다

法 fǎ
법 법法
명 법, 법령, 법률

984 **法律** fǎlǜ
4급 법칙 률律
명 법률

985 **法人** fǎrén
6급 사람 인人
명 법인

986 **法院** fǎyuàn
5급 집 원院
명 법원

987 **番** fān
6급 차례 번番
양 회, 차례, 종류, 가지

988 **翻** fān
5급 날 번, 뒤집을 번翻
동 뒤집다, 뒤집히다

989 **翻译** fānyì
4급 통역할 역譯
동 번역하다, 통역하다

凡 fán
무릇 범凡
형 평범하다, 보통이다   부 무릇, 대체로

990 **凡是** fánshì
6급 옳을 시是
부 대강, 대체로, 다

烦 fán
번거로울 번煩
형 번민하다, 답답하다, 괴롭다

991 **烦恼** fánnǎo
4급 번뇌할 뇌惱
형 번뇌하다, 걱정하다, 마음을 졸이다

繁 fán
번성할 번繁
형 복잡하다, 번잡하다

992 **繁华** fánhuá
6급 빛날 화華
형 번화하다

993 **繁忙** fánmáng
6급 바쁠 망忙
형 일이 많고 바쁘다

994 **繁荣** fánróng
5급 영화 영, 꽃 영榮
형 번영하다, 크게 발전하다   동 번창시키다

995 **繁体字** fántǐzì
6급 몸 체體, 글자 자字
명 번체자

996 **繁殖** fánzhí
6급 불릴 식殖
동 번식하다, 불어나다

反 fǎn
돌이킬 반反
형 거꾸로의, 반대의   동 뒤집다, 바꾸다

997 **反驳** fǎnbó
6급 논박할 박駁
동 반박하다

998 **反常** fǎncháng
6급 항상 상常
형 이상하다, 비정상적이다

999 **反对** fǎnduì
4급 대할 대對
동 반대하다

1000 **反而** fǎn'ér
5급 말 이을 이而
접 반대로, 도리어, 거꾸로

1001 **反复** fǎnfù
5급 돌아올 복復
동 거듭하다, 반복하다, 되풀이하다

1002 **反感** fǎngǎn
6급 느낄 감感
동 반감을 가지다 명 반감, 불만

1003 **反抗** fǎnkàng
6급 겨룰 항, 대항할 항抗
동 반항하다, 저항하다

1004 **反馈** fǎnkuì
6급 드릴 궤饋
명 재생, 피드백 동 되돌아오다

1005 **反面** fǎnmiàn
6급 낯 면面
명 뒷면, (일 따위의) 다른 일면

1006 **反射** fǎnshè
6급 쏠 사射
동 반사하다, 반사 작용을 하다

1007 **反思** fǎnsī
6급 생각 사思
명 반성 동 돌이켜 사색하다

1008 **反问** fǎnwèn
6급 물을 문問
동 반문하다

1009 **反应** fǎnyìng
5급 응할 응應
명 반응

1010 **反映** fǎnyìng
5급 비출 영映
동 되비치다, 반사하다, 반영하다

1011 **反正** fǎnzhèng
5급 바를 정正
부 아무튼, 어떻든, 어쨌든

1012 **反之** fǎnzhī
6급 어조사 지之
접 이와 반대로, 바꾸어 말하면

饭 fàn
밥 반飯
명 밥, 식사

1013 **饭店** fàndiàn
1급 가게 점店
명 호텔

泛 fàn
뜰 범泛
동 (물 위에) 뜨다, 띄우다, 넓다, 광범하다

1014 **泛滥** fànlàn
6급 넘칠 람濫
동 범람하다

范 fàn
법 범, 거푸집 범範
명 모형, 주형, 본보기, 모범, 범위

1015 **范畴** fànchóu
6급 이랑 주疇
명 범주, 범위, 유형

1016 **范围** fànwéi
5급 에워쌀 위圍
명 범위

贩 fàn
팔 판販
명 소상인, 행상 동 (팔기 위해) 구매(구입)하다

1017 **贩卖** fànmài
6급 팔 매賣
동 판매하다

1018 **方** fāng
5급 모 방, 방향 방, 곳 방, 방법 방方
명 사각형, 육면체, 지방, 곳

1019 **方案** fāng'àn
5급 책상 안案
명 방안, 법식, 표준 양식

1020 **方便** fāngbiàn
3급 편할 편便
형 편리하다

1021 **方法** fāngfǎ
4급 법 법法
명 방법, 수단, 방식

1022 **方面** fāngmiàn
4급 낯 면面
명 방면, 부분, 분야

1023 **方式** fāngshì
5급 법 식式
명 방식, 방법, 패턴

1024 **方位** fāngwèi
6급 자리 위位
명 방향과 위치

1025 **方向** fāngxiàng
4급 향할 향向
명 방향

1026 **方言** fāngyán
6급 말씀 언言
명 방언

1027 **方圆** fāngyuán
6급 둥글 원圓
명 주위, 주변, 사각형과 원형

1028 **方针** fāngzhēn
6급 바늘 침針
명 방침

防 fáng
막을 방防
동 막다, 방비하다, 방어하다

1029 **防守** fángshǒu
6급 지킬 수守
동 수비하다, 방어하다

1030 **防御** fángyù
6급 막을 어御
동 방어하다

1031 **防止** fángzhǐ
6급 그칠 지止
동 방지하다

1032 **防治** fángzhì
6급 다스릴 치治
동 예방 치료하다

妨 fáng
방해할 방妨
동 방해하다, 훼방 놓다, 손상시키다

1033 **妨碍** fáng'ài
5급 가로막을 애礙
동 지장을 주다, 방해하다, 저해하다

房 fáng
방 방房
명 방, 집, 주택

81

1034 **房东** fángdōng
4급 주인 동東
명 집주인

1035 **房间** fángjiān
2급 사이 간間
명 방

仿 fǎng
비슷할 방仿
동 닮다, 비슷하다

1036 **仿佛** fǎngfú
5급 비슷할 불佛
부 마치 ~인 것 같다   동 비슷하다, 유사하다

访 fǎng
찾을 방訪
동 자문하다, 조사하다, 방문하다

1037 **访问** fǎngwèn
6급 물을 문問
동 방문하다, 취재하다, 구경하다

纺 fǎng
실 자을 방紡
동 실을 잣다(뽑다)

1038 **纺织** fǎngzhī
6급 짤 직織
동 방직하다

1039 **放** fàng
3급 놓을 방, 버릴 방, 넓힐 방放
동 (자유롭게) 놓아 주다, 풀어 주다

1040 **放大** fàngdà
6급 클 대大
동 확대하다, 증폭하다

1041 **放弃** fàngqì
4급 버릴 기棄
동 버리다, 포기하다

1042 **放射** fàngshè
6급 쏠 사射
동 방사하다, 방출하다, 발사하다

1043 **放暑假** fàng shǔjià
4급 더울 서暑 틈 가假
여름방학을 하다

1044 **放松** fàngsōng
4급 풀 송鬆
동 늦추다, 느슨하게 하다, 이완시키다

1045 **放心** fàngxīn
3급 마음 심心
동 마음을 놓다, 안심하다

飞 fēi
날 비飛
동 날다, 비행하다

1046 **飞机** fēijī
6급 틀 기, 기계 기機
명 비행기

1047 **飞禽走兽** fēiqínzǒushòu
6급 날짐승 금禽, 달릴 주走, 짐승 수獸
명 금수

1048 **飞翔** fēixiáng
6급 날 상翔
동 날다, 비상하다

1049 **飞跃** fēiyuè
6급 뛸 약躍
동 비약하다, 급격히 발전하다

1050 **非** fēi
5급 아닐 비非
동 ~이 아니다

1051 **非常** fēicháng
2급 항상 상常
부 대단히, 매우

1052 **非法** fēifǎ
6급 법 법法
형 불법적인, 비합법적인

肥 féi
살찔 비, 기름질 비肥
형 살찌다, 기름지다, 비옥하다

1053 **肥沃** féiwò
6급 기름질 옥沃
형 비옥하다

1054 **肥皂** féizào
5급 상수리 조皂
명 비누

诽 fěi
헐뜯을 비诽
동 비방하다, 헐뜯다, 비난하다

1055 **诽谤** fěibàng
6급 헐뜯을 방谤
동 비방하다, 헐뜯다, 비난하다

1056 **肺** fèi
6급 허파 폐肺
명 허파, 폐

废 fèi
버릴 폐废
동 파면하다, 쫓아 내다   형 쓸모 없는, 못 쓰게 된

1057 **废除** fèichú
6급 덜 제除
동 취소하다, 폐지하다

1058 **废话** fèihuà
5급 말씀 화話
명 쓸데없는 말

1059 **废寝忘食** fèiqǐnwàngshí
6급 잠잘 침寢, 잊을 망忘, 먹을 식食
성 전심전력하다

1060 **废墟** fèixū
6급 터 허墟
명 폐허

沸 fèi
끓을 비沸
동 끓다, 끓이다

1061 **沸腾** fèiténg
6급 오를 등腾
동 비등하다, 물 끓듯 떠들썩하다

1062 **分** fēn
3급 나눌 분分
동 나누다, 가르다, 분류하다

1063 **分辨** fēnbiàn
6급 분별할 변辨
동 분별하다, 구분하다

1064 **分别** fēnbié
5급 나눌 별別
동 헤어지다, 이별하다, 구별하다, 분별하다

1065 **分布** fēnbù
5급 펼 포布
동 (일정한 지역에) 널려 있다, 분포하다

1066 **分寸** fēncun
6급 마디 촌寸
몡 분별, 한도

1067 **分红** fēnhóng
6급 붉을 홍紅
동 (기업 등에서) 이익을 분배하다

1068 **分解** fēnjiě
6급 풀 해解
동 분해하다, 와해되다

1069 **分裂** fēnliè
6급 찢을 렬裂
동 분열하다, 결별하다

1070 **分泌** fēnmì
6급 분비할 비泌
동 분비하다

1071 **分明** fēnmíng
6급 밝을 명明
형 분명하다   부 확실히

1072 **分配** fēnpèi
5급 짝 지을 배, 나눌 배配
동 분배하다, 할당하다, 배치하다

1073 **分歧** fēnqí
6급 갈림길 기歧
형 불일치하다, 어긋나다

1074 **分散** fēnsàn
6급 흩을 산散
형 분산하다, 흩어지다

1075 **分手** fēnshǒu
5급 손 수手
동 헤어지다, 이별하다

1076 **分析** fēnxī
5급 쪼갤 석析
동 분석하다

1077 **分钟** fēnzhōng
1급 쇠북 종鍾
몡 분

吩 fēn
분부할 분吩
'吩咐(분부하다, 명령하다)'의 구성자

1078 **吩咐** fēnfù
6급 분부할 부咐
동 분부하다, 명령하다

纷 fēn
어지러울 분紛
형 많다, 왕성하다

1079 **纷纷** fēnfēn
5급 어지러울 분紛
형 분분하다, 어지럽게 날리다

坟 fén
무덤 분墳
몡 무덤

1080 **坟墓** fénmù
6급 무덤 묘墓
몡 무덤

粉 fěn
가루 분粉
몡 가루, 분말

1081 **粉末** fěnmò
6급 분말 말末
몡 가루, 분말, (화장용) 분

1082 **粉色** fěnsè
6급 빛 색色
명 분홍색, 핑크색

1083 **粉碎** fěnsuì
6급 부술 쇄碎
형 산산조각나다 동 분쇄하다, 박살내다

分 fèn
성분 분分
명 성분

1084 **分量** fènliàng
6급 분량 량, 헤아릴 량量
명 중량, 무게, 분량

1085 **份** fèn
4급 부분 분份
명 전체 중의 일부분, 조각

奋 fèn
떨칠 분奮
동 분발하다, 격려하다, 기운을 북돋우다

1086 **奋斗** fèndòu
5급 싸울 투鬥
동 (일정한 목적을 달성하기 위해) 분투하다

愤 fèn
분할 분憤
형 분노하다, 분개하다

1087 **愤怒** fènnù
6급 성낼 노怒
형 분노하다

丰 fēng
풍성할 풍豐, 豊
형 풍만하다, 많다, 풍부하다

1088 **丰富** fēngfù
4급 부유할 부富
형 많다, 풍부하다

1089 **丰满** fēngmǎn
6급 가득 찰 만滿
형 풍만하다, 충분하다

1090 **丰盛** fēngshèng
6급 성할 성盛
형 풍성하다, 성대하다

1091 **丰收** fēngshōu
6급 거둘 수收
동 풍년이 들다 명 풍년

风 fēng
바람 풍風
명 바람

1092 **风暴** fēngbào
6급 사나울 포, 사나울 폭暴
명 폭풍, 위기, 대소동

1093 **风度** fēngdù
6급 법도 도度
명 품격, 태도, 매너

1094 **风格** fēnggé
5급 격식 격格
명 성격, 기질, 스타일

1095 **风光** fēngguāng
6급 빛 광光
명 풍경, 경치

1096 **风景** fēngjǐng
5급 경치 경景
명 풍경, 경치

1097 风气 fēngqì
6급 기운 기氣
명 풍조, 기풍

1098 风趣 fēngqù
6급 풍취 취趣
형 재미있다, 흥미롭다 명 유머, 재미

1099 风俗 fēngsú
5급 풍속 속俗
명 풍속

1100 风土人情 fēngtǔrénqíng
6급 흙 토土, 사람 인人, 뜻 정情
명 지방의 특색과 풍습, 풍토와 인심

1101 风味 fēngwèi
6급 맛 미味
명 풍미, 맛, 색채, 기분

1102 风险 fēngxiǎn
5급 험할 험險
명 위험, 모험

封 fēng
봉할 봉封
동 봉하다, 밀봉하다

1103 封闭 fēngbì
6급 닫을 폐閉
동 봉하다, 폐쇄하다

1104 封建 fēngjiàn
6급 세울 건建
명 봉건 제도, 봉건 사회 형 봉건적인

1105 封锁 fēngsuǒ
6급 쇠사슬 쇄鎖
동 폐쇄하다, 봉쇄하다

疯 fēng
미칠 풍瘋
형 미치다, 제정신이 아니다

1106 疯狂 fēngkuáng
5급 미칠 광狂
형 미치다, 실성하다, 미친듯이 날뛰다

锋 fēng
끝 봉鋒
명 (창, 검 등의) 날, 끝

1107 锋利 fēnglì
6급 날카로울 리利
형 날카롭다, 뾰족하다

1108 逢 féng
6급 만날 봉逢
동 만나다, 마주치다

讽 fěng
욀 풍, 풍자할 풍諷
동 읊다, 외우다, 풍자하다

1109 讽刺 fěngcì
5급 찌를 자刺
동 풍자하다 명 풍자

奉 fèng
받들 봉奉
동 공손히 두 손으로 받쳐 들다, 드리다, 바치다

1110 奉献 fèngxiàn
6급 바칠 헌獻
동 바치다, 기여하다 명 공헌, 이바지

否 fǒu
아닐 부否
동 부정하다

1111 **否定** fǒudìng
5급 정할 정定
동 부정하다 형 부정의, 부정적인

1112 **否决** fǒujué
6급 결단할 결决
동 부결하다, 거부하다

1113 **否认** fǒurèn
5급 알 인認
동 부인하다, 부정하다

1114 **否则** fǒuzé
4급 법칙 칙則
접 만약 그렇지 않으면

夫 fū
지아비 부夫
명 성인 남자, 사나이, 남편

1115 **夫妇** fūfù
6급 부녀자 부婦
명 부부

1116 **夫人** fūrén
6급 사람 인人
명 부인, 기혼 여성에 대한 호칭

敷 fū
펼 부敷
동 깔다, 펴다, 설치하다, 진술하다, 서술하다

1117 **敷衍** fūyǎn
6급 넓을 연衍
동 자세히 서술하다, 부연 설명하다

1118 **扶** fú
5급 떠받칠 부扶
동 (넘어지지 않도록) 기대다, 짚다, 떠받치다

服 fú
복종할 복, 옷 복服
동 (직무를) 맡다, 담당하다, 따르다, 복종하다

1119 **服从** fúcóng
6급 따를 종從
동 따르다, 복종하다

1120 **服气** fúqì
6급 기운 기氣
동 진심으로 탄복하다

1121 **服务员** fúwùyuán
2급 힘쓸 무務, 사람 원員
명 종업원, 웨이터, 승무원, 접대원

1122 **服装** fúzhuāng
5급 꾸밀 장裝
명 복장, 의류

俘 fú
사로잡을 부俘
동 사로잡다, 포로로 잡다

1123 **俘虏** fúlǔ
6급 포로 로虜
명 포로 동 포로로 잡다, 사로잡히다

符 fú
부호 부符
명 기호, 표기, 신표, 부적

1124 **符号** fúhào
6급 부호 호號
명 기호, 표기

1125 **符合** fúhé
4급 합할 합合
동 부합하다, 들어맞다

1126 **幅** fú
5급 폭 폭幅
명 넓이, 폭

1127 **幅度** fúdù
6급 정도 도度
명 정도, 폭, 너비

辐 fú
수레바퀴살 복輻
명 바퀴살

1128 **辐射** fúshè
6급 쏠 사射
동 복사하다, 방사(放射)하다

福 fú
복 복福
명 복, 행운, 행복

1129 **福利** fúlì
6급 이로울 리利
명 복지 동 복리를 증진시키다

1130 **福气** fúqi
6급 기운 기氣
명 복, 행운

抚 fǔ
어루만질 무撫
동 어루만지다, 쓰다듬다

1131 **抚摸** fǔmō
6급 더듬을 막摸
동 어루만지다, 쓰다듬다

1132 **抚养** fǔyǎng
6급 기를 양養
동 부양하다, 정성 들여 기르다

俯 fǔ
구부릴 부俯
동 숙이다, 구부리다, 굽히다

1133 **俯视** fǔshì
6급 볼 시視
동 굽어보다, 내려다보다

辅 fǔ
도울 보輔
동 돕다, 보조하다

1134 **辅导** fǔdǎo
5급 이끌 도導
동 (학습을) 도우며 지도하다, 과외하다

1135 **辅助** fǔzhù
6급 도울 조助
동 돕다, 보조하다 형 보조적인

腐 fǔ
썩을 부腐
동 (물질이) 썩다, 부패하다 형 진부하다

1136 **腐败** fǔbài
6급 패할 패敗
동 썩다, 부패하다 형 진부하다

1137 **腐烂** fǔlàn
6급 문드러질 란爛
동 부패하다, 변질되다

1138 **腐蚀** fǔshí
6급 좀먹을 식蝕
동 부식하다, 썩히다

1139 **腐朽** fǔxiǔ
6급 썩을 후朽
동 썩다, 부패하다, 케케묵다

父 fù
아버지 부父
명 부친, 아버지

1140 **父亲** fùqīn
4급 친할 친親
명 부친, 아버지

付 fù
줄 부付
동 교부하다, 넘겨 주다, 돈을 지급하다

1141 **付款** fùkuǎn
4급 돈 관款
동 돈을 지불하다

负 fù
질 부負
동 부담하다, 책임지다

1142 **负担** fùdān
6급 멜 담擔
명 부담, 책임 동 부담하다, 책임지다

1143 **负责** fùzé
4급 꾸짖을 책責
동 책임지다

妇 fù
부녀자 부婦
명 부녀자, 여성

1144 **妇女** fùnǚ
5급 여자 녀女
명 부녀자, 성인 여성

附 fù
덧붙일 부附
동 (의견이나 지시에) 따르다, 좇다, 덧붙이다

1145 **附和** fùhè
6급 화할 화和
동 남의 언행을 따르다, 부화하다

1146 **附件** fùjiàn
6급 수량 단위 건件
명 부속품, 관련 문서

1147 **附近** fùjìn
3급 가까울 근近
명 부근, 근처 형 가까운, 밀접한

1148 **附属** fùshǔ
6급 무리 속屬
동 부속되다, 종속되다 형 부속의

复 fù
돌아올 복, 다시 부復
형 중복되다, 되풀이되다, 복잡하다 부 다시

1149 **复活** fùhuó
6급 살 활活
동 부활하다, 소생하다

1150 **复习** fùxí
3급 익힐 습習
동 복습하다

1151 **复兴** fùxīng
6급 일으킬 흥興
동 부흥하다

1152 **复印** fùyìn
4급 도장 인印
동 복사하다

1153 **复杂** fùzá
4급 섞일 잡雜
형 복잡하다

1154 **复制** fùzhì
5급 지을 제, 만들 제製
동 (문물, 예술품 등을) 복제하다

1155 **副** fù
6급 버금 부副
형 제2의, 부수적인, 둘째의

赋 fù
세금 부賦
명 농지세, 전답세, 사람의 천성

1156 **赋予** fùyǔ
6급 줄 여予
동 부여하다, 주다

1157 **富** fù
4급 부유할 부富
형 많다, 풍부하다, 넉넉하다

1158 **富裕** fùyù
6급 넉넉할 유裕
형 부유하다 동 부유하게 하다

腹 fù
배 복腹
명 배, 내심, 마음, 가슴 속

1159 **腹泻** fùxiè
6급 쏟을 사瀉
명 설사

覆 fù
덮을 부覆
동 덮다, 뒤덮다

1160 **覆盖** fùgài
6급 덮을 개蓋
동 덮다, 뒤덮다

G

改 gǎi
고칠 개改
동 고치다, 바꾸다, 변화시키다

1161 **改变** gǎibiàn
4급 변할 변變
동 변하다, 바꾸다, 고치다

1162 **改革** gǎigé
5급 고칠 혁革
동 개혁하다 명 개혁

1163 **改进** gǎijìn
5급 나아갈 진進
동 개선하다, 개량하다

1164 **改良** gǎiliáng
6급 어질 량良
동 개량하다, 개선하다 명 개량, 개혁

1165 **改善** gǎishàn
5급 착할 선善
동 개선하다, 개량하다

1166 **改正** gǎizhèng
5급 바를 정正
동 (잘못, 착오를) 개정하다, 시정하다

1167 **钙** gài
6급 칼슘 개鈣
명 칼슘

1168 **盖** gài
5급 덮을 개盖
몡 뚜껑, 덮개, 마개

1169 **盖章** gàizhāng
6급 도장 장章
동 도장을 찍다, 날인하다

概 gài
대개 개概
몡 대략, 대개

1170 **概括** gàikuò
5급 묶을 괄括
동 개괄하다, 요약하다 형 간단한, 간략한

1171 **概念** gàiniàn
5급 생각할 념念
몡 개념

干 gān
방패 간干, 마를 건乾, 재능 간幹
동 건조하다, 마르다, 깨끗이 비우다

1172 **干杯** gānbēi
4급 잔 배杯
동 건배하다, 잔을 비우다

1173 **干脆** gāncuì
5급 연할 취, 가벼울 취脆
형 (언행이) 명쾌하다, 시원스럽다

1174 **干旱** gānhàn
6급 가물 한旱
형 가뭄, 가물

1175 **干净** gānjìng
3급 깨끗할 정净
형 깨끗하다, 청결하다

1176 **干扰** gānrǎo
6급 시끄러울 요扰
동 (남의 일을) 방해하다, 교란시키다

1177 **干涉** gānshè
6급 건널 섭涉
동 간섭하다 몡 관계, 간섭

1178 **干预** gānyù
6급 미리 예预
동 관여하다, 간섭하다

1179 **干燥** gānzào
5급 마를 조燥
형 건조하다, 말리다, 딱딱하다

尴 gān
껄끄러울 감尴
'尴尬(입장이 곤란하다)'의 구성자

1180 **尴尬** gāngà
6급 절름발이 개尬
형 입장이 곤란하다, 당혹스럽다

1181 **赶** gǎn
4급 쫓을 간赶
동 뒤쫓다, 따라가다, 추적하다

1182 **赶紧** gǎnjǐn
5급 팽팽할 긴紧
부 서둘러, 재빨리, 황급히

1183 **赶快** gǎnkuài
5급 빠를 쾌快
부 황급히, 다급하게, 재빨리

1184 **敢** gǎn
4급 감히 감敢
동 자신 있게 ~하다, 과감하게 ~하다

感 gǎn
느낄 감感
통 감동하다, 감명을 받다, 감동시키다

1185 **感动** gǎndòng
4급 움직일 동動
통 감동하다, 감동되다, 감격하다

1186 **感激** gǎnjī
5급 격할 격激
통 감격하다

1187 **感觉** gǎnjué
4급 깨달을 각覺
명 감각, 느낌 통 여기다, 생각하다

1188 **感慨** gǎnkǎi
6급 슬퍼할 개慨
통 감격하다, 감개무량하다

1189 **感冒** gǎnmào
3급 무릅쓸 모冒
통 감기에 걸리다

1190 **感情** gǎnqíng
4급 뜻 정情
명 감정, 애정, 친근감

1191 **感染** gǎnrǎn
6급 물들 염染
통 감염되다, 전염되다

1192 **感受** gǎnshòu
5급 받을 수受
통 (영향을) 받다, 감수하다, 느끼다 명 느낌, 인상

1193 **感想** gǎnxiǎng
5급 생각할 상想
명 감상, 느낌, 소감

1194 **感谢** gǎnxiè
4급 사례할 사謝
통 고맙다, 감사하다

1195 **感兴趣** gǎn xìngqù
3급 흥미 흥興, 풍취 취趣
관심이 있다, 흥미가 있다

1196 **干** gàn
4급 일할 간幹
통 일을 하다, 담당하다, 종사하다

1197 **干活儿** gànhuór
5급 살 활活, 아이 아兒
통 일하다, 노동하다

1198 **干劲** gànjìn
6급 굳셀 경勁
명 (일하려는) 의욕, 열정

1199 **刚** gāng
4급 단단할 강剛
형 단단하다, 딱딱하다 부 방금, 막

1200 **刚才** gāngcái
3급 재주 재纔
명 지금 막, 방금

纲 gāng
벼리 강綱
명 벼리, 벼릿줄, 사물의 중요 부분

1201 **纲领** gānglǐng
6급 거느릴 령領
명 강령, 대강

钢 gāng
강철 강鋼
통 (칼날을) 벼리다, 칼을 갈다 형 단단하다

1202 **钢铁** gāngtiě
5급 쇠 철鐵
명 강철

岗 gǎng
언덕 강崗
명 낮은 산, 작은 언덕, 보초 서는 곳, 초소

1203 **岗位** gǎngwèi
6급 자리 위位
명 직장, 부서

港 gǎng
항구 항港
명 항구, 항만

1204 **港口** gǎngkǒu
6급 입 구口
명 항구, 항만

1205 **港湾** gǎngwān
6급 물굽이 만灣
명 항만

杠 gàng
막대기 공杠
명 약간 굵은 막대기, 몽둥이

1206 **杠杆** gànggǎn
6급 막대 간杆
명 지레, 지렛대

1207 **高** gāo
2급 높을 고高
형 (높이가) 높다

1208 **高超** gāochāo
6급 뛰어넘을 초超
형 출중하다, 뛰어나다

1209 **高潮** gāocháo
6급 조수 조潮
명 최고조, 절정

1210 **高档** gāodàng
5급 문서 당檔
형 고급의, 상등의

1211 **高峰** gāofēng
6급 산봉우리 봉峰
명 고봉, 정점, 최고점

1212 **高级** gāojí
5급 등급 급級
형 상급의, 고급의

1213 **高明** gāomíng
6급 밝을 명明
형 고명하다, 빼어나다

1214 **高尚** gāoshàng
6급 숭상할 상尚
형 고상하다, 품위 있다

1215 **高速公路** gāosùgōnglù
4급 빠를 속速, 함께할 공公, 길 로路
명 고속도로

1216 **高兴** gāoxìng
1급 흥미 흥興
형 기쁘다, 즐겁다

1217 **高涨** gāozhǎng
6급 넘칠 창涨
동 급증하다, 뛰어오르다

1218 **搞** gǎo
5급 할 고搞
동 하다, 처리하다

稿 gǎo
볏짚 고, 원고 고稿
명 원고, 그림, 작품

1219 **稿件** gǎojiàn
6급 수량 단위 건件
명 원고, 작품

告 gào
알릴 고告
동 (상급 또는 윗사람에게) 알리다, 보고하다

1220 **告别** gàobié
5급 나눌 별别
동 고별하다, 작별 인사를 하다

1221 **告辞** gàocí
6급 말씀 사辞
동 이별을 고하다, 작별 인사를 하다

1222 **告诫** gàojiè
6급 훈계할 계诫
동 훈계하다, 타이르다

1223 **告诉** gàosu
2급 호소할 소诉
동 말하다, 알리다

疙 gē
부스럼 흘疙
'疙瘩(종기)'의 구성자

1224 **疙瘩** gēda
6급 부스럼 답瘩
명 종기, 뾰두라지, 풀기 힘든 갈등

哥 gē
형 가哥
명 형, 오빠

1225 **哥哥** gēge
2급 형 가哥
명 형, 오빠

胳 gē
겨드랑이 각胳
'胳膊(팔)'의 구성자

1226 **胳膊** gēbo
4급 팔뚝 박膊
명 팔

鸽 gē
집비둘기 합鸽
명 비둘기

1227 **鸽子** gēzi
6급 접미사 자子
명 비둘기

1228 **搁** gē
6급 놓을 각搁
동 놓다, 두다, 방치하다, 내버려 두다

1229 **割** gē
6급 벨 할割
동 절단하다, 자르다, 분할하다

歌 gē
노래 가歌
명 노래, 가곡

1230 **歌颂** gēsòng
6급 칭송할 송颂
동 찬미하다, 칭송하다

革 gé
고칠 혁革
동 고치다, 바꾸다

1231 **革命** gémìng
6급 목숨 명命
명 혁명 동 혁명하다

格 gé
격식 격格
명 규격, 격식, 표준

1232 **格局** géjú
6급 판 국局
명 짜임새, 구조, 구성

1233 **格式** géshi
6급 법 식式
명 격식, 양식, 서식

1234 **格外** géwài
5급 밖 외外
부 각별히, 유달리, 별도로, 따로

隔 gé
사이 뜰 격隔
동 차단하다, 가로막다, 막히다

1235 **隔壁** gébì
5급 벽 벽壁
명 이웃집, 옆집

1236 **隔阂** géhé
6급 문 잠글 애閡
명 틈, 간격, 장벽

1237 **隔离** gélí
6급 떠날 리離
동 분리시키다, 떼어 놓다

1238 **个** gè
1급 낱 개個
양 ~개, ~사람, ~명

1239 **个别** gèbié
5급 나눌 별別
형 개개의, 개별적인, 단독의

1240 **个人** gèrén
5급 사람 인人
명 개인

1241 **个体** gètǐ
6급 몸 체體
명 개체, 개인, 인간

1242 **个性** gèxìng
5급 성품 성性
명 개성, 개별성

1243 **个子** gèzi
3급 접미사 자子
명 (사람의) 키

1244 **各** gè
4급 여러 각各
대 각, 여러 부 각자, 각기

1245 **各抒己见** gèshūjǐjiàn
6급 펼 서抒, 자기 기己, 볼 견見
성 각자 자기의 의견을 발표하다

1246 **各自** gèzì
5급 스스로 자自
대 각자, 제각기

1247 **给** gěi
2급 줄 급給
동 주다, ~에게 ~을 주다

1248 **根** gēn
5급 뿌리 근根
명 뿌리

1249 **根本** gēnběn
5급 근본 本本
명 근본, 근원, 기초

1250 **根据** gēnjù
3급 근거 据
전 ~에 의거하여   동 근거하다, 의거하다

1251 **根深蒂固** gēnshēndìgù
6급 깊을 심深, 꼭지 체蒂, 굳을 고固
성 기초가 튼튼하여 쉽게 흔들리지 않다

1252 **根源** gēnyuán
6급 근원 源源
명 근원   동 ~에서 비롯되다

1253 **跟** gēn
3급 발꿈치 근跟
전 ~와, ~에게

1254 **跟前** gēnqián
6급 앞 전前
명 부근, 근처

1255 **跟随** gēnsuí
6급 따를 수隨
동 따르다, 동행하다   명 수행원, 동행

1256 **跟踪** gēnzōng
6급 자취 종踪
동 바짝 뒤를 따르다, 미행하다

更 gēng
고칠 경更
동 변경하다, 고치다, 바꾸다

1257 **更新** gēngxīn
6급 새 신新
동 갱신하다, 새롭게 바뀌다

1258 **更正** gēngzhèng
6급 바를 정正
동 개정하다, 정정하다, 잘못을 고치다

耕 gēng
밭갈 경耕
동 논밭을 갈다

1259 **耕地** gēngdì
6급 땅 지地
동 논밭을 갈다   명 경지, 전지

1260 **更** gèng
3급 다시 갱更
부 더욱, 더, 훨씬

工 gōng
장인 공, 일 공工
명 장인, 일꾼, 노동자

1261 **工厂** gōngchǎng
5급 공장 창廠
명 공장

1262 **工程师** gōngchéngshī
5급 한도 정, 길 정程 스승 사師
명 기사, 엔지니어

1263 **工具** gōngjù
5급 갖출 구具
명 공구, 작업 도구

1264 **工人** gōngrén
5급 사람 인人
명 노동자

1265 **工业** gōngyè
5급 직업 업業
명 공업

1266 **工艺品** gōngyìpǐn
6급 재주 예藝, 물건 품品
명 공예품

1267 **工资** gōngzī
4급 자격 자資
명 월급, 임금

1268 **工作** gōngzuò
1급 지을 작作
명 일, 업무, 직업 동 일하다, 작업하다

公 gōng
함께할 공公
형 국유의, 국가의, 공동의, 공평하다

1269 **公安局** gōng'ānjú
6급 편안할 안安, 판 국局
명 공안국, 경찰국

1270 **公布** gōngbù
5급 펼 포布
동 공포하다, 공표하다

1271 **公道** gōngdào
6급 길 도道
명 정의, 공리, 바른 도리

1272 **公告** gōnggào
6급 알릴 고告
명 공고, 알림 동 공고하다

1273 **公共汽车** gōnggòngqìchē
2급 함께 공共, 김 기汽, 수레 차車
명 버스

1274 **公关** gōngguān
6급 관계할 관關
명 公共关系(공공관계)의 줄임말, 홍보, 섭외

1275 **公斤** gōngjīn
3급 무게 단위 근斤
양 킬로그램

1276 **公开** gōngkāi
5급 열 개開
형 공개적인, 터 놓은, 오픈된 동 공개하다

1277 **公里** gōnglǐ
4급 마을 리里
양 킬로미터

1278 **公民** gōngmín
6급 백성 민民
명 국민, 공민

1279 **公平** gōngpíng
5급 평평할 평平
형 공평하다, 공정하다

1280 **公然** gōngrán
6급 그러할 연然
부 공개적으로, 거리낌없이

1281 **公认** gōngrèn
6급 알 인認
동 공인하다, 모두가 인정하다

1282 **公式** gōngshì
6급 법 식式
명 공식, 일반 법칙

1283 **公司** gōngsī
2급 맡을 사司
명 회사, 직장

1284 **公务** gōngwù
6급 힘쓸 무務
명 공무

1285 **公寓** gōngyù
5급 거주할 우寓
명 아파트, 단체 기숙사

1286 **公元** gōngyuán
5급 으뜸 원元
명 서기

1287 **公园** gōngyuán
3급 동산 원園
명 공원

1288 **公正** gōngzhèng
6급 바를 정正
형 공정하다, 공명정대하다

1289 **公证** gōngzhèng
6급 증명할 증證
동 공증하다

1290 **公主** gōngzhǔ
5급 주인 주主
명 공주

功 gōng
공로 공功
명 공로, 공적, 성과, 효능

1291 **功夫** gōngfu
4급 지아비 부夫
명 시간, 재주, 솜씨

1292 **功劳** gōngláo
6급 수고로, 공로 로勞
명 공로

1293 **功能** gōngnéng
5급 능할 능能
명 기능, 작용, 효능

1294 **功效** gōngxiào
6급 효과 효效
명 효능, 효과

攻 gōng
칠 공攻
동 치다, 공격하다

1295 **攻击** gōngjī
6급 칠 격擊
동 공격하다

1296 **攻克** gōngkè
6급 이길 극剋
동 점령하다, 극복하다

供 gōng
바칠 공供
동 (제물을) 바치다

1297 **供不应求** gōngbùyìngqiú
6급 아닐 불不, 응할 응應, 구할 구求
성 공급이 수요를 따르지 못하다

1298 **供给** gōngjǐ
6급 공급할 급給
동 공급하다, 대다, 제공하다

宫 gōng
집 궁宮
명 궁궐, 궁전

1299 **宫殿** gōngdiàn
6급 큰 집 전殿
명 궁전

恭 gōng
공손할 공恭
형 공손하다

| 1300 | **恭敬** gōngjìng
6급 공경할 경敬
형 공손하다, 예의가 바르다

| 1301 | **恭喜** gōngxǐ
5급 기쁠 희喜
동 축하하다

巩 gǒng
굳을 공鞏
형 견고하다, 튼튼하다

| 1302 | **巩固** gǒnggù
6급 굳을 고固
형 견고하다, 튼튼하다

共 gòng
함께 공共
동 함께하다, 공유하다

| 1303 | **共和国** gònghéguó
6급 화할 화和, 나라 국國
명 공화국

| 1304 | **共计** gòngjì
6급 셀 계計
동 합계하다, 함께 계획하다

| 1305 | **共鸣** gòngmíng
6급 울 명鳴
명 공명, 공감, 동감

| 1306 | **共同** gòngtóng
4급 같을 동同
형 공동의, 공통의

贡 gòng
바칠 공貢
동 조공하다, 공물을 바치다, 드리다

| 1307 | **贡献** gòngxiàn
5급 바칠 헌獻
동 바치다, 헌납하다, 공헌하다, 기여하다

勾 gōu
굽을 구勾
형 (갈고리처럼) 굽은   동 V 부호로 표시하다

| 1308 | **勾结** gōujié
6급 묶을 결結
동 결탁하다, 짜다, 공모하다

沟 gōu
도랑 구溝
명 (논밭의) 도랑

| 1309 | **沟通** gōutōng
5급 통할 통通
동 잇다, 연결하다, 교류하다

钩 gōu
갈고리 구鈎
명 갈고리(모양의 것)

| 1310 | **钩子** gōuzi
6급 접미사 자子
명 갈고리

| 1311 | **狗** gǒu
1급 개 구狗
명 개

构 gòu
얽을 구構
동 구성하다, 얽다, 얽어 짜다

| 1312 | **构成** gòuchéng
5급 이룰 성成
동 구성하다, 짜다, 형성하다   명 구성, 형성

1313 **构思** gòusī
6급 생각 사思
[동] 구상하다 [명] 구상

购 gòu
살 구購
[동] 구매하다, 사다, 사들이다

1314 **购物** gòuwù
4급 물건 물物
[동] 물품을 구입하다, 물건을 사다

1315 **够** gòu
4급 충분할 구, 모을 구够
[동] 필요한 수량, 기준 등을 만족시키다 [부] 제법

估 gū
값 고估
[동] 추측하다, 예측하다

1316 **估计** gūjì
4급 셀 계計
[동] 평가하다, 추측하다, 어림잡다

孤 gū
외로울 고孤
[형] 고독하다, 외롭다

1317 **孤独** gūdú
6급 홀로 독獨
[형] 고독하다 [명] 고아, 독거노인

1318 **孤立** gūlì
6급 설 립立
[형] 고립적이다

姑 gū
시어미 고姑
[명] 시어머니, 고모

1319 **姑姑** gūgu
5급 시어미 고姑
[명] 고모

1320 **姑娘** gūniang
5급 아가씨 낭娘
[명] 처녀, 아가씨

1321 **姑且** gūqiě
6급 또 차且
[부] 잠시, 잠깐, 우선

辜 gū
허물 고辜
[동] 배신하다, 배반하다

1322 **辜负** gūfù
6급 질 부負
[동] 헛되게 하다, 어기다

古 gǔ
옛 고古
[명] 옛날, 고대

1323 **古代** gǔdài
5급 대신할 대, 시대 대代
[명] 고대

1324 **古典** gǔdiǎn
5급 법 전典
[명] 고전적

1325 **古董** gǔdǒng
6급 깊이 간직할 동董
[명] 골동품

1326 **古怪** gǔguài
6급 괴이할 괴怪
[형] 괴상하다, 기괴하다

股 gǔ
넓적다리 고股
명 넓적다리, 허벅다리, 배당, 주식, 증권

1327 股东 gǔdōng
6급 주인 동東
명 주주, 출자자

1328 股份 gǔfèn
6급 부분 분份
명 주권, 주식

1329 股票 gǔpiào
5급 표 표票
명 주, 주식, (유가) 증권

骨 gǔ
뼈 골骨
명 뼈, 기골, 기개

1330 骨干 gǔgàn
6급 줄기 간幹
명 골간, 기본적이며 핵심적인 부분

1331 骨头 gǔtou
5급 접미사 두頭
명 뼈

鼓 gǔ
북 고鼓
명 북 동 북을 치다

1332 鼓动 gǔdòng
6급 움직일 동動
동 선동하다, 부추기다

1333 鼓励 gǔlì
4급 힘쓸 려勵
동 격려하다, (용기를) 북돋우다

1334 鼓舞 gǔwǔ
5급 춤출 무舞
동 격려하다, 고무하다, 기운 나다

1335 鼓掌 gǔzhǎng
5급 손바닥 장掌
동 손뼉을 치다, 박수 치다

固 gù
굳을 고固
형 튼튼하다, 탄탄하다, 견고하다

1336 固定 gùdìng
5급 정할 정定
형 고정되다, 불변하다, 고정하다

1337 固然 gùrán
6급 그러할 연然
접 물론 ~하지만, 물론 ~거니와

1338 固体 gùtǐ
6급 몸 체體
명 고체

1339 固有 gùyǒu
6급 있을 유有
형 고유의

1340 固执 gùzhí
6급 잡을 집執
형 완고하다, 고집스럽다

故 gù
연고 고故
명 원인, 연고, 이유

1341 故事 gùshi
3급 일 사事
명 이야기, 줄거리

1342 **故乡** gùxiāng
6급 시골 향鄕
명 고향

1343 **故意** gùyì
4급 뜻 의意
부 고의로, 일부러

1344 **故障** gùzhàng
6급 가로막을 장障
명 고장, 결함

顾 gù
돌아볼 고顧
동 뒤돌아보다, 돌이켜보다, 돌보다

1345 **顾客** gùkè
4급 손님 객客
명 고객, 손님

1346 **顾虑** gùlǜ
6급 생각할 려慮
동 고려하다, 걱정하다   명 고려, 근심

1347 **顾问** gùwèn
6급 물을 문問
명 고문

雇 gù
고용할 고, 품 팔 고雇
동 고용하다

1348 **雇佣** gùyōng
6급 품 팔 용傭
동 고용하다

刮 guā
긁을 괄, 모진 바람 괄颳
동 (칼날로) 깎아 내다, 긁어내다, 벗겨 내다

1349 **刮风** guāfēng
3급 바람 풍風
동 바람이 불다

1350 **挂** guà
4급 걸 괘掛
동 (고리, 못 따위에) 걸다, 걸리다

1351 **挂号** guàhào
5급 이름 호號
동 등록하다, 접수시키다, (편지를) 등기로 부치다

1352 **乖** guāi
5급 어그러질 괴乖
형 (어린아이가) 얌전하다, 착하다

拐 guǎi
절뚝거릴 괴拐
동 다리를 절다, 절뚝거리다, 방향을 바꾸다

1353 **拐弯** guǎiwān
5급 굽을 만彎
동 굽이(커브)를 돌다

1354 **拐杖** guǎizhàng
6급 지팡이 장杖
명 지팡이

怪 guài
괴이할 괴怪
형 이상하다, 괴상하다   동 책망하다, 원망하다

1355 **怪不得** guàibude
5급 아닐 불不, 어조사 득得
부 과연, 그러기에

1356 **关** guān
3급 닫을 관關
동 닫다, 덮다, 끄다

1357 **关闭** guānbì
5급 닫을 폐閉
동 닫다, (기업 등이) 문을 닫다, 파산하다

1358 **关怀** guānhuái
6급 품을 회懷
동 보살피다, 배려하다

1359 **关键** guānjiàn
4급 열쇠 건鍵
명 관건, 열쇠, 키포인트

1360 **关系** guānxi
3급 묶을 계繫
명 (사람과 사람 또는 사물 사이의) 관계, 연줄

1361 **关心** guānxīn
3급 마음 심心
동 관심을 갖다, 관심을 기울이다

1362 **关于** guānyú
3급 어조사 우于
전 ~에 관해서(관하여)

1363 **关照** guānzhào
6급 비출 조照
동 돌보다, 협력하다

观 guān
볼 관觀
동 보다, 살피다, 구경하다

1364 **观察** guānchá
5급 살필 찰察
동 (사물, 현상을) 관찰하다, 살피다

1365 **观点** guāndiǎn
5급 점 점點
명 관점, 견지, 견해

1366 **观光** guānguāng
6급 빛 광光
동 관광하다, 참관하다

1367 **观念** guānniàn
5급 생각할 념念
명 관념, 생각, 사고방식

1368 **观众** guānzhòng
4급 무리 중衆
명 관중, 구경꾼, 시청자

1369 **官** guān
5급 벼슬 관官
명 국가(정부)에 속하는 것, 관료, 장교

1370 **官方** guānfāng
6급 쪽 방, 상대방 방方
명 정부, 당국, 정부측

管 guǎn
대롱 관, 주관할 관管
명 (원통형의) 관, 호스 동 관할하다, 관리하다

1371 **管理** guǎnlǐ
4급 다스릴 리理
동 보관하고 처리하다, 관리하다

1372 **管辖** guǎnxiá
6급 다스릴 할轄
동 관할하다

1373 **管子** guǎnzi
5급 접미사 자子
명 대롱, 관, 파이프

贯 guàn
꿸 관貫
동 꿰뚫다, 관통하다, 줄을 잇다, 꿰다

103

1374 **贯彻** guànchè
6급 통할 철徹
동 관철시키다, 철저하게 실현하다

冠 guàn
갓 관冠
동 으뜸 가다, 일등하다   명 우승

1375 **冠军** guànjūn
5급 군사 군軍
명 챔피언, 우승(자), 1등

惯 guàn
익숙할 관慣
형 습관이 되다, 익숙해지다

1376 **惯例** guànlì
6급 보기 례, 법식 례例
명 관례, 관행

灌 guàn
물 댈 관灌
동 물을 대다, 관개하다

1377 **灌溉** guàngài
6급 물 댈 개溉
동 논밭에 물을 대다, 관개하다

1378 **罐** guàn
6급 항아리 관罐
명 단지, 항아리

1379 **光** guāng
4급 빛 광光
명 빛, 광선

1380 **光彩** guāngcǎi
6급 채색 채彩
명 빛, 광채

1381 **光滑** guānghuá
5급 미끄러울 활滑
형 (물체의 표면이) 매끌매끌하다, 반들반들하다

1382 **光辉** guānghuī
6급 빛날 휘輝
명 찬란한 빛   형 찬란하다

1383 **光临** guānglín
5급 임할 림臨
동 광림하다

1384 **光芒** guāngmáng
6급 빛 망芒
명 빛

1385 **光明** guāngmíng
5급 밝을 명明
명 광명, 빛   형 밝게 빛나다, 환하다

1386 **光盘** guāngpán
5급 소반 반盤
명 CD, 콤팩트디스크

1387 **光荣** guāngróng
6급 영광 영, 꽃 영榮
형 영광스럽다, 영예롭다   명 영예, 영광

广 guǎng
넓을 광廣
형 넓다, 광범하다, 보편적이다

1388 **广播** guǎngbō
4급 (씨를) 뿌릴 파播
동 방송하다

1389 **广场** guǎngchǎng
5급 장소 장場
명 광장

1390 广大 guǎngdà
5급 큰 대大
형 (면적이나 공간이) 광대하다

1391 广泛 guǎngfàn
5급 넓을 범泛
형 광범(위)하다, 폭 넓다

1392 广告 guǎnggào
4급 알릴 고告
명 광고, 선전

1393 广阔 guǎngkuò
6급 넓을 활闊
형 넓다, 광활하다

1394 逛 guàng
4급 거닐 광逛
동 거닐다, 배회하다, 돌아다니다

归 guī
돌아갈 귀歸
동 돌아가다, 돌아오다, 돌려주다, 귀환하다

1395 归根到底 guīgēndàodǐ
6급 뿌리 근根, 이를 도到, 밑 저底
성 근본으로 돌아가다, 결국, 끝내

1396 归还 guīhuán
6급 돌아올 환還
동 돌려주다, 반환하다

1397 归纳 guīnà
5급 들일 납納
동 귀납하다, 종합하다 명 귀납법

规 guī
법 규規
명 각도기, 캠퍼스, 규범, 준칙

1398 规定 guīdìng
4급 정할 정定
동 규정하다, 정하다 명 규정, 규칙

1399 规范 guīfàn
6급 법 범, 거푸집 범範
명 규범, 표준 형 규범적인

1400 规格 guīgé
6급 격식 격格
명 표준, 규격

1401 规划 guīhuà
6급 그을 획劃
동 기획하다, 계획하다 명 계획

1402 规矩 guīju
5급 법도 구矩
명 표준, 법칙, 규율

1403 规律 guīlǜ
5급 법칙 률律
명 규율, 법칙 형 규칙적이다

1404 规模 guīmó
5급 본뜰 모模
명 규모, 형태, 범위

1405 规则 guīzé
5급 법칙 칙則
명 규칙, 규정, 법규

1406 规章 guīzhāng
6급 문장 장章
명 규칙, 규정

轨 guǐ
궤도 궤軌
명 궤도, 방법, 규칙, 법도

1407 **轨道** guǐdào
6급 길 도道
명 궤도, 선로

柜 guì
궤짝 궤櫃
명 궤짝, 함, 계산대, 카운터

1408 **柜台** guìtái
5급 대 대臺
명 계산대, 카운터

1409 **贵** guì
2급 귀할 귀貴
형 (가격이나 가치가) 높다, 비싸다, 귀하다

1410 **贵族** guìzú
6급 겨레 족族
명 귀족

1411 **跪** guì
6급 꿇어앉을 궤跪
동 무릎을 꿇다

1412 **滚** gǔn
5급 구를 곤, 흐를 곤滚
동 구르다, 뒹굴다, 굴리다, 저리 가, 꺼져

棍 gùn
몽둥이 곤棍
명 막대기, 몽둥이

1413 **棍棒** gùnbàng
6급 막대 봉棒
명 막대기, 몽둥이

1414 **锅** guō
5급 솥 과鍋
명 솥, 냄비, 가마

国 guó
나라 국國
명 국가, 나라

1415 **国防** guófáng
6급 막을 방防
명 국방

1416 **国籍** guójí
4급 문서 적, 호적 적籍
명 (사람의) 국적

1417 **国际** guójì
4급 가장자리 제際
명 국제 형 국제의, 국제적인

1418 **国家** guójiā
3급 집 가家
명 국가, 나라

1419 **国庆节** guóqìngjié
5급 경사 경慶, 절기 절節
명 국경절(건국 기념일)

1420 **国王** guówáng
5급 임금 왕王
명 국왕

1421 **国务院** guówùyuàn
6급 힘쓸 무務, 집 원院
명 국무원

果 guǒ
열매 과, 결과 과果
명 과일, 열매, 결말, 결과

1422 **果断** guǒduàn
6급 끊을 단斷
형 결단력이 있다

1423 **果然** guǒrán
5급 그러할 연然
부 과연, 아니나다를까, 생각한 대로

1424 **果实** guǒshí
5급 열매 실實
명 과실, 성과, 수확

1425 **果汁** guǒzhī
4급 즙 즙汁
명 과일즙, 과일 주스

1426 **过** guò
3급 지날 과過
동 가다, 건너다, (지점이나 시점을) 지나다

1427 **过程** guòchéng
4급 한도 정, 길 정程
명 과정

1428 **过度** guòdù
6급 정도 도度
형 과도하다, 지나치다

1429 **过渡** guòdù
6급 건널 도渡
동 넘어가다, 건너다

1430 **过分** guòfèn
5급 성분 분分
동 지나치다, 분에 넘치다, 과분하다

1431 **过奖** guòjiǎng
6급 장려할 장奬
동 과찬이다

1432 **过滤** guòlǜ
6급 거를 려濾
동 거르다, 여과하다

1433 **过敏** guòmǐn
5급 민첩할 민敏
형 과민하다, 예민하다

1434 **过期** guòqī
5급 기약할 기期
동 기한을 넘기다, 기일이 지나다

1435 **过去** guòqù
3급 갈 거去
동 지나가다, 지나다

1436 **过失** guòshī
6급 잃을 실失
명 잘못, 과실

1437 **过问** guòwèn
6급 물을 문問
동 참견하다, 간섭하다

1438 **过瘾** guòyǐn
6급 중독 은癮
형 짜릿하다, 끝내주다

1439 **过于** guòyú
6급 어조사 우于
부 지나치게, 과도하게

1440 **过** guo
2급 지날 과過
조 ~한 적이 있다

H

1441 **哈** hā
5급 웃는 소리 합哈
감 아하! 오! 거봐! 와!, 하하

1442 **嗨** hāi
6급 웃음소리 해嗨
감 어이! 이봐!

1443 **还** hái
2급 돌아올 환, 여전히 환還
부 여전히, 아직, 게다가

1444 **还是** háishi
3급 옳을 시是
부 여전히, 아직도, 변함없이

孩 hái
어린아이 해孩
명 애, (어린)아이, 어린이

1445 **孩子** háizi
2급 접미사 자子
명 애, (어린)아이, 어린이

海 hǎi
바다 해海
명 바다, 큰 호수

1446 **海拔** hǎibá
6급 뽑을 발拔
명 해발

1447 **海滨** hǎibīn
6급 물가 빈濱
명 해변, 해안

1448 **海关** hǎiguān
5급 닫을 관, 관계할 관關
명 세관

1449 **海鲜** hǎixiān
5급 싱싱할 선鮮
명 해산물, 해물

1450 **海洋** hǎiyáng
4급 큰 바다 양洋
명 해양, 바다

害 hài
해할 해害
명 나쁜 점, 해로운 점, 화, 재해   형 해롭다

1451 **害怕** hàipà
3급 두려워할 파怕
동 겁내다, 두려워하다, 무서워하다

1452 **害羞** hàixiū
4급 부끄러워할 수羞
동 부끄러워하다, 수줍어하다

含 hán
머금을 함含
동 입에 물다(머금다)

1453 **含糊** hánhu
6급 풀칠할 호糊
형 모호하다, 대충대충이다

1454 **含义** hányì
6급 옳을 의義
명 함의, 담겨진 의미

寒 hán
추울 한寒
형 춥다, 차다

1455 **寒假** hánjià
4급 틈 가假
명 겨울 방학

1456 **寒暄** hánxuān
6급 온난할 훤暄
동 (상투적인) 인사말을 나누다

罕 hǎn
드물 한罕
형 드물다, 희소하다, 적다

1457 **罕见** hǎnjiàn
6급 볼 견见
형 보기 드물다, 희한하다

1458 **喊** hǎn
5급 소리칠 함喊
동 외치다, 소리치다, (사람을) 부르다

汉 Hàn
한나라 한漢
명 한나라, 한수

1459 **汉语** Hànyǔ
1급 말씀 어語
명 중국어, 한어

1460 **汗** hàn
4급 땀 한汗
명 땀 동 땀이 나다

捍 hàn
막을 한捍
동 막다, 지키다, 방어하다

1461 **捍卫** hànwèi
6급 지킬 위衛
동 지키다, 방위하다

行 háng
줄 항行
명 행, 줄, 열, 업종, 직업, 직종

1462 **行列** hángliè
6급 벌일 렬列
명 행렬, 대열

1463 **行业** hángyè
5급 직업 업業
명 직업, 직종, 업종

航 háng
배 항航
명 배, 선박 동 (배나 항공기를) 운항하다

1464 **航班** hángbān
4급 나눌 반班
명 (배나 비행기의) 운항편, 항공편

1465 **航空** hángkōng
6급 공중 공空
형 항공의 동 비행하다

1466 **航天** hángtiān
6급 하늘 천天
형 우주 비행의 동 우주 비행하다

1467 **航行** hángxíng
6급 다닐 행, 행할 행行
동 항해하다, 운항하다

毫 háo
터럭 호毫
명 (동물의) 가늘고 뾰족한 털

109

1468 毫米 háomǐ
6급 쌀 미米
양 밀리미터(mm)

1469 毫无 háowú
6급 없을 무無
동 조금도 ~이 없다

豪 háo
호방할 호豪
형 호방하다, 호기롭다

1470 豪华 háohuá
5급 빛날 화華
형 (생활이) 호화스럽다, 사치스럽다

1471 豪迈 háomài
6급 큰 걸음으로 걸을 매邁
형 용맹스럽다, 씩씩하다

1472 好 hǎo
1급 좋을 호好
형 좋다, 아름답다

1473 好吃 hǎochī
2급 먹을 흘吃
형 맛있다, 맛나다

1474 好处 hǎochu
4급 곳 처處
명 이로운 점, 장점

1475 好像 hǎoxiàng
4급 모양 상, 닮을 상像
부 마치 ~과 같다(비슷하다)

1476 号 hào
1급 번호 호號
명 (차례나 순번을 표시하는) 번호, 호(수)

1477 号码 hàomǎ
4급 마노 마, 셈할 마碼
명 번호, 숫자

1478 号召 hàozhào
6급 부를 소召
동 호소하다 명 호소

好 hào
좋아할 호好
동 좋아하다, 즐기다 부 ~하기 쉽다

1479 好客 hàokè
5급 손님 객客
형 손님 접대를 좋아하다, 손님을 좋아하다

1480 好奇 hàoqí
5급 신기할 기奇
형 호기심을 갖다, 궁금하게 생각하다

耗 hào
소모할 모耗
동 소모(소비)하다, 낭비하다

1481 耗费 hàofèi
6급 쓸 비費
동 들이다, 낭비하다

1482 呵 hē
6급 꾸짖을 가, 웃는 소리 하呵
동 입김을 불다, 꾸짖다 의성 하하, 허허

1483 喝 hē
1급 꾸짖을 갈, 목이 멜 애喝
동 마시다

合 hé
합할 합合
동 합치다, 모으다, 어울리다, 부합하다

110

1484 **合并** hébìng
6급 아우를 병并
동 합병하다, 합치다

1485 **合成** héchéng
6급 이룰 성成
동 합성하다

1486 **合法** héfǎ
5급 법 법法
형 법에 맞다, 합법적이다, 적법하다

1487 **合格** hégé
4급 격식 격格
형 규격(표준)에 맞다, 합격이다

1488 **合伙** héhuǒ
6급 동아리 화夥
동 한패가 되다, 동업하다

1489 **合理** hélǐ
5급 다스릴 리理
형 도리에 맞다, 합리적이다

1490 **合适** héshì
4급 맞을 적適
형 적합하다, 알맞다

1491 **合算** hésuàn
6급 셈 산算
형 수지가 맞다, (종합적으로) 고려하다

1492 **合同** hétong
5급 같을 동, 한가지 동同
명 계약서

1493 **合影** héyǐng
5급 그림자 영影
동 함께 사진을 찍다   명 단체 사진

1494 **合作** hézuò
5급 지을 작作
동 합작하다, 협력하다

何 hé
어찌 하何
대 무엇, 무슨, 어떤, 어느

1495 **何必** hébì
5급 반드시 필必
부 구태여(하필) ~할 필요가 있는가

1496 **何况** hékuàng
5급 하물며 황況
접 더군다나, 하물며   접 말할 필요가 없다

1497 **和** hé
1급 화할 화和
형 조화롭다, 화목하다

1498 **和蔼** hé'ǎi
6급 초목 우거질 애藹
형 상냥하다, 부드럽다

1499 **和解** héjiě
6급 풀 해解
동 화해하다, 화의하다

1500 **和睦** hémù
6급 화목할 목睦
형 화목하다, 사이가 좋다

1501 **和平** hépíng
5급 평평할 평平
명 평화   형 평온하다, 온화하다

1502 **和气** héqi
6급 기운 기氣
형 온화하다, 사이가 좋다   명 화목한 감정

1503 **和谐** héxié
6급 화할 해谐
형 잘 어울리다, 조화롭다

核 hé
씨 핵核
명 핵, 사물의 핵심

1504 **核心** héxīn
5급 마음 심心
명 핵심

盒 hé
그릇 합盒
명 통, 함, 합, 곽

1505 **盒子** hézi
4급 접미사 자子
명 작은 상자, 합, 곽

1506 **黑** hēi
2급 검을 흑黑
형 검다, 까맣다

1507 **黑板** hēibǎn
3급 널빤지 판板
명 칠판

1508 **嘿** hēi
6급 고요할 묵, 웃음소리 해嘿
감 야, 이봐, 어이

痕 hén
흔적 흔痕
명 흔적, 자취, 상처

1509 **痕迹** hénjì
6급 자취 적迹
명 흔적, 자취

1510 **很** hěn
1급 매우 흔很
부 매우, 대단히

狠 hěn
사나울 한狠
형 흉악하다, 잔인하다, 악독하다

1511 **狠心** hěnxīn
6급 마음 심心
형 모질다 명 독한 마음

1512 **恨** hèn
5급 한 한恨
동 원망하다, 증오하다 명 한, 원한, 원망

1513 **恨不得** hènbude
6급 아닐 불不, 어조사 득得
동 간절히 바라다

1514 **横** héng
6급 가로 횡横
형 가로의, 불합리하다, 부당하다

1515 **哼** hēng
6급 신음할 형哼
동 신음하다, 흥얼거리다 의성 힝, 흥

轰 hōng
울릴 굉轰
동 천둥치다, 폭발하다, 포격하다

1516 **轰动** hōngdòng
6급 움직일 동動
동 뒤흔들다, 떠들썩하게 하다

1517 **烘** hōng
6급 횃불 홍烘
동 (불에) 말리다, 쬐다, 두드러지게 하다

1518 **红** hóng
2급 붉을 홍紅
형 붉다, 빨갛다

宏 hóng
클 굉宏
형 광대하다, 장대하다, 원대하다

1519 **宏观** hóngguān
6급 볼 관觀
형 거시적

1520 **宏伟** hóngwěi
6급 클 위偉
형 웅장하다, 웅대하다

洪 hóng
넓을 홍洪
형 크다, 우렁차다 명 큰물, 홍수

1521 **洪水** hóngshuǐ
6급 물 수水
명 큰물, 홍수

1522 **哄** hōng
6급 떠들썩할 홍哄
의성 와글와글 동 왁자지껄하다, 떠들썩거리다

喉 hóu
목구멍 후喉
명 목구멍, 인후

1523 **喉咙** hóulóng
6급 목구멍 롱嚨
명 목구멍, 인후

猴 hóu
원숭이 후猴
명 원숭이

1524 **猴子** hóuzi
5급 접미사 자子
명 원숭이

1525 **吼** hǒu
6급 고함칠 후吼
동 고함치다, 울부짖다, 큰소리를 내다

后 hòu
뒤 후後
형 (시간상으로) 뒤의, 후의, 나중의

1526 **后背** hòubèi
5급 등 배背
명 등

1527 **后代** hòudài
6급 시대 대代
명 후대, 자손

1528 **后顾之忧** hòugùzhīyōu
6급 돌아볼 고顧, 어조사 지之, 근심 우憂
성 뒷근심, 가족 걱정

1529 **后果** hòuguǒ
5급 결과 과果
명 (주로 안 좋은) 결과, 뒷일, 뒤탈

1530 **后悔** hòuhuǐ
4급 뉘우칠 회悔
동 후회하다, 뉘우치다

1531 **后来** hòulái
3급 올 래來
명 그후, 그 뒤, 그 다음

1532 **后面** hòumiàn
1급 낯 면面
명 뒤, 뒤쪽, 뒷면

1533 后勤 hòuqín
6급 부지런할 근勤
명 후방 근무, 물자 조달·관리 업무

1534 厚 hòu
4급 두터울 후厚
형 두껍다, 두텁다

候 hòu
때 후, 기다릴 후候
동 안부를 묻다, 기다리다

1535 候选 hòuxuǎn
6급 가릴 선選
동 임용을 기다리다, 입후보하다

呼 hū
부를 호呼
동 숨을 내쉬다, 부르다, 외치다

1536 呼唤 hūhuàn
6급 부를 환唤
동 외치다, 부르다

1537 呼吸 hūxī
5급 들이쉴 흡, 마실 흡吸
동 호흡하다, 숨을 쉬다   명 한 번의 호흡

1538 呼啸 hūxiào
6급 휘파람 불 소啸
동 날카롭고 긴 소리를 내다

1539 呼吁 hūyù
6급 탄식할 우吁
동 (동정이나 지지를) 구하다, 호소하다

忽 hū
소홀히 할 홀忽
동 소홀히 하다, 등한히 하다, 부주의하다

1540 忽略 hūlüè
6급 간략할 략略
동 소홀히 하다, 무시하다

1541 忽然 hūrán
5급 그러할 연然
부 갑자기, 홀연, 별안간

1542 忽视 hūshì
5급 볼 시视
동 소홀히 하다, 홀시하다

胡 hú
함부로 호, 수염 호胡
부 근거 없이, 함부로, 멋대로   명 수염, 골목

1543 胡乱 húluàn
6급 어지러울 란亂
부 함부로, 대충대충

1544 胡说 húshuō
5급 말씀 설説
동 헛소리하다, 함부로 지껄이다   명 허튼소리

1545 胡同 hútòng
5급 무리 동, 모일 동同
명 골목

1546 胡须 húxū
6급 수염 수須
명 수염

1547 壶 hú
5급 병 호壶
명 병, 항아리, 주전자

湖 hú
호수 호湖
명 호, 호수

1548 **湖泊** húpō
6급 배 댈 박泊
명 호수의 통칭

蝴 hú
나비 호蝴
'蝴蝶(나비)'의 구성자

1549 **蝴蝶** húdié
5급 나비 접蝶
명 나비

糊 hú
풀칠할 호糊
명 풀   동 풀로 붙이다, 바르다

1550 **糊涂** hútu
5급 칠할 도涂
형 어리석다, 멍청하다, 흐리멍덩하다

互 hù
서로 호互
부 서로

1551 **互联网** hùliánwǎng
4급 연이을 련聯, 그물 망網
명 인터넷

1552 **互相** hùxiāng
4급 서로 상相
부 서로, 상호

护 hù
보호할 호護
동 보호하다, 막다, 지키다

1553 **护士** hùshi
4급 선비 사士
명 간호사

1554 **护照** hùzhào
3급 증서 조照
명 여권

1555 **花** huā
3급 꽃 화花
명 꽃

1556 **花瓣** huābàn
6급 외씨 판瓣
명 꽃잎, 화판

1557 **花蕾** huālěi
6급 꽃봉오리 뢰蕾
명 꽃봉오리, 꽃망울

1558 **花生** huāshēng
5급 날 생生
명 땅콩

1559 **花** huā
3급 쓸 화花
동 쓰다, 소비하다

1560 **划** huá
5급 벨 획, 배 저을 획劃
동 베다, 긋다, 배를 젓다

华 huá
빛날 화華
형 번화하다, 번성하다, 사치하다, 호화롭다

1561 **华丽** huálì
6급 아름다울 려麗
형 화려하다, 아름답다

1562 **华侨** huáqiáo
6급 타향살이 교僑
명 화교

1563 华裔 huáyì
5급 후손 예裔
명 화교가 거주국에서 낳은 자녀

1564 滑 huá
5급 미끄러울 활滑
형 반들반들하다, 매끈매끈하다, 미끄러지다

化 huà
될 화化
동 변하다, 변화하다

1565 化肥 huàféi
6급 살찔 비肥
명 화학비료

1566 化石 huàshí
6급 돌 석石
명 화석

1567 化学 huàxué
5급 배울 학學
명 화학

1568 化验 huàyàn
6급 시험할 험驗
동 화학 실험을 하다

1569 化妆 huàzhuāng
6급 단장할 장妝
동 화장하다

划 huà
그을 획劃
동 (금을) 긋다, 가르다, 나누다

1570 划分 huàfēn
6급 나눌 분分
동 나누다, 구획하다, 구분하다

1571 画 huà
3급 그림 화畫
동 (그림을) 그리다

1572 画蛇添足 huàshétiānzú
6급 긴 뱀 사蛇, 더할 첨添, 발 족足
성 뱀을 그리는데 다리를 그려 넣다

话 huà
말씀 화話
명 말, 방언, 이야기

1573 话题 huàtí
5급 제목 제題
명 화제, 논제, 이야기의 주제

1574 话筒 huàtǒng
6급 대통 통筒
명 전화기의 송수화기

怀 huái
품을 회懷
동 (마음속에) 간직하다, 품다 명 가슴, 품

1575 怀念 huáiniàn
5급 생각할 념念
동 회상하다, 추억하다, 생각하다

1576 怀疑 huáiyí
4급 의심할 의疑
동 의심하다, 의심을 품다

1577 怀孕 huáiyùn
5급 아이 밸 잉孕
동 임신하다

1578 坏 huài
3급 상할 괴, 무너질 괴壞
형 나쁘다 동 상하게 하다, 썩히다

欢 huān
기쁠 환歡
형 즐겁다, 흥겹다, 신나다

1579 欢乐 huānlè
6급 즐길 락樂
형 즐겁다, 유쾌하다

1580 欢迎 huānyíng
3급 맞을 영迎
동 환영하다, 기쁘게 맞이하다

1581 还 huán
3급 돌아올 환還
동 돌아가다, 돌아오다

1582 还原 huányuán
6급 근원 원原
동 원상 회복하다, 환원하다

环 huán
고리 환環
명 고리, 고리 모양의 둥근 물건

1583 环节 huánjié
6급 마디 절節
명 고리 마디, 일환

1584 环境 huánjìng
3급 지경 경境
명 환경, 주위 상황

缓 huǎn
느릴 완緩
형 느리다, 더디다, (형세가) 느슨하다, 느긋하다

1585 缓和 huǎnhé
6급 화할 화和
형 (상황 등이) 완화하다   동 누그러뜨리다

1586 缓解 huǎnjiě
5급 풀 해解
동 (정도가) 완화되다, 호전되다

幻 huàn
헛보일 환幻
형 허망하다, 공허하다, 비현실적인, 상상의

1587 幻想 huànxiǎng
5급 생각할 상想
명 공상, 환상   동 공상하다, 상상하다

1588 换 huàn
3급 바꿀 환換
동 교환하다

患 huàn
근심 환患
동 병이 나다, 병에 걸리다

1589 患者 huànzhě
6급 놈 자者
명 환자, 병자

荒 huāng
거칠 황荒
형 황무하다, 황량하다, 황폐하다

1590 荒凉 huāngliáng
6급 서늘할 량凉
형 황량하다, 쓸쓸하다

1591 荒谬 huāngmiù
6급 그르칠 류謬
형 엉터리이다, 터무니없다

1592 荒唐 huāngtáng
6급 당황할 당唐
형 황당하다, 방탕하다

慌 huāng
어리둥절할 황慌
형 허둥대다, 당황하다, 쩔쩔매다

1593 慌张 huāngzhāng
5급 넓힐 장張
형 당황하다, 쩔쩔매다, 허둥대다

皇 huáng
임금 황皇
명 황제, 임금, 군주

1594 皇帝 huángdì
6급 황제 제帝
명 황제

1595 皇后 huánghòu
6급 왕비 후后
명 황후

黄 huáng
누를 황黃
형 노랗다, 누렇다

1596 黄河 Huánghé
3급 강 이름 하河
명 황허

1597 黄昏 huánghūn
6급 어두울 혼昏
명 황혼, 해질 무렵

1598 黄金 huángjīn
5급 쇠 금金
명 황금

恍 huǎng
어렴풋할 황恍
형 갑자기(문득) 깨달은 모양

1599 恍然大悟 huǎngrándàwù
6급 그러할 연然, 큰 대大, 깨달을 오悟
성 문득 모든 것을 깨치다

1600 晃 huǎng
6급 밝을 황晃
동 번개같이 지나가다, 빛나다

1601 灰 huī
5급 재 회灰
명 재, 가루, 먼지   형 회색의, 잿빛의

1602 灰尘 huīchén
5급 티끌 진塵
명 먼지

1603 灰心 huīxīn
5급 마음 심心
동 낙담하다, 의기소침하다

1604 挥 huī
5급 휘두를 휘揮
동 휘두르다, 흔들다, 내두르다

1605 挥霍 huīhuò
6급 빠를 곽霍
동 돈을 헤프게 쓰다

恢 huī
넓을 회恢
형 넓다, 드넓다, 광대하다

1606 恢复 huīfù
5급 돌아올 복復
동 회복하다, 회복되다, 회복시키다

辉 huī
빛날 휘輝
명 광휘, 광채   형 빛나다, 반짝이다

1607 **辉煌** huīhuáng
6급 빛날 황煌
형 눈부시다, 뚜렷하다, 돋보이다

1608 **回** huí
1급 돌아올 회回
동 (원래의 곳으로) 되돌리다, 되돌아가다

1609 **回报** huíbào
6급 갚을 보, 알릴 보報
동 보고하다, 복수하다

1610 **回避** huíbì
6급 피할 피避
동 회피하다, 피하다

1611 **回答** huídá
3급 대답할 답答
동 대답하다, 응답하다 명 대답, 응답

1612 **回顾** huígù
6급 돌아볼 고顧
동 회고하다, 되돌아보다

1613 **回收** huíshōu
6급 거둘 수收
동 회수하다, 되찾다

1614 **回忆** huíyì
4급 생각할 억憶
동 회상하다, 추억하다 명 회상, 추억

悔 huǐ
뉘우칠 회悔
동 뉘우치다, 후회하다

1615 **悔恨** huǐhèn
6급 한 한恨
동 뼈저리게 뉘우치다, 후회하다

毁 huǐ
헐 훼毁
동 파괴하다, 부수다, 훼손하다

1616 **毁灭** huǐmiè
6급 멸할 멸滅
동 박멸시키다, 파괴시키다

汇 huì
어음 회匯
동 (돈을) 부치다, 송금하다 명 외화

1617 **汇报** huìbào
6급 알릴 보報
동 종합하여 보고하다

1618 **汇率** huìlǜ
5급 비율 률率
명 환율

1619 **会** huì
1급 잘할 회會
동 ~를 (배워서) 할 수 있다, ~할 줄 알다

1620 **会晤** huìwù
6급 만날 오晤
동 만나다, 회견하다

1621 **会议** huìyì
3급 의논할 의議
명 회의

贿 huì
뇌물 회賄
동 뇌물을 주다 명 뇌물

1622 **贿赂** huìlù
6급 뇌물 뢰賂
동 뇌물을 주다 명 뇌물

昏 hūn
어두울 혼昏
[명] 저녁 무렵, 황혼녘   [형] (정신이) 흐리멍텅하다

1623 **昏迷** hūnmí
6급 미혹할 미迷
[동] 혼미하다, 의식불명이다

1624 **荤** hūn
6급 매운 채소 훈荤
[명] 훈채, 고기 요리   [형] 선정적인, 음란한

婚 hūn
혼인할 혼婚
[동] 결혼하다, 혼인하다   [명] 혼인

1625 **婚礼** hūnlǐ
5급 예도 례禮
[명] 결혼식, 혼례

1626 **婚姻** hūnyīn
5급 혼인 인姻
[명] 혼인, 결혼, 혼사

浑 hún
흐릴 혼渾
[형] (물이) 흐리다, 혼탁하다, 모든, 온

1627 **浑身** húnshēn
6급 몸 신身
[명] 전신, 온몸

混 hùn
섞을 혼混
[동] 뒤섞다, 혼합하다

1628 **混合** hùnhé
6급 합할 합合
[동] 혼합하다, 함께 섞다

1629 **混乱** hùnluàn
6급 어지러울 란亂
[형] 혼란하다, 어지럽다

1630 **混淆** hùnxiáo
6급 뒤섞일 효淆
[동] 뒤섞이다, 헷갈리다

1631 **混浊** hùnzhuó
6급 흐릴 탁濁
[형] 혼탁하다, 암담하고 추악하다

活 huó
살 활活
[동] 살다, 생존하다, 생활하다

1632 **活动** huódòng
4급 움직일 동動
[동] (몸을) 움직이다, 운동하다

1633 **活该** huógāi
6급 마땅히 해該
[동] ~한 것은 당연하다

1634 **活力** huólì
6급 힘 력力
[명] 활력, 생기, 활기

1635 **活泼** huópo
4급 물 뿌릴 발潑
[형] 활발하다, 활기차다

1636 **活跃** huóyuè
5급 뛰어오를 약躍
[형] 활동적이다, 활기 있다, 활기차다

1637 **火** huǒ
4급 불 화火
[명] 불, 화염

1638 **火柴** huǒchái
5급 섶 시柴
[명] 성냥

1639 **火车站** huǒchēzhàn
2급 수레 차車, 설 참站
[명] 기차역

1640 **火箭** huǒjiàn
6급 화살 전箭
[명] 불화살, 로켓

1641 **火焰** huǒyàn
6급 불꽃 염焰
[명] 화염, 불꽃

1642 **火药** huǒyào
6급 약 약藥
[명] 화약

伙 huǒ
많을 화夥
[명] 동료, 친구, 동무

1643 **伙伴** huǒbàn
5급 짝 반伴
[명] 동료, 친구, 동반자

或 huò
혹 혹或
[접] 혹은, 또는 [부] 혹시, 아마, 어쩌면

1644 **或许** huòxǔ
5급 허락할 허許
[부] 아마, 어쩌면, 혹시

1645 **或者** huòzhě
3급 놈 자者
[부] 아마, 어쩌면, 혹시

货 huò
재화 화貨
[명] 물품, 상품, 돈, 화폐

1646 **货币** huòbì
6급 화폐 폐幣
[명] 화폐

获 huò
얻을 획獲
[동] 얻다, 획득하다

1647 **获得** huòdé
4급 얻을 득得
[동] 얻다, 획득하다

J

几 jī
거의 기幾
부 거의, 하마터면

1648 **几乎** jīhū
3급 어조사 호乎
부 거의, 거의 모두, 하마터면

讥 jī
비웃을 기譏
동 조소하다, 조롱하다, 풍자하다

1649 **讥笑** jīxiào
6급 웃을 소笑
동 비웃다, 조롱하다, 놀리다

饥 jī
주릴 기饑
형 배가 고프다, 굶주리다

1650 **饥饿** jī'è
6급 주릴 아餓
형 배고프다, 기아에 허덕이다

机 jī
틀 기, 기계 기, 기회 기, 때 기機
명 기계, 기기, 기구, 비행기

1651 **机场** jīchǎng
2급 장소 장場
명 공항, 비행장

1652 **机动** jīdòng
6급 움직일 동動
형 기동적인, 탄력적인

1653 **机构** jīgòu
6급 얽을 구構
명 기구

1654 **机会** jīhuì
3급 모일 회會
명 기회, 찬스

1655 **机灵** jīling
6급 신령 령靈
형 영리하다, 똑똑하다, 재치 있다

1656 **机密** jīmì
6급 비밀 밀密
명 기밀, 극비 형 기밀이다, 극비이다

1657 **机器** jīqì
5급 그릇 기器
명 기계, 기기, 기구

1658 **机械** jīxiè
6급 기계 계械
명 기계 형 융통성이 없다, 고지식하다

1659 **机遇** jīyù
6급 만날 우遇
명 기회, 찬스

1660 **机智** jīzhì
6급 슬기 지智
형 기지가 넘치다

肌 jī
살가죽 기肌
명 근육

| 1661 | 肌肉 jīròu
5급 고기 육肉
명 근육

鸡 jī
닭 계鷄
명 닭

| 1662 | 鸡蛋 jīdàn
2급 새알 단蛋
명 계란, 달걀

积 jī
쌓을 적積
동 쌓이다, 퇴적되다, 축적되다

| 1663 | 积极 jījí
4급 다할 극, 극진할 극極
형 적극적이다, 열성적이다

| 1664 | 积累 jīlěi
4급 포갤 루累
동 (조금씩) 쌓이다, 누적되다

基 jī
터 기基
명 기초, 토대, 터

| 1665 | 基本 jīběn
5급 근본 본本
형 기본의, 기본적인, 근본적인

| 1666 | 基础 jīchǔ
4급 주춧돌 초礎
명 토대, 기초, 밑바탕

| 1667 | 基地 jīdì
6급 땅 지地
명 근거지, 본거지, 기지

| 1668 | 基金 jījīn
6급 쇠 금金
명 기금, 펀드

| 1669 | 基因 jīyīn
6급 인할 인因
명 유전자

激 jī
격할 격激
동 (감정이) 격동되다, 일어나다

| 1670 | 激动 jīdòng
4급 움직일 동動
동 감격하다, 감동하다

| 1671 | 激发 jīfā
6급 필 발發
동 불러일으키다, 끓어오르게 하다

| 1672 | 激励 jīlì
6급 힘쓸 려勵
동 격려하다, 북돋워 주다

| 1673 | 激烈 jīliè
5급 세찰 렬烈
형 (동작, 말이) 격렬하다, 치열하다

| 1674 | 激情 jīqíng
6급 뜻 정情
명 격정, 열정적인 감정

及 jí
미칠 급及
동 도달하다, 이르다, 미치다

| 1675 | 及格 jígé
5급 격식 격格
동 합격하다

1676 **及时** jíshí
4급 때 시時
형 시기 적절하다, 때가 맞다 부 즉시, 곧바로

1677 **及早** jízǎo
6급 이를 조早
부 미리, 일찌감치, 서둘러서

吉 jí
길할 길吉
형 행복하다, 길하다, 좋다

1678 **吉祥** jíxiáng
6급 상서로울 상祥
형 상서롭다, 행운이다

级 jí
등급 급級
명 등급, 계급, 학년

1679 **级别** jíbié
6급 나눌 별别
명 등급, 단계, 계급

1680 **极** jí
3급 다할 극, 한계 극, 심히 극極
명 정점, 절정

1681 **极端** jíduān
6급 끝 단端
명 극단 부 아주, 지극히

1682 **极其** jíqí
5급 그 기其
부 아주, 지극히, 몹시

1683 **极限** jíxiàn
6급 한정할 한限
명 극한, 최대 한도

即 jí
곧 즉, 만약 즉卽
접 설령~하더라도 부 곧, 즉, 바로

1684 **即便** jíbiàn
6급 편할 편便
접 설령~하더라도

1685 **即将** jíjiāng
6급 장차 장將
부 곧, 머지않아

1686 **即使** jíshǐ
4급 설사 사使
접 설령~하더라도

急 jí
급할 급急
형 (일, 성미 등이) 급하다, 빠르다, 급격하다

1687 **急功近利** jígōngjìnlì
6급 공로 공功, 가까울 근近, 이로울 리利
성 눈앞의 이익에만 급급하다

1688 **急剧** jíjù
6급 심할 극劇
부 급격하게, 급속히

1689 **急忙** jímáng
5급 바쁠 망忙
부 급히, 황급히, 바삐

1690 **急切** jíqiè
6급 절박할 절切
형 절박하다, 촉박하다, 급하다

1691 **急于求成** jíyúqiúchéng
6급 어조사 우于, 구할 구求, 이룰 성成
성 서둘러 목적을 달성하려 하다

1692	**急躁** jízào 6급 성급할 조躁 형 초조해하다, 성급하다	
1693	**急诊** jízhěn 5급 진찰할 진诊 명 응급 진료, 급진	
	疾 jí 병 질疾 명 질병, 근심, 고통	
1694	**疾病** jíbìng 6급 병 병病 명 병, 질병	
	集 jí 모을 집集 동 모여들다, 같이 모이다. 회합하다	
1695	**集合** jíhé 5급 합할 합合 동 집합하다	
1696	**集体** jítǐ 5급 몸 체體 명 집단, 단체	
1697	**集团** jítuán 6급 모일 단團 명 집단, 단체, 무리	
1698	**集中** jízhōng 5급 가운데 중中 동 집중하다, 모으다, 집중시키다	
	嫉 jí 미워할 질嫉 동 질투하다, 시기하다	

1699	**嫉妒** jídù 6급 샘낼 투妒 동 질투하다, 시기하다	
	籍 jí 문서 적, 호적 적籍 명 서적, 책자, 출생지, 본적	
1700	**籍贯** jíguàn 6급 꿸 관貫 명 출생지, 고향	
1701	**几** jǐ 1급 몇 기, 거의 기幾 수 몇(10 이하의 확실치 않은 수를 물을 때 사용)	
	给 jǐ 공급할 급給 동 공급하다	
1702	**给予** jǐyǔ 6급 줄 여予 동 주다, 부여하다	
	计 jì 셀 계計 동 세다, 셈하다, 계산하다, 계획하다, 꾸미다	
1703	**计划** jìhuà 4급 그을 획劃 동 계획하다, 기획하다 명 계획	
1704	**计较** jìjiào 6급 비교할 교較 동 따지다, 논쟁하다, 상의하다	
1705	**计算** jìsuàn 5급 셈 산算 동 계산하다, 산출하다, 셈하다	

记 jì
3급 기록할 기記
[동] 기억하다, 명심하다, 적다, 기록하다

1706 记得 jìde
3급 어조사 득得
[동] 기억하고 있다, 잊지 않고 있다

1707 记录 jìlù
5급 기록할 록錄
[동] 기록하다 [명] 기록, 서기

1708 记性 jìxing
6급 성품 성性
[명] 기억력

1709 记忆 jìyì
5급 생각할 억憶
[동] 기억하다, 떠올리다 [명] 기억

1710 记载 jìzǎi
6급 실을 재載
[동] 기재하다, 기록하다 [명] 기록

1711 记者 jìzhě
4급 놈 자者
[명] 기자

纪 jì
규율 기紀
[명] 규율, 법도, 질서, 법

1712 纪录 jìlù
5급 기록할 록錄
[명] (인물, 사건 등의) 기록, 다큐멘터리

1713 纪律 jìlǜ
5급 법칙 률律
[명] 기율, 기강, 법도

1714 纪念 jìniàn
5급 생각할 념念
[동] 기념하다 [명] 기념물, 기념품

1715 纪要 jìyào
6급 요긴할 요, 요약할 요要
[명] 기요, 요록

技 jì
재주 기技
[명] 능력, 재능, 기능, 기술

1716 技巧 jìqiǎo
6급 기교 교巧
[명] 기교, 기예, 테크닉

1717 技术 jìshù
4급 재주 술術
[명] 기술

系 jì
맬 계繫
[동] 매다, 묶다, 채우다

1718 系领带 jì lǐngdài
5급 목 령領, 띠 대帶
넥타이를 매다

忌 jì
꺼릴 기忌
[동] 시기하다, 질투하다, 두려워하다, 기피하다

1719 忌讳 jìhuì
6급 꺼릴 휘諱
[동] 기피하다, 삼가다

季 jì
계절 계季
[명] 계, 1년의 4분의 1, 3개월, 계절

1720 **季度** jìdù
6급 정도 도度
⟨명⟩ 4분기, 분기

1721 **季节** jìjié
3급 절기 節節
⟨명⟩ 계절, 철

1722 **季军** jìjūn
6급 군사 軍軍
⟨명⟩ 3등

迹 jì
자취 跡
⟨명⟩ 발자국, 흔적, 자취

1723 **迹象** jìxiàng
6급 코끼리 象象
⟨명⟩ 흔적, 자취, 조짐

既 jì
이미 旣
⟨접⟩ ~할 뿐만 아니라, ~뿐더러, ~한 바에는

1724 **既然** jìrán
4급 그럴 然然
⟨접⟩ ~된 바에야, ~인 이상

继 jì
이을 繼繼
⟨동⟩ 접속하다, 잇다, 이어지다 ⟨부⟩ 뒤이어, 계속해서

1725 **继承** jìchéng
6급 이을 승, 받들 승承
⟨동⟩ 이어받다, 계승하다

1726 **继续** jìxù
4급 이을 속續
⟨동⟩ 계속하다, 끊임없이 하다 ⟨명⟩ 연속, 계속

1727 **寄** jì
4급 부칠 기寄
⟨동⟩ (우편으로) 부치다, 보내다

1728 **寄托** jìtuō
6급 맡길 탁托
⟨동⟩ 기탁하다, 맡기다

寂 jì
고요할 적寂
⟨형⟩ 조용하다, 고요하다, 쓸쓸하다, 적막하다

1729 **寂静** jìjìng
고요할 정靜
⟨형⟩ 조용하다, 고요하다

1730 **寂寞** jìmò
5급 쓸쓸할 막寞
⟨형⟩ 외롭다, 쓸쓸하다, 적막하다

加 jiā
더할 가加
⟨동⟩ 더하다, 보태다

1731 **加班** jiābān
4급 나눌 반, 자리 반班
⟨동⟩ 초과 근무를 하다, 특근하다

1732 **加工** jiāgōng
6급 일 공工
⟨동⟩ 가공하다, 다듬다

1733 **加剧** jiājù
6급 심할 극劇
⟨동⟩ 격화되다, 악화되다

1734 **加油站** jiāyóuzhàn
4급 기름 유油, 설 참站
⟨명⟩ 주유소

夹 jiā
낄 협夾
[동] 끼이다, 둘 사이에 놓이다, (양쪽에서) 집다

1735 夹杂 jiāzá
6급 섞일 잡雜
[동] 혼합하다, 뒤섞다

1736 夹子 jiāzi
5급 접미사 자子
[명] 집게, 클립

佳 jiā
아름다울 가佳
[형] 좋다, 아름답다, 훌륭하다

1737 佳肴 jiāyáo
6급 안주 효肴
[명] 맛있는 요리

1738 家 jiā
1급 집 가家
[명] 집, 가정, 집안

1739 家常 jiācháng
6급 항상 상常
[형] 평상의, 보통의 [명] 일상적인 일

1740 家伙 jiāhuo
6급 동아리 화夥
[명] 놈, 녀석

1741 家具 jiājù
4급 갖출 구具
[명] 가구

1742 家属 jiāshǔ
6급 무리 속屬
[명] 가솔, 딸린 식구

1743 家庭 jiātíng
5급 뜰 정庭
[명] 가정

1744 家务 jiāwù
5급 힘쓸 무務
[명] 가사, 집안일

1745 家乡 jiāxiāng
5급 시골 향鄕
[명] 고향

1746 家喻户晓 jiāyùhùxiǎo
6급 깨우칠 유喻, 집 호户, 환히 알 효曉
[성] 집집마다 다 알다

嘉 jiā
아름다울 가嘉
[형] 좋다, 훌륭하다, 아름답다, 근사하다

1747 嘉宾 jiābīn
5급 손님 빈賓
[명] 귀빈, 귀한 손님, 가빈

1748 甲 jiǎ
5급 첫째 천간 갑甲
[명] 단단한 껍데기, 손톱, 발톱

1749 假 jiǎ
4급 거짓 가假
[동] 거짓의, 가짜의, 위조의

1750 假如 jiǎrú
5급 같을 여如
[접] 만약, 만일, 가령

1751 假设 jiǎshè
5급 세울 설設
[동] 가정하다, 꾸며 내다, 날조하다 [명] 가설, 가정

1752 **假装** jiǎzhuāng
5급 꾸밀 장裝
동 가장하다, (짐짓) ~체하다

价 jià
값 가價
명 값, 가격, 가치

1753 **价格** jiàgé
4급 격식 격格
명 가격, 값

1754 **价值** jiàzhí
5급 값 치値
명 가치

驾 jià
탈 가駕
동 운전하다, 조종하다, 운항하다

1755 **驾驶** jiàshǐ
5급 달릴 사駛
동 (자동차, 선박, 비행기 등을) 운전하다

1756 **嫁** jià
5급 시집갈 가嫁
동 시집가다, 출가하다

尖 jiān
뾰족할 첨尖
형 날카롭다, 뾰족하다

1757 **尖端** jiānduān
6급 끝 단端
형 첨단의 명 첨단

1758 **尖锐** jiānruì
6급 날카로울 예銳
형 날카롭다, 예리하다

坚 jiān
굳을 견堅
형 단단하다, 견고하다, 튼튼하다

1759 **坚持** jiānchí
4급 가질 지持
동 견지하다, 유지하다, 고수하다

1760 **坚定** jiāndìng
6급 정할 정定
형 결연하다, 꿋꿋하다 동 확고히 하다

1761 **坚固** jiāngù
6급 굳을 고固
형 견고하다, 튼튼하다

1762 **坚决** jiānjué
5급 결단할 결決
형 (태도, 행동 등이) 단호하다, 결연하다

1763 **坚强** jiānqiáng
5급 강할 강强
형 굳세다, 꿋꿋하다, 완강하다

1764 **坚韧** jiānrèn
6급 질길 인韌
형 단단하고 질기다, 완강하다

1765 **坚实** jiānshí
6급 열매 실實
형 견실하다, 튼튼하다

1766 **坚硬** jiānyìng
6급 굳을 경硬
형 단단하다, 견고하다, 굳다

肩 jiān
어깨 견肩
명 어깨

1767 肩膀 jiānbǎng
5급 어깨뼈 방, 방광 방膀
명 어깨

艰 jiān
어려울 간艱
형 어렵다, 힘들다, 곤란하다

1768 艰巨 jiānjù
5급 클 거巨
형 어렵고 힘들다, 어렵고도 무겁다

1769 艰苦 jiānkǔ
5급 쓸 고苦
형 간고하다, 어렵고 고달프다

1770 艰难 jiānnán
6급 어려울 난難
형 곤란하다, 어렵다, 힘들다

监 jiān
볼 감監
동 감시하다, 감독하다

1771 监督 jiāndū
6급 감독할 독督
동 감독하다 명 감독

1772 监视 jiānshì
6급 볼 시視
동 감시하다

1773 监狱 jiānyù
6급 감옥 옥獄
명 교도소, 감옥, 감방

兼 jiān
겸할 겸兼
동 겸하다, 동시에 하다

1774 兼职 jiānzhí
5급 직분 직職
동 겸직하다 명 겸직

1775 煎 jiān
6급 부칠 전煎
동 부치다, 달이다

1776 拣 jiǎn
6급 가릴 간揀
동 고르다, 선택하다, 뽑다

1777 捡 jiǎn
5급 거둘 렴撿
동 줍다

检 jiǎn
검사할 검檢
동 검사하다, 제한하다, 구속하다

1778 检查 jiǎnchá
3급 조사할 사查
동 검사하다, 점검하다

1779 检讨 jiǎntǎo
6급 칠 토, 책망할 토討
동 깊이 반성하다, 자기비판을 하다

1780 检验 jiǎnyàn
6급 시험할 험驗
동 검증하다, 검사하다

减 jiǎn
덜 감減
동 빼다, 덜다, 감하다

1781 减肥 jiǎnféi
4급 살찔 비肥
동 살을 빼다, 감량하다, 체중을 줄이다

1782 **减少** jiǎnshǎo
4급 적을 소少
동 감소하다, 줄다, 줄이다

剪 jiǎn
자를 전剪
동 (가위 등으로) 자르다, 끊다, 절단하다

1783 **剪彩** jiǎncǎi
6급 채색 채彩
동 (준공·개업의 식전에서) 기념 테이프를 끊다

1784 **剪刀** jiǎndāo
5급 칼 도刀
명 가위

简 jiǎn
간단할 간简
형 간단하다, 단순하다

1785 **简单** jiǎndān
3급 홑 단單
형 간단하다, 단순하다

1786 **简化** jiǎnhuà
6급 될 화化
동 간소화하다, 단순화하다

1787 **简历** jiǎnlì
5급 지날 력歷
명 이력서

1788 **简陋** jiǎnlòu
6급 더러울 루陋
형 초라하다, 보잘것없다

1789 **简体字** jiǎntǐzì
6급 몸 체體, 글자 자字
명 간체자

1790 **简要** jiǎnyào
6급 요긴할 요, 요약할 요要
형 간결하고 핵심을 찌르는

1791 **简直** jiǎnzhí
5급 곧을 직直
부 그야말로, 너무나, 전혀

见 jiàn
볼 견見
동 보다, 마주치다, 만나다

1792 **见多识广** jiànduōshíguǎng
6급 많을 다多, 알 식識, 넓을 광廣
성 보고 들은 것이 많고 식견도 넓다

1793 **见解** jiànjiě
6급 풀 해解
명 견해, 소견

1794 **见面** jiànmiàn
3급 낯 면面
동 만나다, 대면하다

1795 **见闻** jiànwén
6급 들을 문聞
명 견문

1796 **见义勇为** jiànyìyǒngwéi
6급 옳을 의義, 용감할 용勇, 할 위爲
성 정의로운 일을 보고 용감하게 뛰어들다

1797 **件** jiàn
2급 수량 단위 건件
양 거, 개(일부 물건을 세는 단위)

间 jiàn
사이 간間
명 틈, 사이, 간격 형 간접적인

1798 **间谍** jiàndié
6급 염탐할 첩諜
뗑 간첩

1799 **间隔** jiàngé
6급 사이 뜰 격隔
뗑 간격, 사이 동 간격을 두다

1800 **间接** jiànjiē
6급 이을 접接
혱 간접적인

建 jiàn
세울 건建
동 (건물 등을) 만들다, 시공하다, 설립하다

1801 **建立** jiànlì
5급 설 립立
동 창설하다, 건립하다, 수립하다

1802 **建设** jiànshè
5급 세울 설設
동 (새로운 사업을) 창립하다, 건설하다

1803 **建议** jiànyì
4급 의논할 의議
동 (자기 의견을) 제기하다, 제안하다, 건의하다

1804 **建筑** jiànzhù
5급 쌓을 축築
뗑 건축물 동 세우다, 건축하다

1805 **剑** jiàn
6급 칼 검劍
뗑 검, 큰 칼

健 jiàn
튼튼할 건健
혱 건강하다, 튼튼하다

1806 **健康** jiànkāng
3급 편안할 강康
혱 건강하다 뗑 건강

1807 **健全** jiànquán
6급 모두 전全
혱 건전하다, 완벽하다

1808 **健身** jiànshēn
5급 몸 신身
동 신체를 건강하게 하다, 튼튼하게 하다

舰 jiàn
군함 함艦
뗑 군함, 대형 선박

1809 **舰艇** jiàntǐng
6급 거룻배 정艇
뗑 함정

践 jiàn
밟을 천踐
동 밟다, 짓밟다, 디디다

1810 **践踏** jiàntà
6급 밟을 답踏
동 밟다, 짓밟다, 유린하다

1811 **溅** jiàn
6급 흩뿌릴 천濺
동 (액체가) 튀다

鉴 jiàn
거울 감鑒
뗑 거울, 귀감, 본보기

1812 **鉴别** jiànbié
6급 나눌 별別
동 감별하다, 구별하다

1813 鉴定 jiàndìng
6급 정할 정定
동 감정하다, 평가하다 명 평가

1814 鉴于 jiànyú
6급 어조사 우于
동 ~의 점에서 보아, ~을 고려하면

键 jiàn
열쇠 건鍵
명 건반, 키, 누름단추, 스위치, 열쇠

1815 键盘 jiànpán
5급 소반 반盤
명 건반, 키보드

将 jiāng
장차 장將
부 장차, 곧, 막, ~하게 될 것이다

1816 将近 jiāngjìn
6급 가까울 근近
동 거의 ~에 근접하다

1817 将就 jiāngjiu
6급 이룰 취就
동 그런대로 ~할 만하다

1818 将军 jiāngjūn
6급 군사 군軍
명 장군

1819 将来 jiānglái
4급 올 래來
명 장래, 미래

僵 jiāng
넘어질 강僵
형 (사지가) 굳다, 뻣뻣(뻣뻣)해지다

1820 僵硬 jiāngyìng
6급 굳을 경硬
형 뻣뻣하다, 경직되다, 융통성이 없다

1821 讲 jiǎng
3급 논할 강, 외울 강講
동 말하다, 이야기하다

1822 讲究 jiǎngjiu
5급 연구할 구究
동 중요시하다, 소중히 여기다

1823 讲座 jiǎngzuò
5급 자리 좌座
명 강좌

奖 jiǎng
장려할 장奬
명 상 동 장려하다, 표창하다, 칭찬하다

1824 奖金 jiǎngjīn
4급 쇠 금金
명 상금, 상여금, 포상금

1825 奖励 jiǎnglì
6급 힘쓸 려勵
동 장려하다, 표창하다 명 상, 상금

1826 奖赏 jiǎngshǎng
6급 상 줄 상賞
동 상을 주다, 포상하다 명 포상, 장려

1827 桨 jiǎng
6급 노 장槳
명 노

降 jiàng
내릴 강降
동 내리다, 내려가다, 내려오다

1828	**降低** jiàngdī
	4급 낮을 저低
	통 내리다, 낮추다, 인하하다

1829	**降临** jiànglín
	6급 임할 림臨
	통 도래하다, 다가오다

1830	**降落** jiàngluò
	4급 떨어질 락落
	통 내려오다, 착륙하다

	酱 jiàng
	장 장醬
	명 장, 소스, 된장

1831	**酱油** jiàngyóu
	5급 기름 유油
	명 간장

1832	**交** jiāo
	4급 사귈 교交
	통 서로 교차하다, 맞닿다, 건네주다, 왕래하다

1833	**交叉** jiāochā
	6급 갈래 차叉
	통 교차하다, 번갈아 하다

1834	**交代** jiāodài
	6급 대신할 대代
	통 인계하다, 건네주다

1835	**交换** jiāohuàn
	5급 바꿀 환換
	통 교환하다

1836	**交际** jiāojì
	5급 가장자리 제際
	통 교제하다, 서로 사귀다

1837	**交流** jiāoliú
	4급 흐를 류流
	통 서로 소통하다, 교류하다

1838	**交涉** jiāoshè
	6급 건널 섭涉
	통 교섭하다, 협상하다

1839	**交通** jiāotōng
	4급 통할 통通
	명 교통 통 교통하다, 서로 통하다

1840	**交往** jiāowǎng
	5급 갈 왕往
	통 왕래하다, 내왕하다, 교제하다

1841	**交易** jiāoyì
	6급 바꿀 역易
	통 교역하다, 매매하다 명 장사, 거래

	郊 jiāo
	교외 교郊
	명 교외

1842	**郊区** jiāoqū
	4급 지경 구區
	명 (도시의) 변두리, 외곽

1843	**浇** jiāo
	5급 물 댈 요澆
	통 관개하다, 물을 대다

	娇 jiāo
	아리따울 교嬌
	형 아름답다, 사랑스럽다, 상냥하다

1844	**娇气** jiāoqì
	6급 기운 기氣
	형 여리다, 나약하다 명 나약한 성격

骄 jiāo
교만할 교驕
형 오만하다, 거만하다, 교만하다

1845 骄傲 jiāo'ào
4급 거만할 오傲
형 오만하다, 거만하다, 자랑스럽다

胶 jiāo
아교 교膠
명 접착력을 가진 물건, 고무

1846 胶水 jiāoshuǐ
5급 물 수水
명 풀

1847 教 jiāo
3급 가르칠 교教
동 (지식 또는 기술을) 전수하다, 가르치다

焦 jiāo
눌을 초, 탈 초焦
형 눋다, 바삭바삭하다, 건조하다

1848 焦点 jiāodiǎn
6급 점 점點
명 초점, 집중

1849 焦急 jiāojí
6급 급할 급急
형 초조하다, 조급해하다

1850 角 jiǎo
3급 뿔 각角
명 (짐승의) 뿔, 각(수학)

1851 角度 jiǎodù
5급 정도 도度
명 각도

1852 角落 jiǎoluò
6급 떨어질 락落
명 구석, 모퉁이, 외딴 곳

侥 jiǎo
요행 요侥
'侥幸(운이 좋다)'의 구성자

1853 侥幸 jiǎoxìng
6급 다행 행幸
형 뜻밖에 운이 좋다, 요행하다

狡 jiǎo
교활할 교狡
형 교활하다, 간사하다

1854 狡猾 jiǎohuá
5급 교활할 활猾
형 교활하다, 간교하다

饺 jiǎo
경단 교餃
명 만두, 교자

1855 饺子 jiǎozi
4급 접미사 자子
명 만두, 교자

1856 脚 jiǎo
3급 다리 각脚
명 발

搅 jiǎo
흔들 교攪
동 휘저어 섞다, 반죽하다, 이기다

1857 搅拌 jiǎobàn
6급 휘저어 뒤섞을 반拌
동 반죽하다, 이기다

缴 jiǎo
바칠 교繳
동 납부하다, 지급하다, 내다

1858 **缴纳** jiǎonà
6급 들일 납納
동 납부하다, 납입하다

1859 **叫** jiào
1급 부르짖을 규叫
동 외치다, 고함치다, 부르다, 불러 오다

较 jiào
비교할 교較
동 비교하다, 견주다, 겨루다

1860 **较量** jiàoliàng
6급 헤아릴 량量
동 겨루다, 대결하다, 경쟁하다

教 jiào
가르칠 교教
동 가르치다, 지도하다, 교육하다

1861 **教材** jiàocái
5급 재목 재材
명 교재

1862 **教练** jiàoliàn
5급 익힐 련練
명 감독, 코치 동 교련하다, 훈련하다

1863 **教室** jiàoshì
2급 방 실室
명 교실

1864 **教授** jiàoshòu
4급 줄 수授
명 교수 동 (지식이나 기능을) 가르치다, 전수하다

1865 **教训** jiàoxùn
5급 가르칠 훈訓
동 교훈하다, 가르치고 타이르다

1866 **教养** jiàoyǎng
6급 기를 양養
명 교양 동 가르쳐 키우다, 교육하고 양성하다

1867 **教育** jiàoyù
4급 기를 육育
명 교육 동 교육하다, 양성하다

阶 jiē
섬돌 계階
명 층계, 계단, 섬돌, 계층, 등급

1868 **阶层** jiēcéng
6급 층 층層
명 계층, 단계

1869 **阶段** jiēduàn
5급 층계 단段
명 단계, 계단

1870 **皆** jiē
6급 모두 개皆
부 모두, 전부, 다

结 jiē
맺을 결結
동 (열매, 씨앗을) 맺다, (열매가) 열리다

1871 **结实** jiēshi
5급 열매 실實
형 굳다, 단단하다, 튼튼하다, 건장하다

1872 **接** jiē
3급 이을 접, 대접할 접接
동 잇다, 연결하다

1873 **接触** jiēchù
5급 닿을 촉觸
동 닿다, 접촉하다

1874 **接待** jiēdài
5급 대접할 대待
동 접대하다, 응접하다, 영접하다

1875 **接近** jiējìn
5급 가까울 근近
동 접근하다, 가까이하다

1876 **接连** jiēlián
6급 잇닿을 련連
부 연거푸, 잇달아, 끊임없이

1877 **接受** jiēshòu
4급 받을 수受
동 받아들이다, 받다, 수락하다

1878 **接着** jiēzhe
4급 어조사 착着
부 연이어, 이어서, 잇따라

揭 jiē
높이 들 게揭
동 벗기다, 열다, 폭로하다, 공개하다

1879 **揭露** jiēlù
6급 드러날 로露
동 폭로하다, 까발리다

街 jiē
거리 가街
명 거리, 가두, 길거리

1880 **街道** jiēdào
3급 길 도道
명 거리, 대로

1881 **节** jié
4급 마디 절, 절기 절, 절약할 절節
명 기념일, 명절 동 절약하다, 아껴 쓰다

1882 **节目** jiémù
3급 항목 목目
명 프로그램

1883 **节日** jiérì
3급 날 일日
명 (국경일 따위의 법정) 기념일, 명절

1884 **节省** jiéshěng
5급 덜 생省
동 아끼다, 절약하다

1885 **节约** jiéyuē
4급 절약할 약約
동 절약하다, 아끼다 형 검소하다, 검약하다

1886 **节制** jiézhì
6급 억제할 제制
동 지휘 통솔하다, 절제하다

1887 **节奏** jiézòu
6급 연주할 주奏
명 리듬, 박자, 흐름

杰 jié
뛰어날 걸傑
형 걸출한, 특출한, 뛰어난

1888 **杰出** jiéchū
6급 날 출出
형 걸출한, 남보다 뛰어난

结 jié
묶을 결結
동 매다 묶다, 엮다, 짜다, 뜨다

137

1889 **结构** jiégòu
5급 얽을 구構
몡 구성, 구조, 조직

1890 **结果** jiéguǒ
4급 결과 과果
몡 결과, 결실, 성과

1891 **结合** jiéhé
5급 합할 합合
동 결합하다, 결부하다

1892 **结婚** jiéhūn
3급 혼인할 혼婚
동 결혼하다

1893 **结晶** jiéjīng
6급 빛날 정晶
몡 결정체, 결정, 소중한 성과

1894 **结局** jiéjú
6급 판 국局
몡 결말, 결국

1895 **结论** jiélùn
5급 논할 론論
몡 결론, 결말

1896 **结束** jiéshù
3급 묶을 속束
동 끝나다, 마치다

1897 **结算** jiésuàn
6급 셈 산算
동 결산하다

1898 **结账** jiézhàng
5급 장부 장賬
동 계산하다, 결산하다

截 jié
끊을 절截
동 자르다, 끊다, 절단하다, 차단하다

1899 **截止** jiézhǐ
6급 그칠 지止
동 마감하다, 일단락짓다

1900 **截至** jiézhì
6급 이를 지至
동 ~까지 마감이다, ~에 이르다

竭 jié
다할 갈竭
동 다 써 버리다, 다하여 없어지다

1901 **竭尽全力** jiéjìnquánlì
6급 다할 진盡, 모두 전全, 힘 력力
성 모든 힘을 다 기울이다

姐 jiě
누이 저姐
몡 언니, 누나

1902 **姐姐** jiějie
2급 누이 저姐
몡 언니, 누나

解 jiě
풀 해解
동 풀다, 풀어헤치다, 열다

1903 **解除** jiěchú
6급 덜 제除
동 없애다, 제거하다

1904 **解放** jiěfàng
6급 놓을 방放
동 해방하다, 속박에서 벗어나다

1905 **解雇** jiěgù
6급 고용할 고, 품 팔 고雇
동 해고하다

1906 **解决** jiějué
3급 결단할 결決
동 해결하다, 풀다

1907 **解剖** jiěpōu
6급 쪼갤 부剖
동 해부하다, 깊이 관찰하고 분석하다

1908 **解散** jiěsàn
6급 흩을 산散
동 해산하다, 흩어지다

1909 **解释** jiěshì
4급 풀 석釋
동 해석하다, 분석하다, 해명하다

1910 **解体** jiětǐ
6급 몸 체體
동 해체되다, 와해되다

介 jiè
낄 개, 소개할 개介
동 ~의 사이에 끼(우)다, ~ 사이에 있다, 소개하다

1911 **介绍** jièshào
2급 소개할 소紹
동 소개하다

1912 **戒** jiè
5급 경계할 계戒
동 방비하다, 경계하다

1913 **戒备** jièbèi
6급 갖출 비備
동 경비하다, 경계하다, 조심하다

1914 **戒指** jièzhi
5급 손가락 지指
명 반지

1915 **届** jiè
5급 이를 계届
동 (예정된 때에) 이르다, 다다르다 양 회, 기, 차

界 jiè
지경 계, 경계 계界
명 경계, 범위, 한계

1916 **界限** jièxiàn
6급 한정할 한限
명 경계, 한도

1917 **借** jiè
3급 빌릴 차借
동 빌리다, 빌려 주다

1918 **借鉴** jièjiàn
6급 거울 감鑒
동 참고로 하다, 본보기로 삼다

1919 **借口** jièkǒu
5급 입 구口
명 구실, 핑계 동 구실로 삼다, 핑계를 대다

1920 **借助** jièzhù
6급 도울 조助
동 도움을 빌리다, ~의 힘을 빌리다

今 jīn
지금 금今
명 현재, 지금

1921 **今天** jīntiān
1급 하늘 천天
명 오늘

金 jīn
쇠 금金
[명] 골드, 금, 금속의 총칭

1922 金融 jīnróng
6급 유통할 융融
[명] 금융

1923 金属 jīnshǔ
5급 무리 속屬
[명] 금속

津 jīn
나루 진, 진액 진津
[명] 진액, 수액, 체액, 침

1924 津津有味 jīnjīnyǒuwèi
6급 있을 유有, 맛 미味
[성] 흥미진진하다, 감칠맛 나다

尽 jǐn
최고에 달할 진儘
[동] 될 수 있는 한 ~하다

1925 尽管 jǐnguǎn
4급 다스릴 관, 주관할 관管
[접] 비록 ~라 하더라도, ~에도 불구하고

1926 尽快 jǐnkuài
5급 빠를 쾌快
[부] 되도록 빨리

1927 尽量 jǐnliàng
5급 헤아릴 량量
[부] 가능한 한, 되도록

紧 jǐn
팽팽할 긴, 긴할 긴緊
[형] 팽팽하다, 단단하다, (바짝) 죄다

1928 紧急 jǐnjí
5급 급할 급急
[형] 긴급하다, 절박하다, 긴박하다

1929 紧迫 jǐnpò
6급 닥칠 박迫
[형] 급박하다, 긴박하다

1930 紧张 jǐnzhāng
4급 기세가 오를 장張
[형] (정신적으로) 긴장해 있다, 불안하다

锦 jǐn
비단 금錦
[명] 비단 [형] 아름답다, 화려하다

1931 锦上添花 jǐnshàngtiānhuā
6급 위 상上, 더할 첨添, 꽃 화花
[성] 금상첨화

谨 jǐn
삼갈 근謹
[형] (언행이) 신중하다, 조심스럽다

1932 谨慎 jǐnshèn
5급 삼갈 신愼
[형] (언행이) 신중하다, 조심스럽다

尽 jìn
다할 진盡
[동] 다 없어지다, 다하다, 끝나다

1933 尽力 jìnlì
5급 힘 력力
[동] 온 힘을 다하다, 전력을 다하다

1934 进 jìn
2급 나아갈 진進
[동] (밖에서 안으로) 들다, 나아가다, 전진하다

1935 **进步** jìnbù
5급 걸음 보步
동 진보하다 형 진보적이다

1936 **进而** jìn'ér
6급 말 이을 이而
접 더 나아가, 진일보하여

1937 **进攻** jìngōng
6급 칠 공攻
동 공격하다, 공세로 나아가다

1938 **进化** jìnhuà
6급 될 화化
동 진화하다, 발전하다

1939 **进口** jìnkǒu
5급 입 구口
동 수입하다 명 입구

1940 **进行** jìnxíng
4급 다닐 행, 행할 행行
동 앞으로 나아가다, 진행하다

1941 **进展** jìnzhǎn
6급 펼 전展
동 전진하다, 진행하다 명 진전

1942 **近** jìn
2급 가까울 근近
형 (공간적, 시간적 거리가) 가깝다, 짧다

1943 **近代** jìndài
5급 시대 대代
명 근대, 근세

1944 **近来** jìnlái
6급 올 래來
명 근래, 요즘, 최근

晋 jìn
나아갈 진晉
동 나아가다, 오르다, 승진하다

1945 **晋升** jìnshēng
6급 오를 승升
동 승진하다, 진급하다

浸 jìn
잠길 침浸
동 (물에) 담그다, 잠그다

1946 **浸泡** jìnpào
6급 거품 포泡
동 (오랜 시간 물에) 담그다, 잠그다

禁 jìn
금할 금禁
동 금하다, 금지하다, 제지하다

1947 **禁止** jìnzhǐ
4급 그칠 지止
동 금지하다, 불허하다

1948 **茎** jīng
6급 줄기 경茎
명 식물의 줄기, 줄기 모양의 물건

京 jīng
서울 경京
명 수도, 서울

1949 **京剧** jīngjù
4급 연극 극劇
명 경극

经 jīng
지날 경, 경서 경經
동 (사람의 손 등을) 거치다, (장소를) 경유하다

1950	**经常** jīngcháng 3급 항상 상常 몡 평소, 평상, 보통 🖲 언제나, 늘	1960	**经营** jīngyíng 5급 경영할 영營 통 운영하다, 경영하다
1951	**经典** jīngdiǎn 5급 법 전典 몡 고전, 중요하고 권위 있는 저작		**惊** jīng 놀랄 경驚 통 놀라게 하다, 놀라다
1952	**经费** jīngfèi 6급 쓸 비費 몡 경비, 비용	1961	**惊动** jīngdòng 6급 움직일 동動 통 놀라게 하다, 떠들썩하게 하다
1953	**经过** jīngguò 3급 지날 과過 통 경유하다, 통과하다	1962	**惊奇** jīngqí 6급 신기할 기奇 형 놀라며 의아해하다, 이상하여 놀라다
1954	**经济** jīngjì 4급 건널 제濟 몡 경제	1963	**惊讶** jīngyà 6급 의심할 아訝 형 의아스럽다, 놀랍다
1955	**经理** jīnglǐ 3급 다스릴 리理 몡 (기업의) 경영 관리 책임자, 지배인		**兢** jīng 떨릴 긍, 조심할 긍兢 '兢兢业业(부지런하고 성실함)'의 구성자
1956	**经历** jīnglì 4급 지날 력歷 통 몸소 겪다, 체험하다 몡 경험, 경력	1964	**兢兢业业** jīngjīngyèyè 6급 직업 업業 성 부지런하고 성실하게 일하다
1957	**经商** jīngshāng 5급 장사 상商 통 장사하다, 상업에 종사하다		**精** jīng 정할 정, 정밀할 정, 정기 정精 형 정교하다, 정밀하다, 완벽하다
1958	**经纬** jīngwěi 6급 씨실 위緯 몡 날줄과 씨줄, 경도와 위도	1965	**精彩** jīngcǎi 4급 채색 채彩 형 뛰어나다, 훌륭하다, 근사하다
1959	**经验** jīngyàn 4급 시험할 험驗 몡 경험, 체험 통 몸소 경험하다(겪다)	1966	**精打细算** jīngdǎxìsuàn 6급 칠 타打, 가늘 세細, 셈 산算 성 세밀하게 계산하다

1967 **精华** jīnghuá
6급 빛날 화華
명 정화, 정수

1968 **精简** jīngjiǎn
6급 간단할 간簡
동 정간하다, 정선하다

1969 **精力** jīnglì
5급 힘 력力
명 정력, 정신과 체력

1970 **精密** jīngmì
6급 빽빽할 밀密
형 정밀하다

1971 **精确** jīngquè
6급 굳을 확確
형 정밀하고 확실하다

1972 **精神** jīngshen
5급 귀신 신神
형 활기차다, 생기발랄하다

1973 **精通** jīngtōng
6급 통할 통通
동 정통하다, 통달하다

1974 **精心** jīngxīn
6급 마음 심心
형 정성을 들이다, 몹시 조심하다

1975 **精益求精** jīngyìqiújīng
6급 더할 익益, 구할 구求, 정밀할 정精
성 훌륭하지만 더욱 더 완벽을 추구하다

1976 **精致** jīngzhì
6급 촘촘할 치緻
형 정교하고 치밀하다, 섬세하다

1977 **井** jǐng
6급 우물 정井
명 우물

颈 jǐng
목 경頸
명 목

1978 **颈椎** jǐngzhuī
6급 쇠뭉치 추椎
명 경추, 목등뼈

景 jǐng
경치 경景
명 풍경

1979 **景色** jǐngsè
4급 빛 색色
명 풍경, 경치

警 jǐng
경계할 경警
동 경계하다, 주의시키다

1980 **警察** jǐngchá
4급 살필 찰察
명 경찰

1981 **警告** jǐnggào
6급 알릴 고告
동 경고하다 명 경고

1982 **警惕** jǐngtì
6급 두려워할 척惕
동 경계하다, 경계심을 갖다

竞 jìng
다툴 경競
동 다투다, 겨루다, 시합하다

1983 **竞赛** jìngsài
6급 내기할 새賽
동 경쟁하다, 시합하다

1984 **竞选** jìngxuǎn
6급 가릴 선選
동 선거 운동을 하다, 선거에 입후보하다

1985 **竞争** jìngzhēng
4급 다툴 쟁爭
동 경쟁하다

竟 jìng
마침내 경竟
부 뜻밖에도, 의외로, 결국, 마침내

1986 **竟然** jìngrán
4급 그러할 연然
부 뜻밖에도, 의외로, 상상 외로

敬 jìng
공경할 경敬
동 존중하다, 정중하게 대하다

1987 **敬礼** jìnglǐ
6급 예도 례禮
동 경례하다, 삼가 아뢰다

1988 **敬业** jìngyè
6급 직업 업業
동 자기의 일에 최선을 다하다

境 jìng
지경 경境
명 경계, 장소, 구역, 곳

1989 **境界** jìngjiè
6급 지경 계界
명 경계, 경지

镜 jìng
거울 경鏡
명 거울, 렌즈

1990 **镜头** jìngtóu
6급 머리 두頭
명 (사진기 등의) 렌즈

1991 **镜子** jìngzi
4급 접미사 자子
명 거울, 안경

纠 jiū
얽힐 규糾
동 둘둘 감다, 휘감다, 얽히다, 엉키다

1992 **纠纷** jiūfēn
6급 어지러울 분紛
명 다툼, 분쟁, 갈등

1993 **纠正** jiūzhèng
6급 바를 정正
동 교정하다, 고치다, 바로잡다

究 jiū
연구할 구究
동 궁구하다, 깊이 탐구하다, 연구하다

1994 **究竟** jiūjìng
4급 마침내 경竟
부 도대체, 대관절

1995 **九** jiǔ
1급 아홉 구
수 9, 아홉

1996 **久** jiǔ
3급 오랠 구久
형 오래다, 시간이 길다

酒 jiǔ
술 주 酒
명 술

1997 酒吧 jiǔbā
5급 어조사 파吧
명 술집, 바

1998 酒精 jiǔjīng
6급 정제할 정精
명 알코올

1999 旧 jiù
3급 옛 구 舊
형 낡다, 오래되다

2000 救 jiù
5급 구원할 구 救
동 구하다, 구제하다, 구조하다

2001 救护车 jiùhùchē
5급 보호할 호護, 수레 차車
명 구급차

2002 救济 jiùjì
6급 건널 제濟
동 구제하다

2003 就 jiù
2급 나아갈 취就
부 곧, 즉시, 바로

2004 就近 jiùjìn
6급 가까울 근近
부 가까운 곳에, 근방에, 부근에

2005 就业 jiùyè
6급 직업 업業
동 취직하다, 취업하다

2006 就职 jiùzhí
6급 직분 직職
동 부임하다, 취임하다

舅 jiù
외삼촌 구舅
명 외숙, 외삼촌

2007 舅舅 jiùjiu
5급 외삼촌 구舅
명 외숙, 외삼촌

拘 jū
잡을 구拘
동 체포하다, 구금하다, 감금하다

2008 拘留 jūliú
6급 머무를 류留
동 구류하다, 구류를 받다

2009 拘束 jūshù
6급 묶을 속束
동 제한하다, 구속하다

居 jū
살 거居
동 살다, 묵다, 머무르다, 거주하다

2010 居民 jūmín
6급 백성 민民
명 주민, 거주민

2011 居然 jūrán
5급 그러할 연然
부 뜻밖에, 놀랍게도, 예상 외로

2012 居住 jūzhù
6급 살 주住
동 거주하다

145

鞠 jū
구부릴 국鞠
동 구부리다, 굽히다

2013 鞠躬 jūgōng
6급 몸 궁躬
동 굽신하다, 허리를 굽혀 절하다

局 jú
판 국局
양 판, 번, 경기 명 형세, 상황

2014 局部 júbù
6급 떼 부部
명 국부, 부분

2015 局面 júmiàn
6급 낯 면面
명 국면, 형세

2016 局势 júshì
6급 형세 세势
명 국세, 정세

2017 局限 júxiàn
6급 한정할 한限
동 국한하다, 제한하다

桔 jú
귤나무 귤, 도라지 길桔
'橘(귤)'의 속자

2018 桔子 júzi
5급 접미사 자子
명 귤

咀 jǔ
씹을 저咀
동 잘게 씹다, 음미하다

2019 咀嚼 jǔjué
6급 씹을 작嚼
동 씹다, 음미하다, 되새기다

沮 jǔ
꺾일 저沮
형 의기소침하다, 풀이 죽다, 기가 꺾이다

2020 沮丧 jǔsàng
6급 잃을 상丧
형 풀이 죽다 동 용기를 잃게 하다

2021 举 jǔ
4급 들 거举
동 들다, 들어올리다

2022 举办 jǔbàn
4급 주관할 판办
동 거행하다, 개최하다, 열다

2023 举动 jǔdòng
6급 움직일 동动
명 동작, 행위

2024 举世瞩目 jǔshìzhǔmù
6급 세상 세世, 볼 촉瞩, 눈 목目
성 전 세계 사람들이 주목하다

2025 举行 jǔxíng
4급 행할 행行
동 거행하다

2026 举足轻重 jǔzúqīngzhòng
6급 발 족足, 가벼울 경轻, 무거울 중重
성 조금만 치우쳐도 균형이 깨진다

巨 jù
클 거巨
형 크다, 아주 크다

2027 **巨大** jùdà
5급 큰 대大
형 (규모, 수량 등이) 아주 크다(많다)

句 jù
글귀 구句
명 문장, 구절

2028 **句子** jùzi
3급 접미사 자子
명 문장

拒 jù
막을 거拒
동 거절하다, 거부하다

2029 **拒绝** jùjué
4급 끊을 절絶
동 거절하다, 거부하다

具 jù
갖출 구具
동 갖추다, 가지다, 구비하다

2030 **具备** jùbèi
5급 갖출 비備
동 (물품 등을) 갖추다, 구비하다, 완비하다

2031 **具体** jùtǐ
5급 몸 체體
형 구체적이다, 특정의, 상세한

俱 jù
함께 구俱
부 전부, 모두, 다

2032 **俱乐部** jùlèbù
5급 즐길 락樂, 떼 부部
명 클럽, 동호회

剧 jù
연극 극, 심할 극劇
명 극, 연극, 가극

2033 **剧本** jùběn
6급 근본 본本
명 각본, 대본

2034 **剧烈** jùliè
6급 세찰 렬烈
형 극렬하다, 격렬하다

据 jù
근거 거, 굳게 지킬 거據
동 점유하다, 점거하다 전 ~에 따르면

2035 **据说** jùshuō
5급 말씀 설說
동 말하는 바에 의하면 ~라 한다

2036 **据悉** jùxī
6급 모두 실悉
동 아는 바에 의하면 ~라고 한다

距 jù
거리 거, 떨어질 거距
명 거리, 간격

2037 **距离** jùlí
4급 떠날 리離
명 거리, 간격

聚 jù
모일 취聚
동 모이다, 회합하다, 집합하다

2038 **聚会** jùhuì
4급 모일 회會
명 모임, 회합, 집회 동 합류하다, 회합하다

147

2039 **聚精会神** jùjīnghuìshén
6급 정기 精, 모일 會, 귀신 神
성 정신을 집중하다

2040 **捐** juān
5급 기부 捐
동 헌납하다, 부조하다, 기부하다

2041 **卷** juǎn
6급 말 捲
명 말아놓은 물건 양 권, 통, 롤

决 jué
결단할 決
동 정하다, 결정하다, 결심하다

2042 **决策** juécè
6급 꾀 策
명 결정된 책략, 전술 동 정책 등을 결정하다

2043 **决定** juédìng
3급 정할 定
동 결정하다

2044 **决赛** juésài
5급 내기할 賽
명 결승

2045 **决心** juéxīn
5급 마음 心
명 결심, 결의, 다짐 동 결심하다

角 jué
배우 角
명 배역, 역, 역할

2046 **角色** juésè
5급 빛 色
명 (연극, 영화 TV의) 배역, 역, 역할

觉 jué
깨달을 覺
동 느끼다, 감지하다, 깨닫다, 깨우치다

2047 **觉得** juéde
2급 어조사 得
동 ~라고 여기다(생각하다)

2048 **觉悟** juéwù
6급 깨달을 悟
동 깨닫다, 자각하다 명 각오, 의식, 각성

2049 **觉醒** juéxǐng
6급 깰 醒
동 각성하다, 깨닫다

绝 jué
끊을 絶
부 극히, 몹시, 절대로 동 끊다, 끊어지다

2050 **绝对** juéduì
5급 대할 對
형 절대적인, 무조건적인, 절대의

2051 **绝望** juéwàng
6급 바랄 望
동 절망하다 명 절망

倔 jué
고집 셀 倔
형 '倔强(juéjiàng)'에만 2성으로 쓰임(원래 4성)

2052 **倔强** juéjiàng
6급 강할 强
형 (성격이) 강하고 고집이 세다

军 jūn
군사 軍
명 군, 군대

K

2053 军队 jūnduì
6급 무리 대隊
명 군대

2054 军事 jūnshì
5급 섬길 사事
명 군사

均 jūn
고를 균均
형 균등하다, 균일하다

2055 均匀 jūnyún
5급 균등할 균匀
형 균등하다, 고르다, 균일하다

君 jūn
임금 군君
명 군주, 임금

2056 君子 jūnzǐ
6급 아들 자子
명 군자, 학식과 덕망이 높은 사람

咖 kā
커피 가咖
'咖啡(커피)'의 구성자

2057 咖啡 kāfēi
2급 커피 배啡
명 커피

卡 kǎ
음역자 가卡
명 카드, 트럭

2058 卡车 kǎchē
5급 수레 차車
명 트럭

2059 卡通 kǎtōng
6급 통할 통通
명 만화 영화, 애니메이션

2060 开 kāi
1급 열 개, 개척할 개, 시작할 개開
동 열다, 틀다, 켜다, (꽃이) 피다

2061 开采 kāicǎi
6급 캘 채采
동 채굴하다, 발굴하다

2062 开除 kāichú
6급 덜 제除
동 제명하다, 해고하다

2063 **开发** kāifā
5급 필 발發
통 개발하다, 개간하다, 개척하다

2064 **开放** kāifàng
5급 놓을 방放
통 (봉쇄, 제한 등을) 해제하다, 개방하다

2065 **开阔** kāikuò
6급 넓을 활闊
형 넓다, 광활하다

2066 **开朗** kāilǎng
6급 밝을 랑朗
형 명랑하다, 쾌활하다

2067 **开明** kāimíng
6급 밝을 명明
형 진보적이다, (생각이) 깨어 있다

2068 **开幕式** kāimùshì
5급 장막 막幕, 법 식式
명 개막식

2069 **开辟** kāipì
6급 열 벽闢
통 개통하다, 개척하다

2070 **开始** kāishǐ
2급 처음 시, 비로소 시始
통 시작하다, 개시하다

2071 **开水** kāishuǐ
5급 물 수水
명 끓인 물

2072 **开拓** kāituò
6급 넓힐 척拓
통 개척하다, 개간하다

2073 **开玩笑** kāiwánxiào
4급 놀 완, 희롱할 완玩, 웃을 소笑
통 농담하다, 웃기다, 놀리다

2074 **开心** kāixīn
4급 마음 심心
형 기쁘다, 즐겁다, 유쾌하다

2075 **开展** kāizhǎn
6급 펼 전展
통 전개되다, 확대되다, 펼치다, 열리다

2076 **开支** kāizhī
6급 지탱할 지支
통 지불하다, 지출하다 명 지출, 비용

刊 kān
발행할 간刊
통 간행하다, 발간하다, 출판하다

2077 **刊登** kāndēng
6급 오를 등登
통 게재하다, 등재하다

2078 **刊物** kānwù
6급 물건 물物
명 간행물, 출판물

勘 kān
조사할 감, 헤아릴 감勘
통 실지 조사하다, 답사하다, 탐사하다

2079 **勘探** kāntàn
6급 찾을 탐探
통 탐사하다, 조사하다

侃 kǎn
강직할 간, 굳셀 간侃
형 당당하고 차분하다, 강직하다

2080 **侃侃而谈** kǎnkǎn'értán
6급 말 이을 이而, 말씀 담談
성 당당하고 차분하게 말하다

2081 **砍** kǎn
5급 벨 감砍
동 (도끼 등으로) 찍다, 치다

2082 **砍伐** kǎnfá
6급 벨 벌, 칠 벌伐
동 벌채하다, 벌목하다

2083 **看** kàn
6급 볼 간看
동 보다

2084 **看不起** kànbuqǐ
5급 아닐 불不, 일어날 기起
동 경시하다, 얕보다, 깔보다

2085 **看待** kàndài
6급 기다릴 대, 대우할 대待
동 대하다, 다루다, 취급하다

2086 **看法** kànfǎ
4급 법 법法
명 견해

2087 **看见** kànjiàn
1급 볼 견见
동 보다, 보이다, 눈에 띄다

2088 **看望** kànwàng
5급 바랄 망望
동 방문하다, 문안하다, 찾아가 보다

慷 kāng
슬플 강慷
'慷慨(강개하다)'의 구성자

2089 **慷慨** kāngkǎi
6급 슬퍼할 개, 분개할 개慨
형 강개하다, 감정이나 정서가 격앙되다

2090 **扛** káng
6급 마주 들 강, 짐 멜 항扛
동 (어깨에) 메다

抗 kàng
겨룰 항, 대항할 항抗
동 저항하다, 막다, 대항하다

2091 **抗议** kàngyì
6급 의논할 의议
동 항의하다 명 항의

考 kǎo
생각할 고, 시험할 고考
동 시험을 보다, 테스트하다, 고려하다

2092 **考察** kǎochá
6급 살필 찰察
동 고찰하다, 시찰하다

2093 **考古** kǎogǔ
6급 옛 고古
동 고고학을 연구하다 명 고고학

2094 **考核** kǎohé
6급 씨 핵, 조사할 핵核
동 심사하다, 대조하다

2095 **考虑** kǎolǜ
4급 생각할 려虑
동 고려하다, 생각하다

2096 **考试** kǎoshì
2급 시험 시试
동 시험을 보다 명 시험

2097 **考验** kǎoyàn
6급 시험할 험験
동 시험하다, 검증하다

烤 kǎo
말릴 고, 구울 고烤
동 (불에 쬐어) 말리다, 굽다

2098 **烤鸭** kǎoyā
4급 오리 압鸭
명 오리구이

2099 **靠** kào
5급 기댈 고靠
동 기대다, (물건을) 기대어 세우다

2100 **靠拢** kàolǒng
6급 합할 롱, 누를 롱拢
동 좁히다, 모이다

科 kē
과목 과科
명 과(사무 조직의 구분), 과목, 항목, 과학

2101 **科目** kēmù
6급 항목 목目
명 과목, 항목

2102 **科学** kēxué
4급 배울 학学
명 과학 형 과학적이다

2103 **棵** kē
4급 그루 과棵
양 그루, 포기

2104 **颗** kē
5급 낟알 과颗
명 알, 과립

2105 **磕** kē
6급 부딪칠 개磕
동 부딪치다, 털다, 치다

咳 ké
기침 해咳
동 기침하다

2106 **咳嗽** késou
4급 기침할 수嗽
동 기침하다

可 kě
허락할 가可
동 받아들이다, 동의하다, ~해도 좋다

2107 **可爱** kě'ài
3급 사랑 애爱
형 사랑스럽다, 귀엽다

2108 **可观** kěguān
6급 볼 관觀
형 가관이다, 대단하다, 굉장하다

2109 **可见** kějiàn
5급 볼 견见
접 ~라는 것을 알 수 있다 동 ~을 볼 수 있다

2110 **可靠** kěkào
5급 기댈 고靠
형 확실하다, 믿을 만하다

2111 **可口** kěkǒu
6급 입 구口
형 맛있다, 입에 맞다

2112 **可怜** kělián
4급 불쌍히 여길 련怜
형 가련하다, 불쌍하다

2113 **可能** kěnéng
2급 능할 능能
형 가능하다

2114 **可怕** kěpà
5급 두려워할 파怕
형 두렵다, 무섭다, 겁나다

2115 **可是** kěshì
4급 옳을 시是
접 그러나, 하지만, 그렇지만

2116 **可恶** kěwù
6급 미워할 오恶
형 밉다, 싫다, 가증스럽다

2117 **可惜** kěxī
4급 애석할 석, 아낄 석惜
형 섭섭하다, 아쉽다

2118 **可行** kěxíng
6급 행할 행, 다닐 행行
동 실행할 만하다, 가능하다

2119 **可以** kěyǐ
2급 써 이以
동 ~할 수 있다, 가능하다

2120 **渴** kě
3급 목마를 갈渴
형 목마르다, 갈증나다

2121 **渴望** kěwàng
6급 바랄 망望
동 갈망하다, 간절히 바라다

2122 **克** kè
5급 이길 극, 그램 극克
양 그램 동 정복하다, 점령하다

2123 **克服** kèfú
5급 따를 복服
동 극복하다, 이기다

2124 **克制** kèzhì
6급 억제할 제制
동 억제하다, 자제하다

2125 **刻** kè
3급 새길 각, 때 각刻
동 새기다, 조각하다 명 (어느 특정한) 때, 순간

2126 **刻不容缓** kèbùrónghuǎn
6급 아닐 불不, 용납할 용容, 느릴 완缓
성 잠시도 지체할 수 없다

2127 **刻苦** kèkǔ
5급 쓸 고苦
형 노고를 아끼지 않다, 고생을 참아 내다

客 kè
손님 객客
명 손님, 객, 바이어

2128 **客观** kèguān
5급 볼 관觀
형 객관적이다 명 객관

2129 **客户** kèhù
6급 집 호户
명 이주자, 소작인, 거래처

2130 **客人** kèrén
3급 사람 인人
명 손님, 방문객

2131 **客厅** kètīng
4급 관청 청廳
명 객실, 응접실

2132 **课** kè
2급 수업 과課
명 수업, 강의

2133 **课程** kèchéng
5급 한도 정, 길 정程
명 교육 과정, 커리큘럼, (수업) 교과목

2134 **课题** kètí
6급 제목 제題
명 과제, 프로젝트

肯 kěn
수긍할 긍肯
동 승낙하다, 받아들이다, 기꺼이 동의하다

2135 **肯定** kěndìng
4급 정할 정定
부 확실히, 틀림없이 형 확실하다, 분명하다

恳 kěn
간절할 간懇
형 성실하다, 간절하다, 정중하다

2136 **恳切** kěnqiè
6급 절박할 절切
형 간절하다, 진지하다

2137 **啃** kěn
6급 씹을 간啃
동 물어뜯다, 갉아먹다, 매달리다

2138 **坑** kēng
6급 파묻을 갱坑
동 함정에 빠뜨리다 명 구멍, 갱, 땅굴

2139 **空** kōng
4급 빌 공空
형 (속이) 비다, 텅 비다

2140 **空洞** kōngdòng
6급 동굴 동洞
형 내용이 없다, 공허하다

2141 **空间** kōngjiān
5급 사이 간間
명 공간

2142 **空气** kōngqì
4급 기운 기氣
명 공기, 분위기

2143 **空前绝后** kōngqiánjuéhòu
6급 앞 전前, 끊을 절絶, 뒤 후後
성 전무후무하다

2144 **空调** kōngtiáo
3급 고를 조調
명 에어컨

2145 **空想** kōngxiǎng
6급 생각할 상想
동 공상하다 명 공상

2146 **空虚** kōngxū
6급 빌 허虛
형 공허하다, 텅 비다, 허전하다

2147 **孔** kǒng
6급 구멍 공孔
명 구멍

恐 kǒng
두려울 공恐
동 두려워하다, 무서워하다

2148 **恐怖** kǒngbù
6급 두려워할 포怖
형 공포를 느끼다, 무섭다 명 공포 분위기

2149 **恐吓** kǒnghè
6급 놀랄 혁嚇
동 으르다, 위협하다, 협박하다

2150 **恐惧** kǒngjù
6급 두려워할 구懼
동 겁먹다, 두려워하다

2151 **恐怕** kǒngpà
4급 두려워할 파怕
부 아마 ~일 것이다(추측, 짐작)

空 kòng
비울 공空
명 공간, 빈 곳, 틈, 짬 형 비다, 비어 있는

2152 **空白** kòngbái
6급 흰 백白
명 공백, 여백

2153 **空隙** kòngxì
6급 틈 극隙
명 틈, 간격, 짬, 기회

2154 **空闲** kòngxián
5급 한가할 한閑
명 여가, 짬, 틈 동 한가하다, 비어 있다

控 kòng
당길 공, 제할 공控
동 통제하다, 제어하다

2155 **控制** kòngzhì
5급 억제할 제制
동 통제하다, 제어하다, 억제하다

2156 **口** kǒu
3급 입 구口
명 입

2157 **口气** kǒuqì
6급 기운 기氣
명 어조, 말투, 입김

2158 **口腔** kǒuqiāng
6급 빈 속 강腔
명 구강

2159 **口头** kǒutóu
6급 머리 두頭
명 구두 형 구두로 표현하다

2160 **口味** kǒuwèi
5급 맛 미味
명 맛, 향미, 풍미, 입맛, 기호

2161 **口音** kǒuyīn
6급 소리 음音
명 구음, 입소리

2162 **扣** kòu
6급 억류할 구, 덜 구扣
동 걸다, 구류하다, 공제하다

枯 kū
마를 고枯
동 시들다, 마르다, 단조롭다, 재미없다

2163 **枯萎** kūwěi
6급 마를 위萎
동 시들다, 마르다

2164 **枯燥** kūzào
6급 마를 조燥
형 무미건조하다, 지루하다

2165 **哭** kū
3급 울 곡哭
동 (소리 내어) 울다

2166 **哭泣** kūqì
6급 울 읍泣
동 흐느껴 울다, 훌쩍훌쩍 울다

2167 **苦** kǔ
4급 쓸 고苦
형 쓰다, 힘들다, 고생스럽다

2168 **苦尽甘来** kǔjìngānlái
6급 다할 진盡, 달 감甘, 올 래來
성 고진감래

2169 **苦涩** kǔsè
6급 떫을 삽澀
형 씁쓸하고 떫다, 괴롭다

裤 kù
바지 고褲
명 바지

2170 **裤子** kùzi
3급 접미사 자子
명 바지

2171 **夸** kuā
5급 자랑할 과誇
동 칭찬하다, 과장하다, 허풍떨다

2172 **夸张** kuāzhāng
5급 넓힐 장張
동 과장하여 말하다 명 과장법

2173 **挎** kuà
6급 가질 고挎
동 걸다, 끼다, 메다

2174 **跨** kuà
6급 넘을 과跨
동 뛰어넘다, 건너뛰다, 걸앉다

会 kuài
회계할 회會
동 통계하다, 합계하다

2175 **会计** kuàijì
5급 셀 계計
명 회계, 경리, 회계원

2176 **块** kuài
1급 덩어리 괴塊
명 덩이, 덩어리 양 조각, 장

2177 **快** kuài
2급 빠를 쾌快
형 빠르다 부 빨리, 급히

2178 **快活** kuàihuo
6급 살 활活
형 즐겁다, 유쾌하다

2179 **快乐** kuàilè
2급 즐길 락樂
형 즐겁다, 행복하다, 유쾌하다

筷 kuài
젓가락 쾌筷
명 젓가락

2180 **筷子** kuàizi
3급 접미사 자子
명 젓가락

2181 **宽** kuān
5급 넓을 관寬
형 (폭이) 넓다, 드넓다, 관대하다, 너그럽다

2182 **宽敞** kuānchang
6급 널찍할 창敞
형 넓다, 널찍하다

2183 **宽容** kuānróng
6급 얼굴 용, 용납할 용容
[형] 너그럽다, 포용력이 있다

款 kuǎn
항목 관, 환대할 관款
[명] 양식, 스타일 [동] 환대하다

2184 **款待** kuǎndài
6급 기다릴 대, 대접할 대待
[동] 환대하다, 정성껏 대접하다

2185 **款式** kuǎnshì
6급 법 식式
[명] 스타일, 격식

2186 **筐** kuāng
6급 광주리 광筐
[명] 광주리, 바구니

旷 kuàng
빌 광曠
[형] 텅 비고 넓다 [동] (일 등을) 소홀히 하다

2187 **旷课** kuàngkè
6급 수업 과課
[동] 무단 결석하다, 수업을 빼먹다

况 kuàng
하물며 황況
[접] 게다가, 하물며

2188 **况且** kuàngqiě
6급 또 차且
[접] 게다가, 하물며

矿 kuàng
쇳돌 광礦
[명] 광산, 갱

2189 **矿产** kuàngchǎn
6급 낳을 산産
[명] 광산물

2190 **矿泉水** kuàngquánshuǐ
4급 샘 천泉, 물 수水
[명] 광천수, 생수

框 kuàng
문틀 광框
[명] 문틀, 창틀, 테, 테두리

2191 **框架** kuàngjià
6급 시렁 가架
[명] 뼈대, 골격, 구조

亏 kuī
이지러질 휴, 손해 볼 휴虧
[동] 손해 보다, 잃어버리다, 저버리다

2192 **亏待** kuīdài
6급 기다릴 대, 대접할 대待
[동] 푸대접하다, 박대하다

2193 **亏损** kuīsǔn
6급 감소할 손, 해칠 손損
[동] 결손 나다, 적자 나다

昆 kūn
자손 곤, 많을 곤昆
[명] 자손, 후손, 후대 [형] 많다

2194 **昆虫** kūnchóng
5급 벌레 충蟲
[명] 곤충

捆 kǔn
묶을 곤捆
[동] 묶다, 잡아매다, 동이다, 꾸리다

2195 **捆绑** kǔnbǎng
6급 묶을 방縛
통 줄로 묶다, 억지로 맞추다

2196 **困** kùn
4급 곤할 곤, 살기 어려울 곤困
형 고생하다, 시달리다, 곤란하다, 난처하다

2197 **困难** kùnnan
4급 어려울 난難
명 빈곤, 곤란 형 곤란하다, 빈곤하다

扩 kuò
넓힐 확擴
통 넓히다, 확대하다

2198 **扩充** kuòchōng
6급 찰 충充
통 확충하다, 늘리다

2199 **扩大** kuòdà
5급 큰 대大
통 (범위나 규모를) 확대하다, 넓히다

2200 **扩散** kuòsàn
6급 흩을 산散
통 확산하다, 퍼뜨리다

2201 **扩张** kuòzhāng
6급 넓힐 장張
통 확장하다, 팽창되다

L

垃 lā
4급 쓰레기 랄垃
명 '垃圾(쓰레기)'의 구성자

2202 **垃圾桶** lājītǒng
4급 위태로울 급圾, 통 통桶
명 쓰레기통

2203 **拉** lā
4급 끌 랍拉
통 끌다, 당기다, 켜다, 타다, 뜯다

喇 lǎ
나팔 라喇
의태 펄럭, 팔랑, 퍽

2204 **喇叭** lǎba
6급 입 벌릴 팔叭
명 나팔

蜡 là
밀랍 랍蠟
명 납, 밀랍, 초, 양초

2205 **蜡烛** làzhú
6급 초 촉燭
명 초, 양초

2206 **辣** là
4급 매울 랄辣
형 맵다, 아리다, 얼얼하다

2207 **辣椒** làjiāo
5급 산초나무 초椒
명 고추

2208 **啦** la
6급 어조사 랍啦
조 '了(le)'와 '啊(a)'의 합음사

2209 **来** lái
1급 올 래來
동 오다

2210 **来不及** láibují
4급 아닐 불不, 미칠 급及
동 (시간이 부족하여) 제시간에 댈 수 없다

2211 **来得及** láidejí
4급 어조사 득得, 미칠 급及
동 늦지 않다, (시간이 있어서) 손쓸 수가 있다

2212 **来历** láilì
6급 지날 력歷
명 경력, 내력, 경로

2213 **来源** láiyuán
6급 근원 원源
명 내원, 원산지 동 기원하다, 유래하다

2214 **来自** láizì
4급 스스로 자自
동 ~로부터 오다, ~에서 나오다

2215 **拦** lán
5급 가로막을 란攔
동 가로막다, 저지하다

栏 lán
난간 란, 난 란欄
명 난간, (신문 등의) 난

2216 **栏目** lánmù
6급 항목 목目
명 난, 항목

2217 **蓝** lán
3급 쪽 람藍
형 남색의, 남빛의

2218 **懒** lǎn
4급 게으를 라懶
형 게으르다, 나태하다

2219 **懒惰** lǎnduò
6급 게으를 타惰
형 게으르다, 나태하다

2220 **烂** làn
5급 문드러질 란爛
형 썩다, 부패하다

狼 láng
이리 랑狼
명 이리

2221 **狼狈** lángbèi
6급 이리 패狽
형 매우 난처하다, 곤궁하다

2222 **狼吞虎咽** lángtūnhǔyàn
6급 삼킬 탄吞, 호랑이 호虎, 삼킬 연咽
성 게걸스럽게 먹다

朗 lǎng
밝을 랑朗
형 밝게 빛나다, 밝다, 환하다

2223 **朗读** lǎngdú
5급 읽을 독讀
동 낭독하다, 맑고 큰 소리로 읽다

浪 làng
물결 랑浪
명 파도, 물결

2224 浪费 làngfèi
4급 쓸 비費
동 낭비하다, 허비하다

2225 浪漫 làngmàn
4급 흩어질 만, 넘칠 만漫
형 낭만적이다, 로맨틱하다

2226 捞 lāo
6급 잡을 로捞
동 건지다, 잡다, 얻다

劳 láo
일할 로劳
형 피로하다, 피곤하다   동 고생시키다

2227 劳动 láodòng
5급 움직일 동動
명 일, 노동, 육체 노동

2228 劳驾 láojià
5급 탈 가駕
동 죄송합니다, 실례합니다, 수고하십니다

牢 láo
우리 뢰牢
명 감옥, 감방

2229 牢固 láogù
6급 굳을 고固
형 견고하다, 든든하다, 탄탄하다

2230 牢骚 láosāo
6급 떠들 소騷
명 불평, 넋두리   동 푸념하다

唠 láo
떠들썩할 로唠
'唠叨(잔소리하다)'의 구성자

2231 唠叨 láodao
6급 탐낼 도, 함부로 도叨
동 잔소리하다, 되풀이하여 말하다

2232 老 lǎo
3급 늙을 로老
형 늙다, 오래된

2233 老百姓 lǎobǎixìng
5급 일백 백百, 성씨 성姓
명 백성, 국민

2234 老板 lǎobǎn
5급 널빤지 판, 상점 주인 판板
명 상점 주인, 사장

2235 老虎 lǎohǔ
4급 호랑이 호虎
명 범, 호랑이

2236 老婆 lǎopo
5급 할머니 파婆
명 아내, 처, 집사람

2237 老师 lǎoshī
1급 스승 사师
명 선생님

2238 老实 lǎoshi
5급 열매 실實
형 성실하다, 솔직하다, 정직하다

2239 老鼠 lǎoshǔ
5급 쥐 서鼠
명 쥐

姥 lǎo
외조모 로姥
'姥姥(외할머니)'의 구성자

2240 姥姥 lǎolao
5급 외조모 로姥
명 외할머니, 외조모

乐 lè
즐길 락, 즐거위할 락樂
형 즐겁다, 기쁘다 명 즐거움, 쾌락

2241 乐观 lèguān
5급 볼 관觀
형 낙관적이다, 희망차다

2242 乐趣 lèqù
6급 풍취 취趣
명 즐거움, 기쁨, 재미

2243 乐意 lèyì
6급 뜻 의意
동 기꺼이 ~하다 형 만족하다, 유쾌하다

2244 了 le
1급 마칠 료, 어기사 료了
조 동작이나 변화가 이미 완료되었음을 나타냄

2245 雷 léi
5급 우레 뢰雷
명 천둥, 우레

2246 雷达 léidá
6급 이를 달, 통달할 달達
명 레이더, 전파 탐지기

类 lèi
무리 류類
명 종류, 부류 동 비슷하다, 유사하다

2247 类似 lèisì
6급 닮을 사似
형 유사하다, 비슷하다

2248 类型 lèixíng
5급 모형 형型
명 유형

2249 累 lèi
2급 지칠 루累
형 지치다, 피곤하다

2250 冷 lěng
1급 찰 랭冷
형 춥다, 차다

2251 冷淡 lěngdàn
5급 맑을 담, 묽을 담淡
형 쌀쌀하다, 냉담하다, 냉정하다

2252 冷静 lěngjìng
4급 고요할 정靜
형 냉정하다, 침착하다

2253 冷酷 lěngkù
6급 독할 혹酷
형 냉혹하다, 잔인하다

2254 冷落 lěngluò
6급 떨어질 락落
형 적막하다 동 푸대접하다

2255 冷却 lěngquè
6급 물리칠 각却
동 냉각하다, 냉각되다

2256 愣 lèng
6급 멍청할 릉愣
동 멍해지다, 얼빠지다

厘 lí
아주 작은 수(1의 100분의 1) 리厘
수 100분의 1　양 리

2257 **厘米** límǐ
5급 쌀 미, 미터 미米
양 센티미터

2258 **离** lí
2급 떠날 리離
동 헤어지다, 떠나다　전 ~로부터, ~까지

2259 **离婚** líhūn
5급 혼인할 혼婚
동 이혼하다

2260 **离开** líkāi
3급 열 개開
동 떠나다, 헤어지다, 벗어나다

2261 **梨** lí
5급 배나무 리梨
명 배, 배나무

黎 lí
검을 려黎
형 검다, 새까맣다, 어둡다

2262 **黎明** límíng
6급 밝을 명明
명 여명, 동틀 무렵

礼 lǐ
예도 례禮
명 예, 예의, 예절

2263 **礼拜天** lǐbàitiān
4급 절 배拜, 하늘 천天
명 일요일

2264 **礼节** lǐjié
6급 예절 절節
명 예절

2265 **礼貌** lǐmào
4급 모양 모貌
명 예의, 예의범절　형 예의 바르다

2266 **礼尚往来** lǐshàngwǎnglái
6급 숭상할 상尚, 갈 왕往, 올 래來
성 예의상 오가는 것을 중시하다

2267 **礼物** lǐwù
3급 물건 물物
명 선물, 예물

2268 **里** lǐ
1급 마을 리里
명 이웃, 인근

2269 **里程碑** lǐchéngbēi
6급 한도 정, 길 정程, 돌기둥 비碑
명 이정표

理 lǐ
다스릴 리理
동 정리하다, 다스리다, 관리하다

2270 **理睬** lǐcǎi
6급 주목할 채睬
동 상대(상관, 아랑곳)하다

2271 **理发** lǐfà
4급 터럭 발髮
동 이발하다, 머리를 깎다

2272 **理解** lǐjiě
4급 풀 해解
동 알다, 이해하다

2273 **理论** lǐlùn
5급 논할 론論
명 이론

2274 **理所当然** lǐsuǒdāngrán
6급 곳 소所, 마땅 당當, 그러할 연然
성 당연하다

2275 **理想** lǐxiǎng
4급 생각할 상想
명 이상 형 이상적이다, 만족스럽다

2276 **理由** lǐyóu
5급 말미암을 유由
명 이유, 까닭, 연유

2277 **理直气壮** lǐzhíqìzhuàng
6급 곧을 직直, 기운 기氣, 힘셀 장壯
성 이유가 충분하여 하는 말이 당당하다

2278 **理智** lǐzhì
6급 슬기 지智
명 이성 형 냉정하다, 침착하다

力 lì
힘 력力
명 힘, 체력

2279 **力量** lìliang
5급 기량 량量
명 힘, 능력, 역량

2280 **力气** lìqi
4급 기운 기氣
명 힘, 역량

2281 **力求** lìqiú
6급 구할 구求
동 온갖 노력을 다하다, 몹시 애쓰다

2282 **力所能及** lìsuǒnéngjí
6급 곳 소所, 능할 능能, 미칠 급及
성 자기 능력으로 해낼 수 있다

2283 **力争** lìzhēng
6급 다툴 쟁爭
동 매우 노력하다, 격렬하게 논쟁하다

历 lì
6급 지날 력歷
동 지나다, 경과하다, 경험하다

2284 **历代** lìdài
6급 대신할 대, 시대 대代
명 역대 동 각 시대를 겪다

2285 **历来** lìlái
6급 올 래來
부 줄곧, 항상, 언제나

2286 **历史** lìshǐ
3급 역사 사史
명 역사

厉 lì
사나울 려厲
형 엄하다, 엄격하다, 맹렬하다

2287 **厉害** lìhai
4급 해할 해害
형 대단하다, 굉장하다, 무섭다, 사납다

立 lì
설 립立
동 서다, 창립하다, 설립하다

2288 **立场** lìchǎng
6급 장소 장場
명 입장, 태도, 관점

2289 立方 lìfāng
6급 모 방方
명 세제곱, 입방미터

2290 立即 lìjí
5급 곧 즉卽
부 곧, 즉시, 금방, 바로

2291 立交桥 lìjiāoqiáo
6급 교차할 교交, 다리 교橋
명 입체 교차로

2292 立刻 lìkè
5급 때 각刻
부 곧, 즉시, 금방, 바로

2293 立体 lìtǐ
6급 몸 체體
명 입체　형 입체의

2294 立足 lìzú
6급 발 족足
동 발붙이다, 몸을 의탁하다

利 lì
이로울 리, 날카로울 리利
명 이윤, 이득, 이익, 이자

2295 利害 lìhai
6급 해할 해害
형 무섭다, 대단하다, 지독하다

2296 利润 lìrùn
5급 젖을 윤潤
명 이윤

2297 利息 lìxī
5급 쉴 식息
명 이자

2298 利益 lìyì
5급 더할 익益
명 이익, 이득

2299 利用 lìyòng
5급 쓸 용用
동 이용하다, 활용하다

例 lì
예 례, 보기 례例
명 예, 보기, 본보기

2300 例如 lìrú
4급 같을 여如
동 예를 들다, 예를 들면

2301 例外 lìwài
6급 밖 외外
동 예외로 하다　명 예외

2302 粒 lì
6급 알갱이 립粒
명 알갱이, 입자　양 알, 톨

2303 俩 liǎ
4급 두 사람 량倆
수 두 개, 두 사람

2304 连 lián
4급 잇닿을 련連
동 잇다, 붙이다　전 ~조차도, ~마저도

2305 连忙 liánmáng
5급 바쁠 망忙
부 얼른, 급히, 재빨리

2306 连年 liánnián
6급 해 년年
부 연년, 해마다

2307 **连锁** liánsuǒ
6급 쇠사슬 쇄鎖
형 연쇄적이다, 연속되다

2308 **连同** liántóng
6급 같을 동同
접 ~과 함께, ~과 더불어

2309 **连续** liánxù
5급 이을 속續
동 연속하다, 계속하다

联 lián
연이을 런聯
동 이어지다, 연속하다, 연합하다, 결합하다

2310 **联合** liánhé
5급 합할 합合
동 연합하다, 결합하다, 단결하다

2311 **联欢** liánhuān
6급 기쁠 환歡
동 친목을 맺다, 교환하다

2312 **联络** liánluò
6급 그물 락絡
동 연락하다, 접촉하다

2313 **联盟** liánméng
6급 맹세할 맹盟
명 연맹, 동맹 동 연맹하다

2314 **联系** liánxì
4급 묶을 계繫
동 연락하다, 연결하다 명 연계

2315 **联想** liánxiǎng
6급 생각할 상想
동 연상하다

廉 lián
청렴할 렴廉
형 청렴하다, 깨끗하다

2316 **廉洁** liánjié
6급 깨끗할 결潔
형 청렴결백하다

2317 **脸** liǎn
3급 얼굴 검臉
명 얼굴

练 liàn
익힐 런練
동 연습하다, 훈련하다, 단련하다

2318 **练习** liànxí
3급 익힐 습習
동 연습하다, 익히다 명 연습문제

恋 liàn
그리워할 런戀
동 서로 사랑하다, 잊지 못하다, 그리워하다

2319 **恋爱** liàn'ài
5급 사랑 애愛
동 서로 사랑하다, 연애하다 명 연애

良 liáng
어질 량良
형 좋다, 훌륭하다, 우수하다

2320 **良好** liánghǎo
5급 좋을 호好
형 좋다, 양호하다, 훌륭하다

2321 **良心** liángxīn
6급 마음 심心
명 선량한 마음, 양심

凉 liáng
서늘할 량凉
[형] 차갑다, 서늘하다, 선선하다

2322 凉快 liángkuai
4급 빠를 쾌快
[형] 시원하다, 서늘하다 [동] 시원하게 하다

粮 liáng
양식 량糧
[명] 곡식, 식량, 양식

2323 粮食 liángshi
5급 먹을 식食
[명] 식량, 양식

2324 两 liǎng
2급 두 량兩
[수] 둘, 두어, 몇몇

2325 亮 liàng
5급 밝을 량亮
[형] 밝다, 빛나다, 소리가 크고 맑다

谅 liàng
양해할 량, 살펴 알 량諒
[동] 양해하다, 용서하다, 이해하다

2326 谅解 liàngjiě
6급 풀 해解
[동] 양해하다, 이해하여 주다

2327 辆 liàng
3급 수레 량輛
[양] 대, 량(차량을 세는 단위)

2328 晾 liàng
6급 쬐일 량晾
[동] 말리다, 쪼이다, 내버려 두다

辽 liáo
멀 료遼
[형] 멀다, 아득하다, 요원하다

2329 辽阔 liáokuò
6급 넓을 활闊
[형] 광활하다, 탁 트이다

聊 liáo
한담할 료聊
[동] 잡담하다, 한담하다

2330 聊天 liáotiān
3급 하늘 천天
[명] 잡담, 한담, 채팅

了 liǎo
밝을 료瞭
[동] 이해하다, 분명하게 알다

2331 了不起 liǎobuqǐ
5급 아닐 불不, 일어날 기起
[형] 놀랄 만하다, 굉장하다, 대단하다

2332 了解 liǎojiě
3급 풀 해解
[동] 이해하다, 자세하게 알다

列 liè
벌일 렬列
[동] 배열하다, 늘어 놓다

2333 列车 lièchē
5급 수레 차車
[명] 열차

2334 列举 lièjǔ
6급 들 거擧
[동] 열거하다

邻 lín
이웃 린鄰
[명] 이웃 [동] 이웃하다, 인접하다

2335 邻居 línjū
3급 살 거居
[명] 이웃집, 이웃 사람

临 lín
임할 림臨
[동] 이르다, 오다

2336 临床 línchuáng
6급 평상 상床
[동] 치료하다, 진료하다

2337 临时 línshí
5급 때 시時
[형] 잠시의, 일시적인 [부] 그 때가 되어, 때에 이르러

2338 淋 lín
6급 물 뿌릴 림淋
[동] 젖다, 끼얹다, 붓다

吝 lìn
인색할 린吝
[형] 인색하다, 내놓기를 꺼리다

2339 吝啬 lìnsè
6급 아낄 색啬
[형] 인색하다, 쩨쩨하다

伶 líng
영리할 령, 배우 령伶
[명] (중국 전통극) 배우

2340 伶俐 línglì
6급 영리할 리俐
[형] 영리하다, (말주변이) 뛰어나다

灵 líng
신령 령靈
[형] 총명하다, 기민하다, 영리하다

2341 灵感 línggǎn
6급 느낄 감感
[명] 영감

2342 灵魂 línghún
6급 넋 혼魂
[명] 영혼, 정신

2343 灵活 línghuó
5급 살 활活
[형] 민첩하다, 날쌔다, 재빠르다

2344 灵敏 língmǐn
6급 민첩할 민敏
[형] 영민하다, 재빠르다, 민감하다

2345 铃 líng
5급 방울 령鈴
[명] 방울, 종, 벨

凌 líng
업신여길 릉, 달릴 릉凌
[동] 접근하다, 다가오다, 임박하다

2346 凌晨 língchén
6급 새벽 신晨
[명] 새벽녘, 동틀 무렵

2347 零 líng
2급 영 령零
[수] 영, 제로

2348 零件 língjiàn
5급 수량 단위 건件
[명] 부속품

2349 **零钱** língqián
4급 돈 전錢
명 푼돈, 잔돈, 용돈

2350 **零食** língshí
5급 먹을 식食
명 간식, 군것질, 주전부리

2351 **零星** língxīng
6급 별 성星
형 자질구레한, 소량의

领 lǐng
목 령, 거느릴 령領
명 목, 목덜미, 깃, 칼라

2352 **领导** lǐngdǎo
5급 이끌 도導
동 지도하다, 영도하다 명 지도자, 리더

2353 **领会** lǐnghuì
6급 깨달을 회會
동 깨닫다, 이해하다, 파악하다

2354 **领事馆** lǐngshìguǎn
6급 일 사事, 집 관館
명 영사관

2355 **领土** lǐngtǔ
6급 흙 토土
명 영토, 국토

2356 **领悟** lǐngwù
6급 깨달을 오悟
동 깨닫다, 이해하다

2357 **领先** lǐngxiān
6급 먼저 선先
동 앞장서다, 리드하다

2358 **领袖** lǐngxiù
6급 소매 수袖
명 영수, 지도자

2359 **领域** lǐngyù
5급 지경 역域
명 분야, 영역

另 lìng
따로 령, 헤어질 령另
대 다른, 그 밖의, 이외의

2360 **另外** lìngwài
4급 밖 외外
대 다른 사람이나 사물 부 별도로, 따로

2361 **溜** liū
6급 미끄러울 류溜
동 미끄러지다, 활강하다

浏 liú
맑을 류, 빠를 류瀏
형 흐르는 물이 맑고 투명한 모양

2362 **浏览** liúlǎn
5급 볼 람覽
동 대충 훑어 보다, 대강 둘러보다

2363 **留** liú
4급 머무를 류留
동 머무르다, 묵다, 보관하다, 보존하다

2364 **留恋** liúliàn
6급 그리워할 련戀
동 미련을 두다, 그리워하다

2365 **留念** liúniàn
6급 생각할 념念
동 기념으로 남기다, 기념으로 삼다

2366 **留神** liúshén
6급 귀신 신神
동 주의하다, 조심하다

2367 **留学** liúxué
3급 배울 학學
동 유학하다

流 liú
흐를 류, 떠돌 류流
동 (물, 액체가) 흐르다

2368 **流传** liúchuán
5급 전할 전傳
동 유전하다, 유전되다, 대대로 전해 내려 오다

2369 **流浪** liúlàng
6급 물결 랑浪
동 유랑하다, 떠돌아다니다

2370 **流泪** liúlèi
5급 눈물 루淚
동 눈물을 흘리다

2371 **流利** liúlì
4급 날랠 리利
형 막힘이 없다, 유창하다

2372 **流露** liúlù
6급 드러날 로露
동 (생각·감정을) 무의식 중에 나타내다

2373 **流氓** liúmáng
6급 백성 맹氓
명 건달, 깡패, 유랑민

2374 **流通** liútōng
6급 통할 통通
형 유통하다, 잘 소통되다

2375 **流行** liúxíng
4급 유행할 행行
동 유행하다, 성행하다, 널리 퍼지다

2376 **六** liù
1급 여섯 육六
수 6, 여섯

2377 **龙** lóng
5급 용 룡龍
명 용

聋 lóng
귀머거리 롱聾
형 귀가 먹다(어둡다)

2378 **聋哑** lóngyǎ
6급 벙어리 아啞
형 귀가 먹고 말도 못 하다

隆 lóng
융성할 륭隆
형 성대하다, 창성하다, 흥성하다

2379 **隆重** lóngzhòng
6급 무거울 중重
형 성대하다, 성대하고 장중하다

垄 lǒng
밭두둑 농壟
명 논두렁, 밭둑, 고랑

2380 **垄断** lǒngduàn
6급 끊을 단斷
동 농단하다, 독점하다

笼 lǒng
대바구니 롱籠
명 바구니, 농, 장

169

2381 **笼罩** lǒngzhào
6급 고기 잡는 그물 조罩
동 뒤덮다, 휩싸이다

2382 **楼** lóu
3급 다락 루樓
명 (2층 이상의) 다층 건물, 층집   양 층

2383 **搂** lǒu
6급 껴안을 루摟
동 껴안다, 품다   양 아름

2384 **漏** lòu
5급 샐 루漏
동 (구멍이나 틈이 생겨) 새다, 누락되다

炉 lú
화로 로爐
명 아궁이, 스토브, 난로

2385 **炉灶** lúzào
6급 부엌 조竈
명 '炉子(부뚜막)'와 '灶(가마목)'의 합칭

陆 lù
육지 륙陸
명 땅, 육지, 뭍

2386 **陆地** lùdì
5급 땅 지地
명 땅, 육지, 뭍

2387 **陆续** lùxù
5급 이을 속續
부 끊임없이, 연이어, 부단히

录 lù
기록할 록, 취할 록, 녹음할 록錄
동 기록하다, 베끼다, 녹음하다, 채용하다

2388 **录取** lùqǔ
5급 가질 취, 채용할 취取
동 (시험 등을 통하여) 채용하다, 합격시키다

2389 **录音** lùyīn
5급 소리 음音
동 녹음하다   명 녹음, 기록된 소리

2390 **路** lù
2급 길 로路
명 길, 도로

旅 lǚ
여행 려, 나그네 려旅
동 여행하다

2391 **旅行** lǚxíng
4급 다닐 행, 행할 행行
동 여행하다

2392 **旅游** lǚyóu
2급 놀 유游
동 여행하다, 관광하다

屡 lǚ
여러 루屢
부 여러 번, 누차

2393 **屡次** lǚcì
6급 버금 차次
부 여러 번, 누차

履 lǚ
신 리履
동 밟다, 걷다, 경험하다, 실행하다

2394 **履行** lǚxíng
6급 행할 행, 다닐 행行
동 이행하다, 실행하다

律 lǜ
법칙 률律
명 법률, 규정

2395 **律师** lǜshī
4급 스승 사師
명 변호사

2396 **绿** lǜ
3급 푸를 록綠
형 푸르다

2397 **乱** luàn
4급 어지러울 란亂
형 어지럽다, 무질서하다, 혼란하다

掠 lüè
노략질할 략掠
동 빼앗다, 강탈하다, 약탈하다

2398 **掠夺** lüèduó
6급 빼앗을 탈奪
동 빼앗다, 강탈하다

轮 lún
바퀴 륜, 돌 륜輪
동 순번이 되다, 차례가 되다   명 기선, 배

2399 **轮船** lúnchuán
6급 배 선船
명 증기선

2400 **轮廓** lúnkuò
6급 둘레 곽廓
명 윤곽, 개요

2401 **轮流** lúnliú
5급 흐를 류流
동 차례로(돌아가면서) ~하다

2402 **轮胎** lúntāi
6급 태아 태胎
명 타이어

论 lùn
논할 론論
동 말하다, 논의하다, 의논하다

2403 **论坛** lùntán
6급 단 단壇
명 논단, 칼럼

2404 **论文** lùnwén
5급 글월 문文
명 논문

2405 **论证** lùnzhèng
6급 증명할 증證
명 논증   동 논증하다

啰 luō
말 많을 라, 소리 얽힐 라囉
'啰唆(수다 떨다)'의 구성자

2406 **啰唆** luōsuo
6급 꾈 사, 부추길 사唆
형 수다스럽다   동 잔소리하다

逻 luó
순찰할 라邏
동 순찰하다

2407 **逻辑** luójí
5급 편집할 집, 모을 집輯
명 논리, 로직, 논리학

络 luò
그물 락絡
명 그물 (같은 것)

2408 络绎不绝 luòyìbùjué
6급 실 풀어 낼 역繹, 아닐 불不, 끊을 절絶
성 왕래가 빈번해 끊이지 않다

落 luò
떨어질 락落
동 떨어지다, 내려가다, 하강하다

2409 落成 luòchéng
6급 이룰 성成
동 준공되다, 낙성되다

2410 落后 luòhòu
5급 뒤 후後
형 낙후되다, 뒤떨어지다

2411 落实 luòshí
6급 열매 실實
동 실현되다, 구체화되다

M

妈 mā
엄마 마媽
명 엄마, 어머니

2412 妈妈 māma
1급 엄마 마媽
명 엄마, 어머니

麻 má
삼 마, 저릴 마麻
명 삼, 마 형 (표면이) 거칠다, 꺼칠꺼칠하다

2413 麻痹 mábì
6급 저릴 비痹
동 마비되다 형 경계를 늦추다, 무감각해지다

2414 麻烦 máfan
4급 번거로울 번煩
동 귀찮게 하다 명 말썽, 골칫거리

2415 麻木 mámù
6급 나무 목木
형 마비되다, 둔하다

2416 麻醉 mázuì
6급 취할 취醉
동 마취하다, 마비시키다

2417 马 mǎ
3급 말 마馬
명 말

2418 **马虎** mǎhu
4급 범 호虎
[형] 적당히 하다, 대강 하다, 건성으로 하다

2419 **马上** mǎshàng
3급 위 상上
[부] 곧, 즉시, 바로

码 mǎ
마노 마, 셈할 마碼
[명] 코드, 부호, 입력법

2420 **码头** mǎtou
6급 접미사 두頭
[명] 부두

蚂 mǎ
6급 왕개미 마螞
[명] '蚂蚁(개미)'의 구성자

2421 **蚂蚁** mǎyǐ
6급 개미 의蟻
[명] 개미

2422 **骂** mà
5급 욕할 매罵
[동] 욕하다, 질책하다, 꾸짖다

2423 **吗** ma
1급 의문조사 마嗎
[조] 문장 끝에 쓰여 의문의 어기를 나타냄

2424 **嘛** ma
6급 어기사 마嘛
[조] 서술문 뒤에 쓰여 당연함을 나타냄

埋 mái
묻을 매埋
[동] (흙, 모래 등으로) 덮다, 묻다, 파묻다

2425 **埋伏** máifú
6급 엎드릴 복伏
[동] 매복하다, 잠복하다

2426 **埋没** máimò
6급 없을 몰没
[동] 매몰되다, 묻히다

2427 **埋葬** máizàng
6급 장사 지낼 장葬
[동] 묻다, 매장하다

2428 **买** mǎi
1급 살 매買
[동] 사다, 구매하다

2429 **迈** mài
6급 큰 걸음으로 걸을 매邁
[동] 내디디다 [형] 늙다

麦 mài
보리 맥麥
[명] 맥류, 맥곡, 밀

2430 **麦克风** màikèfēng
5급 이길 극剋, 바람 풍風
[명] '마이크로폰'의 속칭

2431 **卖** mài
2급 팔 매賣
[동] 팔다, 판매하다

脉 mài
혈맥 맥, 줄기 맥脈
[명] 혈관, 맥박

2432 **脉搏** màibó
6급 잡을 박, 두드릴 박搏
[명] 맥박

173

埋 mán
묻을 매埋
'埋怨(탓하다)'의 구성자

2433 **埋怨** mányuàn
6급 원망할 원怨
[동] 탓하다, 불평하다

馒 mán
만두 만馒
'馒头(찐빵)'의 구성자

2434 **馒头** mántou
5급 접미사 두頭
[명] 만터우, 찐빵(소가 들어 있지 않은 빵)

2435 **满** mǎn
4급 가득 찰 만滿
[형] 가득 차다, 가득하다

2436 **满意** mǎnyì
3급 뜻 의意
[형] 만족하다, 만족스럽다, 흡족하다

2437 **满足** mǎnzú
5급 넉넉할 족足
[동] 만족하다, 흡족하다

蔓 màn
덩굴 만蔓
[명] 덩굴, 넝쿨   [동] 만연하다, 무성히 자라다

2438 **蔓延** mànyán
6급 끌 연延
[동] 만연하다, 널리 뻗다

漫 màn
넘칠 만, 흩어질 만漫
[동] (물이) 넘치다, 범람하다, 가득하다, 충만하다

2439 **漫长** màncháng
6급 길 장長
[형] 멀다, 지루하다

2440 **漫画** mànhuà
6급 그림 화畫
[명] 만화

2441 **慢** màn
2급 느릴 만慢
[형] 느리다

2442 **慢性** mànxìng
6급 성품 성性
[형] 만성의, 느긋한

2443 **忙** máng
2급 바쁠 망忙
[형] 바쁘다, 틈이 없다

2444 **忙碌** mánglù
6급 푸른 돌 록碌
[동] 서두르다   [형] 바쁘다

盲 máng
장님 맹盲
[형] 눈이 멀다, 보이지 않다

2445 **盲目** mángmù
6급 눈 목目
[형] 맹목적인, 눈먼

茫 máng
아득할 망茫
[형] 아득하다, 망막하다, 까마득하다

2446 **茫茫** mángmáng
6급 아득할 망茫
[형] 망막하다, 까마득하다

2447 **茫然** mángrán
6급 그러할 연然
형 망연하다, 멍하다

2448 **猫** māo
6급 고양이 묘貓
명 고양이

2449 **毛** máo
4급 털 모毛
명 털, 깃, 깃털

2450 **毛病** máobìng
5급 병 병病
명 (기계의) 고장, 장애, 결함

2451 **毛巾** máojīn
4급 수건 건巾
명 수건, 타월

矛 máo
창 모矛
명 창

2452 **矛盾** máodùn
5급 방패 순盾
명 갈등, 대립, 모순

茂 mào
우거질 무茂
형 무성하다, 우거지다

2453 **茂盛** màoshèng
6급 성할 성盛
형 우거지다, 무성하다

冒 mào
무릅쓸 모冒
동 (위험을) 무릅쓰다, 가장하다, 속이다

2454 **冒充** màochōng
6급 찰 충充
동 가장하다, ~인 체하다

2455 **冒犯** màofàn
6급 범할 범犯
동 무례하다, 불쾌하게 하다

2456 **冒险** màoxiǎn
5급 험할 험險
동 모험하다, 위험을 무릅쓰다

贸 mào
무역할 무貿
동 거래하다, 교역하다

2457 **贸易** màoyì
5급 바꿀 역易
명 무역, 교역, 매매, 거래

帽 mào
모자 모帽
명 모자

2458 **帽子** màozi
3급 접미사 자子
명 모자

没 méi
없을 몰沒
동 없다, 가지고 있지 않다

2459 **没关系** méiguānxi
1급 관계할 관, 닫을 관關, 묶을 계繫
괜찮다, 상관없다

2460 **没有** méiyǒu
3급 있을 유有
동 없다, 가지고 있지 않다

2461 **枚** méi
6급 장 매枚
양 매, 장(작은 조각으로 된 사물을 세는 단위)

眉 méi
눈썹 미眉
명 눈썹

2462 **眉毛** méimao
5급 털 모毛
명 눈썹

媒 méi
중매 매媒
명 중매인, 중매쟁이, 매개자

2463 **媒介** méijiè
6급 낄 개介
명 매개자, 매체

2464 **媒体** méitǐ
5급 몸 체體
명 대중 매체, 매스미디어

煤 méi
석탄 매煤
명 석탄

2465 **煤炭** méitàn
5급 숯 탄炭
명 석탄

2466 **每** měi
2급 매양 매每
대 매, 각 부 늘, 항상, 언제나

美 měi
아름다울 미美
형 아름답다, 예쁘다, 곱다

2467 **美观** měiguān
6급 볼 관觀
형 보기 좋다, 아름답다

2468 **美丽** měilì
4급 아름다울 려麗
형 아름답다, 예쁘다, 곱다

2469 **美满** měimǎn
6급 가득 찰 만滿
형 아름답고 원만하다

2470 **美妙** měimiào
6급 묘할 묘妙
형 아름답다, 훌륭하다

2471 **美术** měishù
5급 재주 술術
명 그림, 미술, 회화

妹 mèi
누이 매妹
명 여동생, 누이동생

2472 **妹妹** mèimei
2급 누이 매妹
명 여동생, 누이동생

魅 mèi
도깨비 매魅
명 괴물, 도깨비, 요괴 동 유혹하다, 꾀다

2473 **魅力** mèilì
5급 힘 력力
명 매력

2474 **门** mén
2급 문 문門
명 (출)입구, 현관, 문

萌 méng
싹 맹萌
동 싹이 트다, 발아하다

2475 **萌芽** méngyá
6급 싹 아芽
동 싹트다, 발생하기 시작하다 명 새싹, 맹아

猛 měng
사나울 맹猛
형 사납다, 맹렬하다

2476 **猛烈** měngliè
6급 세찰 렬烈
형 맹렬하다, 세차다

2477 **梦** mèng
4급 꿈 몽夢
명 꿈

2478 **梦想** mèngxiǎng
5급 생각할 상想
명 꿈, 몽상 동 갈망하다, 간절히 바라다

2479 **眯** mī
6급 실눈 뜰 미眯
동 실눈을 뜨다, 선잠을 자다

弥 mí
채울 미彌
동 채우다, 메우다, 보충하다

2480 **弥补** míbǔ
6급 기울 보, 도울 보補
동 메우다, 보충하다

2481 **弥漫** mímàn
6급 넘칠 만漫
동 자욱하다, 가득하다

迷 mí
미혹할 미迷
동 빠지다, 심취하다, 매혹되다

2482 **迷惑** míhuò
6급 미혹할 혹惑
동 미혹되다 형 어리둥절하다

2483 **迷路** mílù
4급 길 로路
동 길을 잃다

2484 **迷人** mírén
6급 사람 인人
동 매력적이다, 매혹적이다

2485 **迷信** míxìn
6급 믿을 신信
명 미신 동 미신을 믿다

谜 mí
수수께끼 미謎
명 수수께끼

2486 **谜语** míyǔ
6급 말씀 어語
명 수수께끼

2487 **米** mǐ
3급 쌀 미, 미터 미米
명 쌀 양 미터

2488 **米饭** mǐfàn
1급 밥 반飯
명 쌀밥

秘 mì
숨길 비秘, 祕
형 비밀의, 은밀한

2489 **秘密** mìmì
5급 비밀 밀密
[명] 비밀, 기밀

2490 **秘书** mìshū
5급 글 서書
[명] 비서

密 mì
빽빽할 밀, 촘촘할 밀, 비밀 밀密
[형] 가깝다, 빽빽하다, 세밀하다

2491 **密度** mìdù
6급 정도 도度
[명] 밀도, 비중

2492 **密封** mìfēng
6급 봉할 봉封
[동] 밀봉하다, 밀폐하다 [형] 밀봉한, 밀폐된

2493 **密码** mìmǎ
4급 마노 마, 셈할 마碼
[명] 암호, 비밀번호

2494 **密切** mìqiè
5급 절박할 절切
[형] (관계가) 밀접하다, 긴밀하다

蜜 mì
꿀 밀蜜
[명] (벌)꿀

2495 **蜜蜂** mìfēng
5급 벌 봉蜂
[명] 꿀벌

棉 mián
목화 면棉
[명] 목화솜

2496 **棉花** miánhuā
6급 꽃 화花
[명] 목화솜

免 miǎn
면할 면免
[동] 모면하다, 벗어나다, 제거하다

2497 **免得** miǎnde
6급 어조사 득得
[접] ~하지 않도록, ~ 않기 위해서

2498 **免费** miǎnfèi
4급 쓸 비費
[동] 돈을 받지 않다, 무료로 하다

2499 **免疫** miǎnyì
6급 전염병 역疫
[동] 면역이 되다

勉 miǎn
힘쓸 면勉
[동] 힘쓰다, 애쓰다, 노력하다

2500 **勉励** miǎnlì
6급 힘쓸 려勵
[동] 면려하다, 격려하다

2501 **勉强** miǎnqiǎng
6급 강할 강强
[형] 간신히 ~하다

面 miàn
낯 면面, 밀가루 면麵
[명] 얼굴, 낯, (물체의) 표면, 밀가루

2502 **面包** miànbāo
3급 쌀 포包
[명] 빵

2503 **面对** miànduì
5급 대할 대對
동 마주 보다, 마주 대하다, 직면하다

2504 **面积** miànjī
5급 쌓을 적積
명 면적

2505 **面临** miànlín
5급 임할 림臨
동 (문제, 상황에) 직면하다, 당면하다

2506 **面貌** miànmào
6급 모양 모貌
명 용모, 생김새, 면모

2507 **面条** miàntiáo
2급 가지 조條
명 국수

2508 **面子** miànzi
6급 접미사 자子
명 체면, 면목, 표면

苗 miáo
싹 묘苗
명 싹, 묘목

2509 **苗条** miáotiao
5급 가지 조條
형 (몸매가) 아름답고 날씬하다, 호리호리하다

描 miáo
그릴 묘描
동 모사하다, 베끼다, 본뜨다

2510 **描绘** miáohuì
6급 그림 회繪
동 베끼다, 그리다, 묘사하다

2511 **描写** miáoxiě
5급 쓸 사寫
동 묘사하다, 그려 내다

瞄 miáo
겨룰 묘, 노려볼 묘瞄
동 노려보다, 겨누다, 주시하다

2512 **瞄准** miáozhǔn
6급 준할 준準
동 겨누다, 조준하다

2513 **秒** miǎo
4급 초 초秒
양 초(시간 단위)

渺 miǎo
아득할 묘渺
형 끝없이 넓다, 아득하다, 막막하다

2514 **渺小** miǎoxiǎo
6급 작을 소小
형 매우 작다, 보잘것없다

藐 miǎo
작을 막藐
동 경시하다, 얕보다

2515 **藐视** miǎoshì
6급 볼 시視
동 경시하다, 얕보다, 깔보다

灭 miè
꺼질 멸, 멸할 멸滅
동 불이 꺼지다, 소멸하다, 멸망하다

2516 **灭亡** mièwáng
6급 망할 망亡
동 멸망하다, 소멸시키다

蔑 miè
업신여길 멸蔑
형 작다, 경미하다

2517 蔑视 mièshì
6급 볼 시视
동 멸시하다, 깔보다, 업신여기다

民 mín
백성 민民
명 백성, 국민

2518 民间 mínjiān
6급 사이 간间
명 민간, 비공식적

2519 民主 mínzhǔ
6급 주인 주主
명 민주 형 민주적이다

2520 民族 mínzú
4급 겨레 족族
명 민족

敏 mǐn
민첩할 민敏
형 신속하다, 민첩하다, 재빠르다

2521 敏感 mǐngǎn
5급 느낄 감感
형 민감하다, 알레르기 반응을 일으키다

2522 敏捷 mǐnjié
6급 이길 첩捷
형 민첩하다, 빠르다

2523 敏锐 mǐnruì
6급 날카로울 예锐
형 빠르다, 예민하다

名 míng
이름 명名
명 이름, 명칭

2524 名次 míngcì
6급 버금 차次
명 순위, 등수

2525 名额 míng'é
6급 이마 액, 머릿수 액额
명 정원, 인원 수

2526 名副其实 míngfùqíshí
6급 버금 부副, 그 기其, 열매 실实
성 명실상부하다

2527 名牌 míngpái
5급 패 패牌
명 유명 상표, 유명 브랜드

2528 名片 míngpiàn
5급 조각 편片
명 명함

2529 名胜古迹 míngshènggǔjì
5급 이길 승胜, 옛 고古, 자취 적迹
명 명승고적

2530 名誉 míngyù
6급 기릴 예, 명예 예誉
명 명예, 명성 형 명예의, 명의상의

2531 名字 míngzi
1급 글자 자字
명 이름

明 míng
밝을 명明
형 밝다, 환하다, 밝게 빛나다

2532 明白 míngbai
3급 흰 백白
동 알다, 이해하다　형 분명하다, 명백하다

2533 明明 míngmíng
6급 밝을 명明
부 분명히, 명백히

2534 明确 míngquè
5급 굳을 확確
형 명확하다, 확실하다　동 명확하게 하다

2535 明天 míngtiān
1급 하늘 천天
명 내일

2536 明显 míngxiǎn
5급 나타날 현顯
형 뚜렷하다, 분명하다

2537 明星 míngxīng
5급 별 성星
명 샛별, 스타

2538 明智 míngzhì
6급 슬기 지智
형 총명하다, 현명하다

命 mìng
목숨 명命
명 생명, 목숨

2539 命令 mìnglìng
5급 명령할 령令
동 명령하다　명 명령

2540 命名 mìngmíng
6급 이름 명名
동 명명하다, 이름 짓다

2541 命运 mìngyùn
5급 돌 운, 옮길 운運
명 운명, 장래, 전도

2542 摸 mō
5급 더듬을 막摸
동 (손으로) 짚어 보다, 어루만지다, 쓰다듬다

2543 摸索 mōsuǒ
6급 찾을 색索
동 모색하다, (나아가기 위해) 더듬다

模 mó
본뜰 모模
명 법도, 본보기, 규범　동 본뜨다, 모방하다

2544 模范 mófàn
6급 법 범, 거푸집 범範
명 모범　형 모범적인

2545 模仿 mófǎng
5급 본뜰 방仿
동 모방하다, 본뜨다, 흉내 내다

2546 模糊 móhu
5급 모호할 호, 흐릿할 호糊
형 모호하다, 분명하지 않다

2547 模式 móshì
6급 법 식式
명 모식, 표준 양식, 패턴

2548 模特 mótè
5급 특별할 특特
명 모델

2549 模型 móxíng
6급 모형 형型
명 모형, 견본

2550 **膜** mó
6급 얇은 꺼풀 막膜
명 막

摩 mó
비빌 마摩
동 마찰하다, 비비다

2551 **摩擦** mócā
6급 비빌 찰擦
동 마찰하다, 비비다 명 마찰, 충돌

2552 **摩托车** mótuōchē
5급 맡길 탁托, 수레 차車
명 오토바이

磨 mó
갈 마磨
동 갈다, 문지르다, 마찰하다, 비비다

2553 **磨合** móhé
6급 합할 합合
동 길들이다, 적응하다

魔 mó
마귀 마魔
명 마귀, 귀신, 악마

2554 **魔鬼** móguǐ
6급 귀신 귀鬼
명 마귀, 악마

2555 **魔术** móshù
6급 재주 술術
명 마술

抹 mǒ
바를 말, 지울 말抹
동 바르다, 칠하다, 지우다, 삭제하다

2556 **抹杀** mǒshā
6급 죽일 살殺
동 말살하다, 지우다

陌 mò
두렁 맥, 길 맥陌
명 논두렁길, 밭길

2557 **陌生** mòshēng
5급 날 생生
형 생소하다, 낯설다

莫 mò
없을 막莫
부 ~않다, ~못하다, ~하지 마라

2558 **莫名其妙** mòmíngqímiào
6급 이름 명名, 그 기其, 묘할 묘妙
성 영문을 알 수 없다, 어리둥절하게 하다

墨 mò
먹 묵墨
명 먹, 먹물

2559 **墨水儿** mòshuǐr
6급 물 수水, 아이 아兒
명 먹물, 잉크, 지식, 학문

默 mò
묵묵할 묵默
동 말하지 않다, 말이 없다

2560 **默默** mòmò
6급 묵묵할 묵默
부 묵묵히, 소리 없이

谋 móu
꾀할 모謀
동 계획을 세우다, 기획하다, 모색하다

2561 **谋求** móuqiú
6급 구할 구求
동 모색하다, 꾀하다

2562 **某** mǒu
5급 아무 모某
대 아무, 어느, 모, 어떤 사람

模 mú
거푸집 모模
명 틀, 형, 모습, 모양, 형상

2563 **模样** múyàng
6급 모양 양樣
명 모양, 상황

母 mǔ
어미 모母
명 모친, 어머니

2564 **母亲** mǔqīn
4급 친할 친親
명 모친, 엄마, 어머니

2565 **母语** mǔyǔ
6급 말씀 어語
명 모국어, 모어

木 mù
나무 목木
명 나무, 수목

2566 **木头** mùtou
5급 접미사 두頭
명 나무, 목재, 재목

目 mù
눈 목, 항목 목目
명 눈, 항목, 조목

2567 **目标** mùbiāo
5급 표할 표, 나타낼 표標
명 목표, 목적물, 표적

2568 **目的** mùdì
4급 과녁 적的
명 목적

2569 **目睹** mùdǔ
6급 볼 도睹
동 직접 보다, 목도하다

2570 **目光** mùguāng
6급 빛 광光
명 시선, 눈길, 눈초리

2571 **目录** mùlù
5급 기록할 록錄
명 목록, 목차, 차례

2572 **目前** mùqián
5급 앞 전前
명 지금, 현재

沐 mù
머리 감을 목沐
동 머리를 감다(씻다)

2573 **沐浴** mùyù
6급 목욕할 욕浴
동 목욕하다, 푹 빠지다, 흠뻑 젖다

N

2574 拿 ná
3급 잡을 나拏
[동] (손으로) 쥐다, 잡다, 가지다

2575 拿手 náshǒu
6급 손 수手
[형] 뛰어나다, 자신 있다

2576 哪 nǎ
1급 어느 나, 어찌 나哪
[대] 무엇, 어느 것

2577 哪儿 nǎr
1급 아이 아兒
[대] 어디, 어느 곳

2578 哪怕 nǎpà
5급 두려워할 파怕
[접] 설령(비록) ~라 해도

2579 那 nà
1급 그 나, 저 나那
[대] 그, 저

纳 nà
들일 납納
[동] 받아들이다, 받아 넣다

2580 纳闷儿 nàmènr
6급 답답할 민悶, 아이 아兒
[동] 답답하다, 속이 터지다

奶 nǎi
젖 내, 어머니 내奶
[명] 유방, 젖

2581 奶奶 nǎinai
3급 젖 내, 어머니 내奶
[명] 할머니

耐 nài
견딜 내耐
[동] 참다, 버티다, 견뎌 내다

2582 耐心 nàixīn
4급 마음 심心
[형] 참을성이 있다, 인내심이 강하다 [명] 인내심

2583 耐用 nàiyòng
6급 쓸 용用
[형] 질기다, 오래가다

2584 男 nán
2급 사내 남男
[명] 남자, 사내

2585 南 nán
3급 남녘 남南
[명] 남, 남쪽

2586 南辕北辙 nányuánběizhé
6급 끌채 원轅, 북녘 북北, 바퀴 자국 철轍
[성] 하는 행동과 목적이 상반되다

2587 难 nán
3급 어려울 난難
[형] 어렵다, 힘들다, 곤란하다

2588 难道 nándào
4급 도리 도, 말할 도道
[부] 설마 ~란 말인가? 설마 ~하겠는가?

2589 **难得** nándé
6급 얻을 득得
[형] 얻기 어렵다, 드물다

2590 **难怪** nánguài
5급 괴이할 괴怪
[부] 어쩐지, 과연

2591 **难过** nánguò
3급 지날 과過
[형] 고통스럽다, 괴롭다

2592 **难堪** nánkān
6급 견딜 감堪
[형] 난감하다, 난처하다

2593 **难免** nánmiǎn
5급 면할 면免
[동] 면하기 어렵다, 피하기 어렵다

2594 **难能可贵** nánnéngkěguì
6급 능할 능能, 가히 가可, 귀할 귀貴
[성] 매우 장하다

2595 **难受** nánshòu
4급 받을 수受
[형] (몸이나 마음이) 불편하다, 참을 수 없다

恼 nǎo
괴로워할 뇌惱
[동] 화내다, 노하다, 성내다

2596 **恼火** nǎohuǒ
6급 불 화火
[동] 화내다, 성내다, 짜증 나다

脑 nǎo
뇌 뇌腦
[명] 뇌, 머리, 두뇌, 지능

2597 **脑袋** nǎodai
5급 자루 대袋
[명] 머리(통), 두뇌, 지능, 머리

2598 **呢** ne
1급 어조사 니呢
[조] 서술문 뒤에서 동작이나 상황의 지속을 나타냄

2599 **内** nèi
4급 안 내內
[명] 안, 속, 내부

2600 **内部** nèibù
5급 떼 부部
[명] 내부

2601 **内涵** nèihán
6급 받아들일 함涵
[명] 내포, 내용

2602 **内科** nèikē
5급 과목 과科
[명] 내과

2603 **内幕** nèimù
6급 장막 막幕
[명] 내막, 속사정

2604 **内容** nèiróng
4급 얼굴 용, 용납할 용容
[명] 내용

2605 **内在** nèizài
6급 있을 재在
[형] 내재적인, 내재하는

2606 **嫩** nèn
5급 연할 눈嫩
[형] 연하다, 여리다, 부드럽다

2607 **能** néng
5급 능할 능能
동 ~할 수 있다, ~할 줄 안다, ~해도 된다

2608 **能干** nénggàn
5급 재능 간幹
형 유능하다, 솜씨 있다, 일을 잘하다

2609 **能力** nénglì
4급 힘 력力
명 능력, 역량

2610 **能量** néngliàng
6급 기량 량量
명 에너지, 능력, 역량

2611 **能源** néngyuán
5급 근원 원源
명 에너지원, 에너지

2612 **嗯** ńg
5급 대답할 은嗯
감 응, 그래

拟 nǐ
헤아릴 의擬
동 기초하다, 입안하다, 계획하다

2613 **拟定** nǐdìng
6급 정할 정定
동 입안하다, 초안을 세우다

2614 **你** nǐ
1급 너 니你
대 너, 자네, 당신

逆 nì
거스를 역逆
동 반대방향으로 향하다, 역행하다

2615 **逆行** nìxíng
6급 다닐 행, 행할 행行
동 역행하다

2616 **年** nián
1급 해 년年
명 년 양 년, 해

2617 **年代** niándài
5급 대신할 대, 시대 대代
명 시대, 시기, 연대

2618 **年度** niándù
6급 법도 도度
명 연도

2619 **年级** niánjí
3급 등급 급級
명 학년

2620 **年纪** niánjì
5급 해 기, 세월 기紀
명 나이, 연령

2621 **年龄** niánlíng
4급 나이 령齡
명 연령, 나이, 연세

2622 **年轻** niánqīng
3급 가벼울 경輕
형 젊다, 어리다

2623 **念** niàn
5급 생각할 념念
동 그리워하다, 생각하다, 고려하다

2624 **鸟** niǎo
3급 새 조鳥
명 새, 날짐승

2625 **捏** niē
6급 반죽할 날捏
동 집다, (손으로) 빚다, 쥐다

2626 **您** nín
2급 당신 님您
대 당신, 귀하

凝 níng
엉길 응凝
동 엉기다, 엉겨붙다, (정신을) 모으다, 집중하다

2627 **凝固** nínggù
6급 굳을 고固
동 응고하다, 굳어지다

2628 **凝聚** níngjù
6급 모일 취聚
동 맺히다, 응집하다, 모이다

2629 **凝视** níngshì
6급 볼 시视
동 주목하다, 눈여겨보다

2630 **拧** nǐng
6급 비틀 녕拧
동 틀다, 비틀다, 비틀어 돌리다

宁 nìng
차라리 녕寧
부 차라리

2631 **宁可** nìngkě
5급 허락할 가可
부 차라리 ~할지언정, 설령 ~할지라도

2632 **宁肯** nìngkěn
6급 수긍할 긍肯
부 설령 ~할지라도

2633 **宁愿** nìngyuàn
6급 원할 원愿
부 오히려 ~하고 싶다

牛 niú
소 우牛
명 소

2634 **牛奶** niúnǎi
2급 젖 내奶
명 우유, 쇠젖

2635 **牛仔裤** niúzǎikù
5급 새끼 자仔, 바지 고裤
명 청바지

扭 niǔ
비틀 뉴扭
동 (손으로) 비틀다, 비틀어 돌리다, 삐다

2636 **扭转** niǔzhuǎn
6급 구를 전, 바꿀 전转
동 교정하다, 되돌리다

纽 niǔ
끈 뉴, 매듭 뉴纽
명 (물건의) 손잡이, 단추

2637 **纽扣儿** niǔkòur
6급 단길 구扣, 아이 아儿
명 단추

农 nóng
농사 농農
동 농사짓다, 농작물을 심다

2638 **农村** nóngcūn
5급 마을 촌村
명 농촌

| 2639 | **农历** nónglì
6급 지날 력曆
명 음력

| 2640 | **农民** nóngmín
5급 백성 민民
명 농민, 농부

| 2641 | **农业** nóngyè
5급 직업 업業
명 농업

| 2642 | **浓** nóng
5급 짙을 농濃
형 진하다, 농후하다, 짙다, 깊다

| 2643 | **浓厚** nónghòu
6급 두터울 후厚
형 짙다, 농후하다

| 2644 | **弄** nòng
4급 희롱할 농弄
동 하다, 행하다, 만들다, (손으로) 가지고 놀다

奴 nú
노예 노奴
명 노예, 종

| 2645 | **奴隶** núlì
6급 노예 례隶
명 노예

努 nǔ
힘쓸 노努
동 노력하다, 힘쓰다

| 2646 | **努力** nǔlì
3급 힘 력力
동 노력하다, 힘쓰다, 열심히 하다

| 2647 | **女** nǚ
2급 여자 녀女
명 여자, 여성, 딸

| 2648 | **女儿** nǚ'ér
1급 아이 아兒
명 딸

| 2649 | **女士** nǚshì
5급 선비 사士
명 여사, 숙녀, 부인

暖 nuǎn
따뜻할 난暖
형 따뜻하다, 온화하다

| 2650 | **暖和** nuǎnhuo
4급 섞을 화和
형 따뜻하다, 따사롭다

虐 nüè
모질 학虐
동 잔인하다, 가혹하다, 포악하다

| 2651 | **虐待** nüèdài
6급 대우할 대待
동 학대하다

| 2652 | **挪** nuó
6급 옮길 나挪
동 옮기다, 운반하다

O

2653 **哦** ó
6급 읊조릴 아, 감탄사 아哦
감 (놀람을 나타내어) 어! 어머! 어허!

欧 Ōu
유럽 구歐
명 유럽, 유럽 대륙

2654 **欧洲** Ōuzhōu
5급 물가 주洲
명 유럽

殴 ōu
때릴 구毆
동 때리다

2655 **殴打** ōudǎ
6급 칠 타打
동 구타하다

呕 ǒu
토할 구嘔
동 구토하다, 게우다

2656 **呕吐** ǒutù
6급 토할 토吐
동 구토하다

偶 ǒu
짝 우, 우연 우偶
부 우연히, 공교롭게도

2657 **偶尔** ǒu'ěr
4급 너 이爾
부 때때로, 간혹, 이따금

2658 **偶然** ǒurán
5급 그러할 연然
부 우연히, 뜻밖에, 간혹

2659 **偶像** ǒuxiàng
6급 모양 상, 닮을 상像
명 우상, 우상 숭배

P

2660 趴 pā
6급 엎드릴 파趴
동 엎드리다

爬 pá
길 파爬
동 기다, 기어가다, 기어오르다, 오르다

2661 爬山 páshān
3급 산 산山
동 산을 오르다, 등산하다

2662 拍 pāi
5급 칠 박拍
동 (손바닥이나 납작한 것을) 치다, (사진을) 찍다

排 pái
밀칠 배, 물리칠 배, 늘어설 배排
동 밀다, 제거하다, 배척하다, 배열하다

2663 排斥 páichì
6급 물리칠 척斥
동 배척하다

2664 排除 páichú
6급 덜 제除
동 제거하다, 없애다

2665 排队 páiduì
4급 무리 대隊
동 순서대로 정렬하다, 줄을 서다

2666 排放 páifàng
6급 놓을 방放
동 배출하다, 방류하다

2667 排练 páiliàn
6급 익힐 련練
동 무대 연습을 하다, 리허설을 하다

2668 排列 páiliè
4급 벌일 렬列
동 배열하다, 정렬하다

2669 徘徊 páihuái
6급 배회할 회徊
동 거닐다, 배회하다

2670 派 pài
5급 갈래 파派
명 파, 파벌, 유파

2671 派别 pàibié
6급 나눌 별別
명 파벌, 파, 유파

2672 派遣 pàiqiǎn
6급 보낼 견遣
동 파견하다

攀 pān
오를 반攀
동 지위가 높은 사람과 친분 관계를 맺다, 오르다

2673 攀登 pāndēng
6급 오를 등登
동 등반하다, 기어오르다

盘 pán
소반 반, 돌 반盤
명 대야, 쟁반 동 둘둘 감다, 빙빙 돌다

2674 **盘旋** pánxuán
6급 돌 선旋
동 선회하다, 맴돌다, 머물다

2675 **盘子** pánzi
3급 접미사 자子
명 쟁반

判 pàn
판단할 판判
동 나누다, 분별하다, 판단하다

2676 **判断** pànduàn
4급 끊을 단斷
동 판단하다, 판정하다 명 판단

2677 **判决** pànjué
6급 결단할 결決
동 판결하다, 판단하다 명 판결

盼 pàn
볼 반盼
동 바라다, 희망하다

2678 **盼望** pànwàng
5급 바랄 망望
동 간절히 바라다

2679 **畔** pàn
6급 밭두둑 반畔
명 가, 가장자리

庞 páng
클 방龐
형 방대하다, 번잡하다

2680 **庞大** pángdà
6급 클 대大
형 방대하다, 거대하다

旁 páng
옆 방旁
명 옆

2681 **旁边** pángbiān
2급 가장자리 변邊
명 옆, 곁, 근처

2682 **胖** pàng
3급 클 반胖
형 (몸이) 뚱뚱하다

抛 pāo
던질 포抛
동 던지다, 버리다

2683 **抛弃** pāoqì
6급 버릴 기棄
동 버리다, 포기하다

跑 pǎo
달릴 포跑
동 달리다, 뛰다

2684 **跑步** pǎobù
2급 걸음 보步
동 달리다, 조깅하다

泡 pào
거품 포泡
명 거품, 포말

2685 **泡沫** pàomò
6급 거품 말沫
명 거품, 포말

2686 **陪** péi
4급 모실 배陪
동 모시다, 동반하다, 안내하다

培 péi
양성할 배培
동 흙을 북돋우다, 인재를 배양하다, 양성하다

2687 培训 péixùn
5급 가르칠 훈訓
동 양성하다, 육성하다, 키우다

2688 培养 péiyǎng
5급 기를 양養
동 배양하다, 양성하다, 육성하다

2689 培育 péiyù
6급 기를 육育
동 기르다, 재배하다, 키우다

赔 péi
물어 줄 배賠
동 배상하다, 변상하다, 보상하다

2690 赔偿 péicháng
5급 갚을 상償
동 배상하다, 변상하다, 보상하다

佩 pèi
찰 패, 탄복할 패佩
동 차다, 달다, 탄복하다, 감탄하다

2691 佩服 pèifú
5급 따를 복服
동 탄복하다, 감탄하다, 경탄하다

配 pèi
짝지을 배, 나눌 배配
동 배치하다, 분배하다

2692 配备 pèibèi
6급 갖출 비備
동 배치하다, 분배하다

2693 配合 pèihe
5급 합할 합合
동 어울리다, 짝이 맞다, 조화되다

2694 配偶 pèi'ǒu
6급 짝 우偶
명 배필, 배우자, 커플

2695 配套 pèitào
6급 씌울 투套
동 조립하다, 결합하다

2696 盆 pén
5급 동이 분盆
명 대야, 화분

2697 盆地 péndì
6급 땅 지地
명 분지

烹 pēng
삶을 팽烹
동 삶다, 끓이다

2698 烹饪 pēngrèn
6급 익힐 임飪
동 요리하다

朋 péng
친구 붕朋
명 친구

2699 朋友 péngyou
1급 벗 우友
명 친구, 벗

2700 捧 pěng
6급 받들 봉捧
동 받들다, 치켜세우다

2701 碰 pèng
5급 부딪칠 팽碰
동 부딪치다, 충돌하다, (우연히) 만나다

2702 批 pī
5급 비평할 비, 주문할 비批
동 비판하다, 비평하다, 꾸중하다

2703 批发 pīfā
6급 쏠 발發
동 도매하다

2704 批判 pīpàn
6급 판단할 판判
동 비판하다, 비평하다 부 비판적으로

2705 批评 pīpíng
4급 평가할 평評
동 비판하다, 지적하다, 질책하다

2706 批准 pīzhǔn
5급 준할 준準
동 비준하다, 허가하다, 승인하다

2707 披 pī
6급 헤칠 피, 나눌 피, 걸칠 피披
동 나누다, 분산하다, 쓰다, 덮다, 걸치다

2708 劈 pī
6급 쪼갤 벽劈
동 쪼개다, 패다, 금 가다

皮 pí
가죽 피皮
명 피부, 살갗, 가죽

2709 皮肤 pífū
4급 살갗 부膚
명 피부

2710 皮革 pígé
6급 가죽 혁革
명 피혁, 가죽

2711 皮鞋 píxié
3급 신 혜鞋
명 가죽 구두

疲 pí
피곤할 피疲
형 피곤하다, 피로하다, 지치다

2712 疲惫 píbèi
6급 고단할 비憊
형 대단히 피로하다, 지치다

2713 疲倦 píjuàn
6급 게으를 권倦
형 피곤하다, 늘어지다

2714 疲劳 píláo
5급 일할 로勞
형 피곤하다, 지치다

啤 pí
맥주 비啤
명 맥주

2715 啤酒 píjiǔ
3급 술 주酒
명 맥주

脾 pí
비장 비脾
명 비장, 비, 지라

2716 脾气 píqi
4급 기운 기氣
명 성격, 성질, 기질

2717 **匹** pǐ
5급 짝 필匹
동 필적하다, 맞먹다, 상당하다

屁 pì
방귀 비屁
명 방귀

2718 **屁股** pìgu
6급 넓적다리 고股
명 엉덩이, 궁둥이

譬 pì
비유할 비譬
동 비유하다 명 예, 비유

2719 **譬如** pìrú
6급 같을 여如
동 예를 들다

偏 piān
치우칠 편偏
형 치우치다, 쏠리다, 편향되다, 편중되다

2720 **偏差** piānchā
6급 다를 차差
명 편차, 오차

2721 **偏见** piānjiàn
6급 볼 견见
명 편견, 선입견

2722 **偏僻** piānpì
6급 후미질 벽, 궁벽할 벽僻
형 외지다, 구석지다

2723 **偏偏** piānpiān
6급 치우칠 편偏
부 기어코, 굳이, 공교롭게, 유독

2724 **篇** piān
4급 책 편篇
양 편, 장

便 pián
편할 편便
'便宜(싸다)'의 구성자

2725 **便宜** piányi
2급 마땅할 의宜
형 값이 싸다

2726 **片** piàn
5급 조각 편片
형 혼자의, 단독의, 단편적인

2727 **片断** piànduàn
6급 끊을 단断
명 토막, 도막

2728 **片刻** piànkè
6급 때 각刻
명 잠깐, 잠시

2729 **片面** piànmiàn
5급 낯 면面
형 일방적이다, 단편적이다

2730 **骗** piàn
4급 속일 편骗
동 속이다, 기만하다

漂 piāo
뜰 표漂
동 (물이나 액체 위에) 뜨다, 떠다니다

2731 **漂浮** piāofú
6급 뜰 부浮
동 뜨다, 떠다니다

2732 **飘** piāo
5급 나부낄 표飘
동 (바람에) 나부끼다, 펄럭이다, 흩날리다

2733 **飘扬** piāoyáng
6급 날릴 양揚
동 펄럭이다, 휘날리다

2734 **票** piào
2급 표 표票
명 표, 티켓

漂 piào
흩어질 표漂
형 (일 등이) 허사가 되다, 헛수고가 되다

2735 **漂亮** piàoliang
1급 밝을 량亮
형 예쁘다, 아름답다

2736 **撇** piě
6급 닦을 별, 던질 별撇
동 던지다, (밖으로) 기울다, 입을 삐죽거리다

拼 pīn
물리칠 병拼
동 필사적으로 하다

2737 **拼搏** pīnbó
6급 두드릴 박, 어깨 박搏
동 끝까지 싸우다

2738 **拼命** pīnmìng
6급 목숨 명命
동 필사적으로 하다, 온 힘을 다하다

2739 **拼音** pīnyīn
5급 소리 음音
명 병음

2740 **贫** pín
가난할 빈貧
형 가난하다, 구차하다, 빈궁하다

2740 **贫乏** pínfá
6급 모자랄 핍乏
형 가난하다, 빈약하다

2741 **贫困** pínkùn
6급 곤할 곤, 살기 어려울 곤困
형 빈곤하다, 곤궁하다

频 pín
자주 빈频
형 여러 번의, 다수의   부 누차, 여러 번

2742 **频道** píndào
5급 길 도道
명 채널

2743 **频繁** pínfán
6급 많을 번繁
형 잦다, 빈번하다

2744 **频率** pínlǜ
6급 비율 률率
명 빈도수, 주파수

品 pǐn
물건 품品
명 물품, (사물의) 종류, 등급

2745 **品尝** pǐncháng
6급 맛볼 상尝
동 맛보다, 시식하다

2746 **品德** pǐndé
6급 덕 덕德
명 인품과 덕성

2747 **品质** pǐnzhì
6급 바탕 질質
명 품질, 인품

2748 **品种** pǐnzhǒng
6급 씨 종種
명 품종

乓 pīng
물건 부딪는 소리 병乓
탕, 땅, 뻥(총을 쏘거나 물건이 부딪치는 소리)

2749 **乒乓球** pīngpāngqiú
4급 부딪히는 소리 병乒, 공 구球
명 탁구, 탁구공

2750 **平** píng
5급 평평할 평平
형 평평하다, 평탄하다

2751 **平安** píng'ān
5급 편안할 안安
형 평안하다, 편안하다, 무사하다

2752 **平常** píngcháng
5급 항상 상常
명 평소, 평시, 평상시

2753 **平等** píngděng
5급 등급 등, 같을 등等
형 평등하다, 대등하다

2754 **平凡** píngfán
6급 무릇 범凡
형 평범하다, 보통이다

2755 **平方** píngfāng
5급 모 방方
양 평방미터, 제곱, 평방

2756 **平衡** pínghéng
5급 저울대 형衡
형 (무게가) 균형이 맞다, 균형이 잡히다

2757 **平静** píngjìng
5급 고요할 정静
형 (마음, 환경 등이) 조용하다, 고요하다

2758 **平均** píngjūn
5급 고를 균均
형 평균의, 균등한   동 평균을 내다

2759 **平面** píngmiàn
6급 낯 면面
명 평면

2760 **平时** píngshí
4급 때 시時
명 평소, 평상시, 보통 때

2761 **平坦** píngtǎn
6급 평탄할 탄坦
형 (도로·지대 등이) 평평하다

2762 **平行** píngxíng
6급 다닐 행, 행할 행行
형 동시의, 병행의, 평행인(수학)

2763 **平庸** píngyōng
6급 쓸 용庸
형 평범하다, 보통이다

2764 **平原** píngyuán
6급 근원 원原
명 평원

评 píng
평가할 평評
동 평하다, 논하다

2765 评估 pínggū
6급 값 고估
동 평가하다

2766 评价 píngjià
5급 값 가價
동 평가하다 명 평가

2767 评论 pínglùn
6급 논할 론論
동 평론하다, 논의하다 명 평론, 논평

苹 píng
사과 평蘋
'苹果(사과)'의 구성자

2768 苹果 píngguǒ
1급 열매 과果
명 사과

2769 凭 píng
5급 기댈 빙, 증서 빙憑
동 의지하다, 의거하다 전 ~에 의거하여

屏 píng
병풍 병屏
명 담장, 병풍

2770 屏幕 píngmù
6급 장막 막幕
명 영사막, 스크린

2771 屏障 píngzhàng
6급 가로막을 장障
명 장벽, 보호벽 동 둘러싸다, 차단하다

瓶 píng
병 병瓶
명 병

2772 瓶子 píngzi
3급 접미사 자子
명 병

2773 坡 pō
6급 언덕 파, 비탈 파坡
명 비탈, 언덕 형 경사지다, 비스듬하다

2774 泼 pō
6급 뿌릴 발潑
동 뿌리다, 붓다

2775 颇 pō
6급 자못 파頗
부 꽤, 상당히

迫 pò
닥칠 박, 핍박할 박迫
동 다가오다, 임박하다, 급박하다

2776 迫不及待 pòbùjídài
6급 아닐 불不, 미칠 급及, 기다릴 대待
성 일각도 지체할 수 없다

2777 迫害 pòhài
6급 해할 해害
동 박해하다, 학대하다

2778 迫切 pòqiè
5급 절박할 절切
형 절박하다, 다급하다, 촉박하다

2779 破 pò
4급 깨뜨릴 파破
동 파손되다, 찢어지다, 찢다, 깨다

2780 破产 pòchǎn
5급 낳을 산産
동 파산하다, 도산하다

2781 破坏 pòhuài
5급 무너질 괴壞
동 (건축물 등을) 파괴하다, 훼손시키다

2782 破例 pòlì
6급 보기 례, 법식 례例
동 관례를 깨다

魄 pò
넋 백魄
명 혼백, 넋, 정신, 담력

2783 魄力 pòlì
6급 힘 력力
명 박력, 패기

2784 扑 pū
6급 칠 박撲
동 돌진하여 덮치다, (코를) 찌르다

2785 铺 pū
6급 펼 포鋪
동 (물건을) 깔다, 펴다

葡 pú
포도 포葡
'葡萄(포도)'의 구성자

2786 葡萄 pútáo
4급 포도 도萄
명 포도

朴 pǔ
순박할 박樸, 성씨 박朴
형 순박하다, 질박하다

2787 朴实 pǔshí
6급 열매 실實
형 소박하다, 착실하다

2788 朴素 pǔsù
6급 본디 소, 흴 소素
형 화려하지 않다, 검소하다

普 pǔ
넓을 보普
형 보편적인, 일반적인

2789 普遍 pǔbiàn
4급 두루 편遍
형 보편적인, 일반적인

2790 普及 pǔjí
6급 미칠 급及
동 보급되다, 확산되다   형 보편화된, 대중화된

2791 普通话 pǔtōnghuà
4급 통할 통通, 말씀 화話
명 현대 중국 표준어

瀑 pù
폭포 폭瀑
명 폭포

2792 瀑布 pùbù
6급 펼 포布
명 폭포수

Q

2793 七 qī
1급 일곱 칠七
수 7, 일곱

妻 qī
아내 처妻
명 아내

2794 妻子 qīzi
2급 접미사 자子
명 아내

凄 qī
쓸쓸할 처凄
형 쓸쓸하다, 처량하다

2795 凄凉 qīliáng
6급 서늘할 량凉
형 처량하다, 쓸쓸하다

期 qī
기약할 기期
동 기대하다, 기다리다, 바라다

2796 期待 qīdài
5급 기다릴 대待
동 기대하다, 기다리다, 고대하다

2797 期间 qījiān
5급 사이 간間
명 기간, 시간

2798 期望 qīwàng
6급 바랄 망望
동 기대하다, 바라다 명 희망, 기대

2799 期限 qīxiàn
6급 한정할 한限
명 기한, 시한

欺 qī
속일 기欺
동 속이다, 기만하다, 깔보다, 업신여기다

2800 欺负 qīfu
6급 질 부負
동 얕보다, 괴롭히다, 업신여기다

2801 欺骗 qīpiàn
6급 속일 편騙
동 속이다, 기만하다

齐 qí
가지런할 제齊
형 가지런하다, 갖추다, 완전하게 되다

2802 齐全 qíquán
6급 모두 전全
형 완전히 갖추다, 완비하다

2803 齐心协力 qíxīnxiélì
6급 마음 심心, 화합할 협協, 힘 력力
성 한마음 한 뜻으로 함께 노력하다

其 qí
그 기其
대 그, 그들, 그의, 그들의

2804 其次 qícì
4급 버금 차次
대 다음, 그 다음

199

2805 **其实** qíshí
3급 열매 실實
㉿ 기실, 사실

2806 **其他** qītā
3급 남 타他
㈣ (사람, 사물에 쓰여) 기타, 다른 사람(사물)

2807 **其余** qíyú
5급 남을 여餘
㈣ 나머지, 남은 것

2808 **其中** qízhōng
4급 가운데 중中
㈣ 그 중에, 그 안에

奇 qí
신기할 기奇
㈜ 기이하다, 괴이하다, 의아하다

2809 **奇怪** qíguài
3급 괴이할 괴怪
㈜ 이상하다, 괴이하다, 의아하다

2810 **奇迹** qíjì
5급 자취 적迹
㈃ 기적

2811 **奇妙** qímiào
6급 묘할 묘妙
㈜ 기묘하다, 신기하다

歧 qí
갈림길 기歧
㈜ (큰길에서) 갈라지다, 다르다

2812 **歧视** qíshì
6급 볼 시視
㉿ 경시하다, 차별 대우하다 ㈃ 경시, 차별

2813 **骑** qí
3급 말탈 기騎
㉿ (동물이나 자전거 등을) 타다

旗 qí
깃발 기旗
㈃ 기, 깃발

2814 **旗袍** qípáo
6급 도포 포袍
㈃ 치파오

2815 **旗帜** qízhì
6급 기 치幟
㈃ 기, 깃발, 본보기

乞 qǐ
구걸할 걸乞
㉿ 빌다, 구걸하다, 빌어먹다

2816 **乞丐** qǐgài
6급 빌 개丐
㈃ 거지, 비렁뱅이

岂 qǐ
어찌 기豈
㉿ 어찌 ~하겠는가

2817 **岂有此理** qǐyǒucǐlǐ
6급 있을 유有, 이 차此, 다스릴 리理
㈒ 어찌 이럴 수가 있단 말인가?

企 qǐ
꾀할 기企
㉿ 발돋움하다, 까치발로 서다, 바라다, 기다리다

2818 **企图** qǐtú
6급 그림 도圖
㈃ 의도 ㉿ 의도하다, 도모하다

2819 **企业** qǐyè
5급 직업 업業
몡 기업

启 qǐ
열 계啓
동 열다, 펼치다, 일깨우다, 계도하다

2820 **启程** qǐchéng
6급 한도 정, 길 정程
동 출발하다, 길을 나서다

2821 **启发** qǐfā
5급 필 발發
몡 계발, 깨우침, 영감   동 일깨우다, 계발하다

2822 **启蒙** qǐméng
6급 어두울 몽, 어리석을 몽蒙
동 계몽하다

2823 **启示** qǐshì
6급 보일 시示
동 계시하다, 계발하다   몡 계시

2824 **启事** qǐshì
6급 일 사事
몡 광고, 공고

起 qǐ
일어날 기起
동 일어나다, 세우다, 창립하다, 시작하다

2825 **起草** qǐcǎo
6급 풀 초草
동 기초하다, 글의 초안을 작성하다

2826 **起初** qǐchū
6급 처음 초初
몡 처음, 최초

2827 **起床** qǐchuáng
2급 평상 상床
동 (잠자리에서) 일어나다

2828 **起飞** qǐfēi
3급 날 비飛
동 (비행기, 로켓 등이) 이륙하다

2829 **起伏** qǐfú
6급 엎드릴 복伏
동 기복을 이루다, 변동되다

2830 **起哄** qǐhòng
6급 떠들썩할 홍哄
동 놀리다, 소란을 피우다

2831 **起来** qǐlai
3급 올 래來
동 (잠자리에서) 일어나다, 일어서다

2832 **起码** qǐmǎ
6급 마노 마, 셈할 마碼
형 최소한의, 기본적인   부 적어도

2833 **起源** qǐyuán
6급 근원 원源
몡 기원   동 기원하다

气 qì
기운 기氣
몡 기체, 가스, 공기, 냄새

2834 **气氛** qìfēn
5급 기운 분氛
몡 분위기

2835 **气概** qìgài
6급 대개 개概
몡 기개

2836 **气功** qìgōng
6급 공로 공功
명 기공

2837 **气候** qìhòu
4급 기후 후候
명 기후

2838 **气魄** qìpò
6급 넋 백魄
명 기백, 패기

2839 **气色** qìsè
6급 빛 색色
명 안색, 얼굴빛

2840 **气势** qìshì
6급 형세 세勢
명 기세

2841 **气味** qìwèi
6급 맛 미味
명 냄새

2842 **气象** qìxiàng
6급 코끼리 상象
명 기상

2843 **气压** qìyā
6급 누를 압壓
명 대기압

2844 **气质** qìzhì
6급 바탕 질, 성질 질質
명 기질, 성미, 성격, 소질

迄 qì
이를 흘迄
동 ~까지 이르다

2845 **迄今为止** qìjīnwéizhǐ
6급 지금 금今, 할 위爲, 그칠 지止
성 지금에 이르기까지

汽 qì
김 기汽
명 수증기, 증기, 김

2846 **汽油** qìyóu
5급 기름 유油
명 휘발유, 가솔린

器 qì
그릇 기器
명 용기, 그릇, 기구

2847 **器材** qìcái
6급 재목 재材
명 기자재, 기구

2848 **器官** qìguān
6급 벼슬 관官
명 기관

2849 **掐** qiā
6급 딸 겹掐
동 꼬집다, (손톱 끝으로) 끊다, 누르다

洽 qià
의논할 흡, 흡족할 흡洽
동 의논하다, 상담하다, 절충하다

2850 **洽谈** qiàtán
6급 말씀 담談
동 협의하다, 상담하다

恰 qià
마치 흡, 흡사할 흡恰
부 마침, 공교롭게도 형 적합하다, 적당하다

2851 **恰当** qiàdàng
6급 마땅 당當
형 알맞다, 타당하다, 적당하다

2852 **恰到好处** qiàdàohǎochù
6급 이를 도到, 좋을 호好, 곳 처處
성 꼭 들어맞다

2853 **恰巧** qiàqiǎo
6급 기교 교巧
부 때마침, 공교롭게도

2854 **千** qiān
2급 일천 천千
수 1000, 천

2855 **千方百计** qiānfāngbǎijì
6급 방법 방方, 일백 백百, 셀 계計
성 갖은 방법을 다 써 보다

2856 **千万** qiānwàn
4급 일만 만萬
부 부디, 제발

迁 qiān
옮길 천遷
동 관직을 옮기다, 이전하다, 이사하다

2857 **迁就** qiānjiù
6급 나아갈 취就
동 끌려가다

2858 **迁徙** qiānxǐ
6급 옮길 사徙
동 옮겨 가다

2859 **牵** qiān
6급 끌 견牽
동 끌다, 끌어 잡아당기다

2860 **牵扯** qiānchě
6급 찢을 차扯
동 연루되다, 관련되다

2861 **牵制** qiānzhì
6급 억제할 제制
동 견제하다

铅 qiān
납 연鉛
명 납, 연필심

2862 **铅笔** qiānbǐ
2급 붓 필筆
명 연필

谦 qiān
겸손할 겸謙
형 겸손하다, 겸허하다

2863 **谦虚** qiānxū
5급 빌 허虛
형 겸손하다, 겸허하다

2864 **谦逊** qiānxùn
6급 겸손할 손遜
형 겸손하다

2865 **签** qiān
5급 서명할 첨簽
동 서명하다, 사인하다

2866 **签署** qiānshǔ
6급 서명할 서署
동 정식 서명하다

2867 **签证** qiānzhèng
4급 증명할 증證
명 비자

前 qián
앞 전前
명 앞, 정면, 과거, 종전

2868 前景 qiánjǐng
6급 경치 경景
명 장래, 앞날

2869 前面 qiánmiàn
1급 낯 면面
명 앞, 앞부분

2870 前提 qiántí
6급 끌 제提
명 전제, 전제 조건

2871 前途 qiántú
5급 길 도途
명 전도, 앞길, 전망

2872 钱 qián
1급 돈 전錢
명 화폐, 돈, 재물

潜 qián
잠길 잠潛
동 잠수하다, 숨다, 잠복하다, 잠기다

2873 潜力 qiánlì
6급 힘 력力
명 잠재력, 저력

2874 潜水 qiánshuǐ
6급 물 수水
동 잠수하다

2875 潜移默化 qiányímòhuà
6급 옮길 이移, 묵묵할 묵默, 될 화化
성 무의식 중에 감화되다

2876 浅 qiǎn
5급 얕을 천淺
형 얕다, 쉽다, 평이하다

谴 qiǎn
꾸짖을 견譴
동 견책하다, 나무라다, 꾸짖다

2877 谴责 qiǎnzé
6급 꾸짖을 책責
동 비난하다, 꾸짖다

2878 欠 qiàn
5급 이지러질 결缺, 하품 흠欠
동 빚지다, 모자라다, 부족하다, 하품하다

2879 枪 qiāng
5급 창 창槍
명 총, 창

强 qiáng
강할 강强
동 강하다, 건장하다, 굳세다, 우월하다

2880 强调 qiángdiào
5급 고를 조, 조사할 조調
동 강조하다

2881 强烈 qiángliè
5급 세찰 렬烈
형 강렬하다, 맹렬하다

2882 强制 qiángzhì
6급 억제할 제制
동 강제하다, 강요하다

2883 墙 qiáng
5급 담 장墙
명 담장, 벽, 울타리

2884 **抢** qiǎng
5급 부딪칠 창搶
[동] 빼앗다, 탈취하다, 약탈하다

2885 **抢劫** qiǎngjié
6급 빼앗을 겁, 위협할 겁劫
[동] 강탈하다, 빼앗다

2886 **抢救** qiǎngjiù
6급 구원할 구救
[동] 구출하다, 구조하다

强 qiǎng
억지로 강强
[동] 억지로 하다, 강제로 하다

2887 **强迫** qiǎngpò
6급 핍박할 박, 닥칠 박迫
[동] 강요하다, 핍박하다

悄 qiāo
조용할 초悄
'悄悄(은밀히)'의 구성자

2888 **悄悄** qiāoqiāo
5급 조용할 초悄
[부] 은밀히, 몰래

2889 **敲** qiāo
4급 두드릴 고敲
[동] 치다, 두드리다, 때리다

2890 **桥** qiáo
4급 다리 교橋
[명] 다리, 교량

2891 **桥梁** qiáoliáng
6급 다리 량, 들보 량梁
[명] 교량, 다리, 중개자

2892 **瞧** qiáo
5급 몰래 볼 초瞧
[동] 보다, 구경하다

巧 qiǎo
기교 교巧
[형] 교묘하다, 정교하다, 공교롭다, 꼭 맞다

2893 **巧克力** qiǎokèlì
4급 이길 극剋, 힘 력力
[명] 초콜릿

2894 **巧妙** qiǎomiào
5급 묘할 묘妙
[형] 교묘하다

窍 qiào
구멍 규竅
[명] 구멍, 관건, 요점, 비결, 요령

2895 **窍门** qiàomén
6급 문 문門
[명] (문제를 해결할) 방법, 비결, 요령

2896 **翘** qiào
6급 꼬리의 긴 깃털 교翹
[동] (한쪽 끝이 위로) 들리다, 휘다, 치켜들다

2897 **切** qiē
5급 끊을 절, 절박할 절切
[동] (칼로) 끊다, 자르다

2898 **切实** qièshí
6급 열매 실實
[형] 실용적이다, 성실하다, 진실하다

锲 qiè
새길 계鍥
[동] 조각하다

2899 **锲而不舍** qiè'érbùshě
6급 말 이을 이而, 아닐 불不, 버릴 사捨
성 끝까지 해내다

钦 qīn
공경할 흠欽
동 공경하다

2900 **钦佩** qīnpèi
6급 찰 패, 탄복할 패佩
동 경복하다, 탄복하다

侵 qīn
범할 침, 침노할 침侵
동 침입하다

2901 **侵犯** qīnfàn
6급 범할 범犯
동 침범하다

2902 **侵略** qīnlüè
6급 생략할 략, 노략질할 략略
동 침략하다

亲 qīn
친할 친親
형 같은 혈통의, 사이가 좋다　부 직접, 몸소

2903 **亲爱** qīn'ài
5급 사랑 애愛
형 친애하다, 사랑하다

2904 **亲密** qīnmì
6급 빽빽할 밀密
형 사이가 좋다, 친밀하다

2905 **亲戚** qīnqi
4급 친척 척戚
명 친척

2906 **亲切** qīnqiè
5급 정성스러울 절切
형 친절하다, 친근하다, 친밀하다

2907 **亲热** qīnrè
6급 더울 열熱
형 친절하다

2908 **亲自** qīnzì
5급 스스로 자自
부 직접, 손수, 친히

勤 qín
부지런할 근勤
형 부지런하다, 근면하다

2909 **勤奋** qínfèn
5급 떨칠 분奋
형 꾸준하다, 부지런하다

2910 **勤俭** qínjiǎn
6급 검소할 검儉
형 근검하다, 알뜰하다

2911 **勤劳** qínláo
6급 일할 로勞
동 열심히 일하다

2912 **青** qīng
5급 푸를 청青
형 푸르다, 진녹색의

2913 **青春** qīngchūn
5급 봄 춘春
명 청춘

2914 **青少年** qīngshàonián
5급 어릴 소少, 해 년年
명 청소년

2915 **轻** qīng
4급 가벼울 경輕
휑 가볍다

2916 **轻视** qīngshì
5급 볼 시視
동 경시하다, 무시하다

2917 **轻松** qīngsōng
4급 풀 송鬆
휑 가볍다, 부담이 없다, 홀가분하다

2918 **轻易** qīngyì
5급 쉬울 이易
휑 제멋대로이다, 경솔하다

倾 qīng
기울 경傾
동 기울다, 비스듬하다, (생각이)치우치다

2919 **倾听** qīngtīng
6급 들을 청聽
동 경청하다

2920 **倾向** qīngxiàng
6급 향할 향向
동 기울다, 치우치다 명 경향, 추세

2921 **倾斜** qīngxié
6급 비스듬할 사, 비낄 사斜
휑 기울다, 경사지다, 편향되다

清 qīng
맑을 청清
휑 깨끗하다, 맑다

2922 **清澈** qīngchè
6급 물 맑을 철澈
휑 맑고 투명하다

2923 **清晨** qīngchén
6급 새벽 신晨
명 이른 아침

2924 **清除** qīngchú
6급 덜 제除
동 깨끗이 없애다

2925 **清楚** qīngchu
3급 산뜻할 초楚
휑 분명하다, 명백하다, 이해하다, 알다

2926 **清淡** qīngdàn
5급 맑을 담, 묽을 담淡
휑 (음식이 기름지지 않고) 담백하다

2927 **清洁** qīngjié
6급 깨끗할 결潔
휑 깨끗하다, 청결하다

2928 **清理** qīnglǐ
6급 다스릴 리理
동 깨끗이 정리하다

2929 **清晰** qīngxī
6급 밝을 석晰
휑 또렷하다, 분명하다

2930 **清醒** qīngxǐng
6급 깰 성醒
휑 맑다, 분명하다, 의식을 회복하다

2931 **清真** qīngzhēn
6급 참 진眞
휑 산뜻하고 질박하다

情 qíng
뜻 정情
명 감정, 애정

2932 **情报** qíngbào
6급 갚을 보, 알릴 보報
명 정보

2933 **情节** qíngjié
6급 요약할 절節
명 줄거리, 경과

2934 **情景** qíngjǐng
5급 경치 경景
명 정경, 광경, 장면, 모습

2935 **情况** qíngkuàng
4급 상황 황况
명 상황, 정황, 사정

2936 **情理** qínglǐ
6급 다스릴 리理
명 이치, 도리

2937 **情形** qíngxíng
6급 모양 형形
명 정황, 상황

2938 **情绪** qíngxù
5급 실마리 서緒
명 정서, 감정, 마음

2939 **晴** qíng
2급 맑을 청晴
형 하늘이 맑다

2940 **晴朗** qínglǎng
6급 밝을 랑朗
형 쾌청하다, 구름 한 점 없이 맑다

2941 **请** qǐng
1급 청할 청請
동 청하다, 부탁하다, 초청하다, 초빙하다

2942 **请假** qǐngjià
3급 틈 가假
동 휴가를 신청하다

2943 **请柬** qǐngjiǎn
6급 편지 간柬
명 청첩장, 초대장

2944 **请教** qǐngjiào
6급 가르칠 교教
동 가르침을 청하다

2945 **请求** qǐngqiú
5급 구할 구求
명 요구, 요청, 부탁   동 요청하다, 바라다

2946 **请示** qǐngshì
6급 보일 시示
동 지시를 바라다   명 지시 요청서

2947 **请帖** qǐngtiě
6급 문서 첩帖
명 청첩장, 초대장

庆 qìng
경사 경慶
동 경축하다, 축하하다, 경하하다

2948 **庆祝** qìngzhù
5급 빌 축祝
동 경축하다

2949 **穷** qióng
4급 다할 궁, 궁할 궁窮
형 빈곤하다, 가난하다

丘 qiū
언덕 구丘
명 구릉, 언덕

| 2950 | **丘陵** qiūlíng
6급 언덕 릉陵
몡 구릉, 언덕

2951 **秋** qiū
3급 가을 추秋
몡 가을

球 qiú
공 구球
몡 공, 볼

2952 **球迷** qiúmí
5급 미혹할 미迷
몡 축구 팬

区 qū
지경 구區
몡 구역, 지구 동 구분하다, 구획하다

2953 **区别** qūbié
4급 나눌 별別
몡 구별, 차이 동 구분하다, 나누다

2954 **区分** qūfēn
6급 나눌 분分
동 구분하다, 분별하다

2955 **区域** qūyù
6급 지경 역域
몡 구역, 지역

曲 qū
굽을 곡曲
형 굽다, 구불구불하다

2956 **曲折** qūzhé
6급 꺾을 절折
형 굽다, 곡절이 많다 몡 복잡한 사정

驱 qū
몰 구驅
동 (가축을) 몰다, 부리다

2957 **驱逐** qūzhú
6급 쫓을 축逐
동 몰아 내다, 쫓아 내다

屈 qū
굽힐 굽屈
동 구부리다, 굽히다, 굴복하다

2958 **屈服** qūfú
6급 옷 복, 따를 복服
동 굴복하다

趋 qū
달릴 추, 달아날 추趨
동 나아가다, 향해 가다

2959 **趋势** qūshì
5급 형세 세勢
몡 추세

渠 qú
개천 거, 도랑 거渠
몡 인공 수로, 도랑

2960 **渠道** qúdào
6급 길 도道
몡 관개 수로, 경로, 방법

曲 qǔ
굽을 곡, 악곡 곡曲
몡 노래, 가곡, 악보, 멜로디

2961 **曲子** qǔzi
6급 접미사 자子
몡 노래, 악보

2962 **取** qǔ
4급 가질 취取
동 가지다, 취하다, 얻다

2963 **取缔** qǔdì
6급 맺을 체, 금지할 체締
동 (공개적으로) 금지를 명하다

2964 **取消** qǔxiāo
5급 사라질 소消
동 취소하다

2965 **娶** qǔ
5급 장가들 취娶
동 아내를 얻다, 장가들다

2966 **去** qù
1급 갈 거
동 가다, 떠나다

2967 **去年** qùnián
2급 해 년年
명 작년

2968 **去世** qùshì
5급 세상 세世
동 돌아가다, 세상을 뜨다

趣 qù
풍취 취趣
명 재미, 흥미, 취향

2969 **趣味** qùwèi
6급 맛 미味
명 재미, 흥미, 취미

2970 **圈** quān
5급 동그라미 권, 우리 권圈
명 고리, 환, 테, 범위, 구역

2971 **圈套** quāntào
6급 씌울 투套
명 올가미, 계략

权 quán
권세 권權
명 권리, 권력, 유리한 형세

2972 **权衡** quánhéng
6급 저울대 형衡
명 저울추와 저울대 동 따지다, 재다

2973 **权力** quánlì
5급 힘 력力
명 (정치적) 권력

2974 **权利** quánlì
5급 이로울 리利
명 권리

2975 **权威** quánwēi
6급 위엄 위威
명 권위, 권위자   형 권위 있다

全 quán
모두 전全
명 온, 전, 전부의, 전체의

2976 **全部** quánbù
4급 떼 부部
명 전부, 전체, 모두   형 전부의, 전체의

2977 **全局** quánjú
6급 판 국局
명 전체 국면, 대세

2978 **全力以赴** quánlìyǐfù
6급 힘 력力, 써 이以, 갈 부赴
성 전력 투구하다

210

2979	**全面** quánmiàn 5급 낯 면面 명 전면, 전반 형 전면적이다, 전반적이다	2987	**缺席** quēxí 6급 자리 석席 동 결석하다
	拳 quán 주먹 권拳 명 주먹, 권술, 권법	2988	**缺陷** quēxiàn 6급 빠질 함陷 명 결함, 결점
2980	**拳头** quántóu 6급 머리 두頭 명 주먹	2989	**瘸** qué 6급 절름발이 가瘸 동 절뚝거리다, 절름거리다
2981	**犬** quǎn 6급 개 견犬 명 개	2990	**却** què 4급 물리칠 각, 물러날 각却 동 후퇴하다, 퇴각하다
2982	**劝** quàn 5급 권할 권勸 동 권하다, 권고하다, 격려하다		**确** què 굳을 확確 동 확실하다, 견고하다
	缺 quē 이지러질 결, 모자랄 결缺 동 결핍되다, 결여되다, 모자라다	2991	**确保** quèbǎo 6급 지킬 보保 동 확보하다
2983	**缺点** quēdiǎn 4급 점 점點 명 결점, 단점, 부족한 점	2992	**确定** quèdìng 5급 정할 정定 동 확정하다
2984	**缺乏** quēfá 5급 모자랄 핍乏 동 결핍되다, 결여되다	2993	**确立** quèlì 6급 설 립立 동 확립하다, 수립하다
2985	**缺口** quēkǒu 6급 입 구口 명 결함, 흠집	2994	**确切** quèqiè 6급 끊을 절, 절박할 절切 형 확실하다, 정확하다
2986	**缺少** quēshǎo 4급 적을 소少 동 부족하다, 모자라다	2995	**确认** quèrèn 5급 알 인認 동 확인하다

2996 **确实** quèshí
4급 열매 실實
휑 확실하다, 믿을 만하다

2997 **确信** quèxìn
6급 믿을 신信
동 확신하다   명 확실한 소식

裙 qún
치마 군裙
명 치마, 스커트

2998 **裙子** qúnzi
3급 접미사 자子
명 치마, 스커트

2999 **群** qún
5급 무리 군群
명 무리, 군중   형 무리를 이루다

3000 **群众** qúnzhòng
6급 무리 중衆
명 대중, 군중, 민중

R

然 rán
그러할 연然
접 그러나, 하지만   형 옳다, 맞다

3001 **然而** rán'ér
4급 말 이을 이而
접 그러나, 하지만

3002 **然后** ránhòu
3급 뒤 후後
접 그런 후에, 연후에, 그 다음에

燃 rán
탈 연燃
동 (불이) 타다, 일다

3003 **燃烧** ránshāo
5급 불사를 소燒
동 연소하다, 타다

3004 **染** rǎn
6급 물들 염染
동 염색하다, 물들다, 감염되다

3005 **嚷** rǎng
6급 외칠 양嚷
동 고함을 치다, 소란을 피우다

3006 **让** ràng
2급 사양할 양讓
동 사양하다, 양보하다, ~하게 시키다

3007 **让步** ràngbù
6급 걸음 보步
동 양보하다

饶 ráo
넉넉할 요, 용서할 요饒
동 용서하다, 풍족하다, 많다

3008 **饶恕** ráoshù
6급 용서할 서恕
동 면해 주다, 용서하다

扰 rǎo
시끄러울 요, 어지러울 요擾
동 혼란하다, 어지럽다

3009 **扰乱** rǎoluàn
6급 어지러울 란亂
동 혼란시키다, 어지럽히다

3010 **绕** rào
5급 두를 요繞
동 휘감다, 맴돌다

惹 rě
야기할 야惹
동 불러일으키다, 초래하다

3011 **惹祸** rěhuò
6급 재앙 화禍
동 화를 초래하다, 일을 저지르다

3012 **热** rè
1급 더울 열熱
형 덥다, 뜨겁다

3013 **热爱** rè'ài
5급 사랑 애愛
동 열애에 빠지다, 뜨겁게 사랑하다

3014 **热泪盈眶** rèlèiyíngkuàng
6급 눈물 루淚, 가득 찰 영盈, 눈자위 광眶
성 매우 감격하다

3015 **热烈** rèliè
5급 세찰 렬烈
형 열렬하다

3016 **热门** rèmén
6급 문 문門
명 인기 있는 것, 유행하는 것

3017 **热闹** rènao
4급 시끄러울 뇨鬧
형 (광경이나 분위기가) 번화하다, 떠들썩하다

3018 **热情** rèqíng
3급 뜻 정情
형 열정적이다, 친절하다, 다정하다

3019 **热心** rèxīn
5급 마음 심心
동 열심이다 형 친절하다

3020 **人** rén
1급 사람 인人
명 사람, 인간

3021 **人才** réncái
5급 재주 재才
명 인재

3022 **人道** réndào
6급 길 도道
명 인간성, 인간의 도리

3023 **人格** réngé
6급 격식 격格
명 인격, 품격

213

3024 **人工** réngōng
6급 장인 공, 만들 공工
형 인위적인, 인공의 명 수공, 인력

3025 **人家** rénjiā
6급 집 가家
대 남, 타인, 본인, 어떤 사람

3026 **人间** rénjiān
6급 사이 간間
명 인간 사회, 세상

3027 **人口** rénkǒu
5급 입 구口
명 인구

3028 **人类** rénlèi
5급 무리 류類
명 인류

3029 **人民币** rénmínbì
5급 백성 민民, 화폐 폐幣
명 인민폐(중국의 법정 화폐)

3030 **人生** rénshēng
5급 날 생生
명 인생

3031 **人士** rénshì
6급 선비 사士
명 인사

3032 **人事** rénshì
5급 일 사事
명 인사(직원의 임용, 해임 등에 관계된 행정적인 일)

3033 **人为** rénwéi
6급 할 위爲
형 인위적인

3034 **人物** rénwù
5급 물건 물物
명 인물

3035 **人性** rénxìng
6급 성품 성性
명 인성, 인간의 본성

3036 **人员** rényuán
5급 사람 원員
명 인원, 요원

3037 **人质** rénzhì
6급 바탕 질質
명 인질

仁 rén
어질 인仁
형 인자하다, 어질다

3038 **仁慈** rcí
6급 자애로울 자慈
형 인자하다

忍 rěn
참을 인忍
동 참다, 견디다

3039 **忍不住** rěnbuzhù
5급 아닐 불不, 살 주住
동 견딜 수 없다, 참을 수 없다

3040 **忍耐** rěnnài
6급 견딜 내耐
동 인내하다, 참다, 견디다

3041 **忍受** rěnshòu
6급 받을 수受
동 이겨 내다, 참다

认 rèn
알 인, 인식할 인, 인정할 인認
통 식별하다, 분간하다, 승인하다, 동의하다

3042 认定 rèndìng
6급 정할 정定
통 인정하다, 확신하다

3043 认可 rènkě
6급 허락할 가可
통 승낙하다, 인가하다

3044 认识 rènshi
1급 알 식識
통 알다, 인식하다

3045 认为 rènwéi
3급 할 위, 생각할 위爲
통 여기다, 생각하다

3046 认真 rènzhēn
3급 참 진眞
형 진지하다, 착실하다, 진솔하다

任 rèn
맡길 임任
통 임명하다, 맡기다

3047 任何 rènhé
4급 어찌 하何
대 어떠한, 무슨

3048 任命 rènmìng
6급 목숨 명命
통 임명하다

3049 任务 rènwu
4급 힘쓸 무務
명 임무, 책무

3050 任性 rènxìng
6급 성품 성性
형 제멋대로 하다

3051 任意 rènyì
6급 뜻 의意
형 임의의 부 마음대로, 제멋대로

3052 任重道远 rènzhòngdàoyuǎn
6급 무거울 중重, 길 도道, 멀 원遠
성 책임이 무겁다

3053 扔 rēng
4급 버릴 잉扔
통 던지다, 포기하다, 내 버리다

仍 réng
그대로 잉, 인할 잉仍
부 아직도, 여전히, 변함없이

3054 仍旧 réngjiù
6급 옛 구舊
부 여전히, 변함없이 통 옛것을 따르다

3055 仍然 réngrán
4급 그러할 연然
부 변함없이, 여전히, 아직도

3056 日 rì
2급 해 일, 날 일日
명 태양, 해, 하루, 일

3057 日常 rìcháng
5급 항상 상常
형 일상의, 일상적인

3058 日程 rìchéng
5급 한도 정, 길 정程
명 일정

3059 日记 rìjì
4급 기록할 기記
명 일기, 일지

3060 日历 rìlì
5급 지날 력, 책력 력歷
명 일력

3061 日期 rìqī
5급 기약할 기期
명 날짜, 기간

3062 日新月异 rìxīnyuèyì
6급 새 신新, 달 월月, 다를 이異
성 나날이 새로워지다

3063 日益 rìyì
6급 더할 익益
부 나날이, 날이 갈수록

3064 日用品 rìyòngpǐn
5급 쓸 용用, 물건 품品
명 일용품

3065 日子 rìzi
5급 접미사 자子
명 날, 날짜, 기간

荣 róng
영광 영, 영예 영, 꽃 영榮
형 영광스럽다, 영예롭다

3066 荣幸 róngxìng
6급 다행 행, 행복 행幸
형 매우 영광스럽다

3067 荣誉 róngyù
6급 기릴 예, 명예 예譽
명 명예, 영예

容 róng
얼굴 용, 용납할 용容
명 용모, 모양 동 받아들이다, 포함하다

3068 容貌 róngmào
6급 모양 모貌
명 용모, 생김새

3069 容纳 róngnà
6급 들일 납納
동 수용하다, 포용하다

3070 容器 róngqì
6급 그릇 기器
명 용기

3071 容忍 róngrěn
6급 참을 인忍
동 용인하다, 참고 견디다

3072 容易 róngyì
3급 쉬울 이易
형 쉽다, 용이하다

溶 róng
녹을 용溶
동 녹(이)다, 용해되다

3073 溶解 róngjiě
6급 풀 해解
동 용해하다

融 róng
녹을 융融
동 녹다, 풀리다, 융해되다

3074 融化 rónghuà
6급 될 화化
동 녹다, 융해되다

R

3075 融洽 róngqià
6급 의논할 흡, 흡족할 흡洽
형 사이가 좋다, 조화롭다

柔 róu
부드러울 유柔
형 부드럽다, 연약하다, 여리다

3076 柔和 róuhé
6급 화할 화和
형 부드럽다, 온화하다

3077 揉 róu
6급 비빌 유, 주무를 유揉
동 비비다, 문지르다

如 rú
같을 여, 만일 여如
동 ~와 같다, ~와 비슷하다

3078 如果 rúguǒ
3급 결과 과果
접 만약, 만일

3079 如何 rúhé
5급 어찌 하何
대 어떻게, 왜

3080 如今 rújīn
5급 지금 금今
명 지금, 현재

儒 rú
선비 유儒
명 선비, 학자

3081 儒家 Rújiā
6급 집 가家
명 유가, 유학자

入 rù
들 입入
동 들어가다, 들어오다

3082 入口 rùkǒu
4급 입 구口
동 입으로 들어가다   명 입구

3083 软 ruǎn
5급 연할 연軟
형 부드럽다, 연하다, 연약하다

3084 软件 ruǎnjiàn
5급 수량 단위 건件
명 소프트웨어

若 ruò
같을 약若
접 만일, 만약   동 ~와 같다, ~인 듯하다

3085 若干 ruògān
6급 얼마 간干
대 약간, 조금

3086 弱 ruò
5급 약할 약弱
형 약하다, 연약하다, ~보다 못하다

3087 弱点 ruòdiǎn
6급 점 점點
명 약점, 단점

S

撒 sā
뿌릴 살撒
동 놓아 주다, 풀어 주다, 배설하다, 배출하다

3088 撒谎 sāhuǎng
6급 잠꼬대할 황, 속일 황谎
동 거짓말을 하다, 허튼소리를 하다

3089 洒 sǎ
5급 뿌릴 쇄洒
동 뿌리다, 흩뜨리다, 엎지르다

3090 三 sān
1급 셋 삼三
수 3, 셋

3091 伞 sǎn
3급 우산 산伞
명 우산

散 sǎn
흩을 산散
형 흩어진, 분산된, 낱개의

3092 散文 sǎnwén
6급 글월 문文
명 산문, 문학 작품

散 sàn
흩을 산散
동 (모여 있던 것이) 흩어지다, 떨어지다

3093 散布 sànbù
6급 펼 포布
동 퍼져 있다, 퍼뜨리다

3094 散步 sànbù
4급 걸음 보步
동 산보하다

3095 散发 sànfā
6급 필 발, 쏠 발发
동 발산하다, 내뿜다

嗓 sǎng
목구멍 상嗓
명 목구멍

3096 嗓子 sǎngzi
5급 접미사 자子
명 목소리, 목구멍

丧 sàng
잃을 상丧
동 잃어버리다, 상실하다

3097 丧失 sàngshī
6급 잃을 실失
동 잃어버리다, 상실하다

骚 sāo
떠들 소骚
동 소란을 피우다, 소요를 일으키다

3098 骚扰 sāorǎo
6급 시끄러울 요扰
동 소란을 피우다, 교란하다

嫂 sǎo
형수 수嫂
명 형수, 아주머니

3099 **嫂子** sǎozi
6급 접미사 자子
명 형수, 아주머니

色 sè
빛 색色
명 색, 색깔

3100 **色彩** sècǎi
5급 채색 채彩
명 색채, 성향, 정서

森 sēn
수풀 삼森
형 (나무가) 무성하다

3101 **森林** sēnlín
4급 수풀 림林
명 삼림, 숲

3102 **杀** shā
5급 죽일 살殺
동 죽이다, 전투하다, 약화시키다

沙 shā
모래 사沙
명 모래

3103 **沙发** shāfā
4급 필 발發
명 소파

3104 **沙漠** shāmò
5급 사막 막漠
명 사막

3105 **沙滩** shātān
5급 물가 탄灘
명 모래사장, 백사장

刹 shā
절 찰刹
동 (기계, 차량 등을) 멈추다

3106 **刹车** shāchē
6급 수레 차車
동 브레이크를 걸다, 차를 세우다

3107 **啥** shá
6급 무엇 사啥
대 무엇, 어느, 어떤

3108 **傻** shǎ
5급 어리석을 사傻
형 어리석다, 미련하다, 고지식하다

筛 shāi
체 사筛
명 체 동 체로 치다, 체질하다

3109 **筛选** shāixuǎn
6급 가릴 선選
동 체로 치다, 골라 내다, 선별하다

3110 **晒** shài
5급 쬘 쇄曬
동 햇볕을 쬐다, 햇볕에 말리다

山 shān
뫼 산山
명 산

3111 **山脉** shānmài
6급 줄기 맥, 혈맥 맥脈
명 산맥

删 shān
깎을 산, 삭제할 산刪
동 빼다, 삭제하다, 지우다

3112 **删除** shānchú
5급 덜 제除
동 빼다, 삭제하다, 지우다

闪 shǎn
번쩍일 섬閃
동 번쩍이다, 반짝이다

3113 **闪电** shǎndiàn
5급 번개 전電
명 번개 동 번개가 번쩍이다

3114 **闪烁** shǎnshuò
6급 빛날 삭爍
동 반짝이다, 어렴풋하다

扇 shàn
부채 선扇
명 부채

3115 **扇子** shànzi
5급 접미사 자子
명 부채

善 shàn
착할 선善
형 선량하다, 착하다, 어질다

3116 **善良** shànliáng
5급 어질 량良
형 선량하다, 착하다

3117 **善于** shànyú
5급 어조사 우于
동 ~를 잘하다, ~에 능숙하다

擅 shàn
멋대로 할 천擅
동 ~에 능하다, ~에 뛰어나다

3118 **擅长** shàncháng
6급 길 장長
동 뛰어나다, 잘하다 명 장기

3119 **擅自** shànzì
6급 스스로 자自
동 자기 멋대로 하다

伤 shāng
다칠 상, 상처 상傷
동 상하다, 해치다, 다치다 명 상처

3120 **伤害** shānghài
5급 해할 해害
동 상하게 하다, 손상시키다

3121 **伤脑筋** shāng nǎojīn
6급 뇌 뇌腦, 힘줄 근筋
골치를 앓다

3122 **伤心** shāngxīn
4급 마음 심心
동 상심하다, 슬퍼하다

商 shāng
헤아릴 상, 장사 상商
동 상의하다, 토의하다, 의논하다

3123 **商标** shāngbiāo
6급 표할 표, 나타낼 표標
명 상표

3124 **商店** shāngdiàn
1급 가게 점店
명 상점, 판매점

3125 **商量** shāngliang
4급 헤아릴 량量
동 상의하다, 의논하다

3126 商品 shāngpǐn
5급 물건 품品
명 상품, 물품

3127 商务 shāngwù
5급 힘쓸 무務
명 상무, 상업상의 용무

3128 商业 shāngyè
5급 직업 업業
명 상업, 비즈니스

3129 上 shàng
6급 위 상, 오를 상上
명 위

3130 上班 shàngbān
2급 자리 반班
동 출근하다

3131 上当 shàngdàng
5급 벌줄 당當
동 속다, 꾐에 빠지다

3132 上级 shàngjí
6급 등급 급級
명 상급자, 상사

3133 上进 shàngjìn
6급 나아갈 진進
동 향상하다, 진보하다

3134 上任 shàngrèn
6급 맡길 임任
동 부임하다 형 전임의 명 전임자

3135 上网 shàngwǎng
3급 그물 망網
동 인터넷을 하다, 인터넷을 연결하다

3136 上午 shàngwǔ
6급 낮 오午
명 오전, 상오

3137 上瘾 shàngyǐn
6급 중독 은癮
동 중독되다

3138 上游 shàngyóu
6급 놀 유游
명 상류, 앞선 목표나 수준

尚 shàng
오히려 상, 아직 상尚
부 아직, 여전히

3139 尚且 shàngqiě
6급 또 차且
접 그럼에도 불구하고, 여전히

3140 捎 shāo
6급 덜 소捎
동 가는 김에 지니고 가다, 인편에 보내다

3141 梢 shāo
6급 나뭇가지 끝 초梢
명 말단, 끝 부분

稍 shāo
점점 초, 약간 초稍
부 약간, 조금

3142 稍微 shāowēi
4급 작을 미微
부 조금, 약간, 다소

勺 sháo
국자 작勺
명 국자, 수저, 주걱

3143 **勺子** sháozi
4급 접미사 子子
명 국자, 수저

3144 **少** shǎo
1급 적을 소少
형 적다

3145 **哨** shào
6급 망볼 초哨
명 호루라기

奢 shē
사치할 사奢
형 사치하다, 낭비하다

3146 **奢侈** shēchǐ
6급 사치할 치侈
형 사치하다, 낭비하다

舌 shé
혀 설舌
명 혀

3147 **舌头** shétou
6급 접미사 头頭
명 혀

3148 **蛇** shé
5급 뱀 사蛇
명 뱀

舍 shě
버릴 사捨
동 포기하다, 버리다

3149 **舍不得** shěbude
5급 아닐 불不, 어조사 득得
동 헤어지기 섭섭해 하다, ~하기 아까워하다

设 shè
세울 설設
동 설치하다, 배치하다, 세우다

3150 **设备** shèbèi
5급 갖출 비備
명 설비, 시설 동 갖추다, 설비하다

3151 **设计** shèjì
5급 셀 계計
동 설계하다, 디자인하다 명 설계, 디자인

3152 **设立** shèlì
6급 설 립立
동 설립하다, 건립하다

3153 **设施** shèshī
5급 베풀 시施
명 시설

3154 **设想** shèxiǎng
6급 생각할 상想
동 가상하다, 생각하다 명 상상, 가상

3155 **设置** shèzhì
6급 놓을 치置
동 설치하다, 설립하다, 세우다

社 shè
모일 사社
명 단체, 조직, 집단

3156 **社会** shèhuì
4급 모일 회會
명 사회

3157 **社区** shèqū
6급 지경 구區
명 지역 사회, 단지

射 shè
쏠 사射
동 쏘다, 발사하다, 쏫하다

3158 射击 shèjī
5급 칠 격擊
동 사격하다, 쏘다 명 사격

涉 shè
건널 섭涉
동 강을 건너다, 물을 건너다

3159 涉及 shèjí
6급 미칠 급及
동 관련되다, 연관되다

摄 shè
당길 섭攝
동 섭취하다, 흡수하다, 사진을 찍다

3160 摄氏度 shèshìdù
6급 성씨 씨氏, 법도 도度
양 섭씨 온도

3161 摄影 shèyǐng
5급 그림자 영影
동 사진을 찍다

3162 谁 shéi
1급 누구 수誰
대 누구

申 shēn
밝힐 신申
동 펴다, 펼치다, 설명하다, 진술하다

3163 申报 shēnbào
6급 갚을 보, 알릴 보報
동 서면으로 보고하다

3164 申请 shēnqǐng
4급 청할 청請
동 신청하다

3165 伸 shēn
5급 펼 신伸
동 펴다, 펼치다, 밝혀내다

身 shēn
몸 신身
명 몸, 신체

3166 身材 shēncái
5급 재목 재材
명 몸매, 체격

3167 身份 shēnfen
5급 부분 분份
명 신분, 품위, 체면

3168 身体 shēntǐ
2급 몸 체體
명 몸, 신체, 건강

呻 shēn
읊조릴 신呻
동 읊조리다

3169 呻吟 shēnyín
6급 읊을 음吟
동 신음하다

绅 shēn
큰 띠 신紳
명 (사대부가 허리를 묶던) 큰 띠

3170 绅士 shēnshì
6급 선비 사士
명 신사, 젠틀맨

223

3171 **深** shēn
4급 깊을 심深
형 깊다

3172 **深奥** shēn'ào
6급 깊을 오奧
형 심오하다, 깊다

3173 **深沉** shēnchén
6급 잠길 침沈
형 신중하다, (정도가) 깊다

3174 **深刻** shēnkè
5급 새길 각刻
형 매우 강렬하다, 핵심을 찌르다

3175 **深情厚谊** shēnqínghòuyì
6급 뜻 정情, 두터울 후厚, 우의 의誼
성 깊고 돈독한 정

什 shén
무엇 십什
'什么(무엇)'의 구성자

3176 **什么** shénme
1급 어조사 마麽
대 무엇

神 shén
귀신 신神
명 신, 귀신, 신령

3177 **神话** shénhuà
5급 말씀 화話
명 신화

3178 **神经** shénjīng
6급 지날 경經
명 신경, 정신 이상

3179 **神秘** shénmì
5급 숨길 비秘, 祕
형 신비하다

3180 **神奇** shénqí
6급 신기할 기奇
형 신기하다, 기묘하다

3181 **神气** shénqì
6급 기운 기氣
명 표정, 안색, 기색

3182 **神圣** shénshèng
6급 성인 성聖
형 신성하다, 성스럽다

3183 **神态** shéntài
6급 모습 태態
명 표정과 태도, 몸가짐

3184 **神仙** shénxiān
6급 신선 선仙
명 신선, 어느 것에도 얽매이지 않는 사람

审 shěn
살필 심審
동 심사하다, 조사하다, 분석하다

3185 **审查** shěnchá
6급 조사할 사査
동 심사하다, 검열하다, 심의하다

3186 **审理** shěnlǐ
6급 다스릴 리理
동 심리하다, 심사하여 처리하다

3187 **审美** shěnměi
6급 아름다울 미美
동 아름다움을 평가하다   형 심미적

3188 **审判** shěnpàn
6급 판단할 판判
동 심판하다, 재판하다

甚 shèn
심할 심甚
형 심하다, 지나치다

3189 **甚至** shènzhì
4급 이를 지至
부 심지어, ~까지도, ~조차도

渗 shèn
스며들 삼渗
동 (액체가) 스며들다, 배어들다

3190 **渗透** shèntòu
6급 투과할 투透
동 스며들다, 삼투하다

慎 shèn
삼갈 신慎
형 삼가다, 조심하다, 신중하다

3191 **慎重** shènzhòng
6급 무거울 중重
형 신중하다

3192 **升** shēng
5급 오를 승升
동 오르다, 높이다

生 shēng
날 생生
동 낳다, 태어나다

3193 **生病** shēngbìng
2급 병 병病
동 병이 나다, 발병하다

3194 **生产** shēngchǎn
5급 낳을 산産
동 생산하다, 출산하다

3195 **生存** shēngcún
6급 있을 존存
명 생존 동 생존하다

3196 **生动** shēngdòng
5급 움직일 동動
형 생동하다, 생생하다

3197 **生活** shēnghuó
4급 살 활活
명 생활 동 살다, 생존하다

3198 **生机** shēngjī
6급 재치 기機
명 활력, 생명력, 삶의 희망

3199 **生理** shēnglǐ
6급 다스릴 리理
명 생리, 생리학

3200 **生命** shēngmìng
4급 목숨 명命
명 생명, 목숨

3201 **生气** shēngqì
3급 기운 기氣
동 화내다, 성나다

3202 **生日** shēngrì
2급 날 일日
명 생일

3203 **生疏** shēngshū
6급 소통할 소疏
형 생소하다, 소원하다

3204	**生态** shēngtài
	6급 모습 태態
	명 생태

3205	**生物** shēngwù
	6급 물건 물物
	명 생물, 생물학

3206	**生肖** shēngxiào
	6급 닮을 초肖
	명 사람의 띠

3207	**生效** shēngxiào
	6급 효과 효效
	동 효과가 나타나다

3208	**生锈** shēngxiù
	6급 녹슬 수銹
	동 녹이 슬다

3209	**生意** shēngyi
	4급 뜻 의意
	명 장사, 영업, 사업

3210	**生育** shēngyù
	6급 기를 육育
	동 출산하다, 아이를 낳다

3211	**生长** shēngzhǎng
	5급 자랄 장長
	동 생장하다, 자라다, 성장하다

	声 shēng
	소리 성聲
	명 목소리

3212	**声调** shēngdiào
	5급 고를 조調
	명 성조, 말투

3213	**声明** shēngmíng
	6급 밝을 명明
	동 성명하다 명 성명서

3214	**声势** shēngshì
	6급 형세 세勢
	명 성세, 명성과 위세

3215	**声音** shēngyīn
	3급 소리 음音
	명 소리, 목소리

3216	**声誉** shēngyù
	6급 기릴 예, 명예 예譽
	명 명성, 명예

	牲 shēng
	희생 생牲
	명 가축

3217	**牲畜** shēngchù
	6급 가축 축畜
	명 가축

	绳 shéng
	밧줄 승繩
	명 노끈, 밧줄

3218	**绳子** shéngzi
	5급 접미사 자子
	명 노끈, 밧줄

3219	**省** shěng
	4급 덜 생省
	동 아끼다, 절약하다

3220	**省会** shěnghuì
	6급 모일 회會
	명 성도, 성 정부 소재지

3221 **省略** shěnglüè
5급 생략할 략略
[동] 생략하다, 삭제하다

胜 shèng
이길 승勝
[동] 승리하다, 이기다

3222 **胜负** shèngfù
6급 질 부負
[명] 승부, 승패

3223 **胜利** shènglì
5급 이로울 리利
[명] 승리 [동] 승리하다, 성공하다

盛 shèng
성할 성盛
[동] 흥성하다, 번성하다, 풍부하다, 충족하다

3224 **盛产** shèngchǎn
6급 낳을 산産
[동] 많이 나다, 많이 생산하다

3225 **盛开** shèngkāi
6급 열 개開
[동] 활짝 피다, 만발하다

3226 **盛情** shèngqíng
6급 뜻 정情
[명] 두터운 정

3227 **盛行** shèngxíng
6급 유행할 행, 행할 행行
[동] 성행하다, 널리 유행하다

3228 **剩** shèng
4급 남을 잉剩
[동] 남다, 남기다

尸 shī
주검 시尸
[명] 시체, 송장, 주검

3229 **尸体** shītǐ
6급 몸 체體
[명] 시체

失 shī
잃을 실失
[동] 잃다, 찾지 못하다, 못 찾다

3230 **失败** shībài
4급 패할 패敗
[동] 실패하다

3231 **失眠** shīmián
5급 잠잘 면眠
[동] 불면증에 걸리다, 잠을 이루지 못하다

3232 **失去** shīqù
5급 갈 거去
[동] 잃다

3233 **失事** shīshì
6급 일 사事
[동] 의외의 사고가 발생하다

3234 **失望** shīwàng
4급 바랄 망望
[동] 실망하다, 희망을 잃다

3235 **失误** shīwù
6급 틀릴 오, 그르칠 오誤
[동] 실수를 하다 [명] 실수

3236 **失业** shīyè
5급 직업 업業
[동] 실업하다, 직업을 잃다

3237 **失踪** shīzōng
6급 자취 종踪
동 실종되다, 행방불명되다

师 shī
스승 사師
명 선생, 스승

3238 **师范** shīfàn
6급 법 범, 거푸집 범範
명 师范学校(사범 학교)의 줄임말, 본보기

3239 **师傅** shīfu
4급 보좌할 부傅
명 기사님, 선생님

3240 **诗** shī
5급 시 시詩
명 시

狮 shī
사자 사獅
명 사자

3241 **狮子** shīzi
5급 접미사 자子
명 사자

施 shī
베풀 시施
동 실행하다, 실시하다, 시행하다

3242 **施加** shījiā
6급 더할 가加
동 (영향 등을) 주다, 가하다

3243 **施展** shīzhǎn
6급 펼 전展
동 발휘하다, 펼치다

湿 shī
축축할 습濕
형 습하다, 축축하다, 눅눅하다

3244 **湿润** shīrùn
5급 젖을 윤潤
형 축축하다, 습윤하다

3245 **十** shí
1급 열 십十
수 10, 열

3246 **十分** shífēn
4급 나눌 분分
부 매우, 아주, 대단히

3247 **十足** shízú
6급 넉넉할 족足
형 충분하다, 충족하다, 함유율이 높다

石 shí
돌 석石
명 돌

3248 **石头** shítou
5급 접미사 두頭
명 돌, 바위

3249 **石油** shíyóu
6급 기름 유油
명 석유

时 shí
때 시時
명 때, 시대, 시기

3250 **时差** shíchā
5급 차이 날 차差
명 시차

3251 **时常** shícháng
6급 항상 상常
부 늘, 자주, 항상

3252 **时代** shídài
5급 시대 대代
명 시대, 시기

3253 **时而** shí'ér
6급 말 이을 이而
부 때때로, 이따금

3254 **时光** shíguāng
6급 빛 광光
명 시기, 때, 시간, 형편

3255 **时候** shíhou
1급 때 후候
명 때, 시각, 무렵

3256 **时机** shíjī
6급 틀 기, 기회 기機
명 시기, 기회, 때

3257 **时间** shíjiān
2급 사이 간間
명 시간, (시각과 시각 사이의) 동안

3258 **时刻** shíkè
5급 때 각刻
명 시각, 순간 부 늘, 언제나

3259 **时髦** shímáo
5급 찰랑거리는 머리털 모髦
형 유행이다, 최신식이다

3260 **时期** shíqī
5급 기약할 기期
명 시기

3261 **时尚** shíshàng
5급 숭상할 상, 오히려 상尚
명 시대적 유행, 시류

3262 **时事** shíshì
6급 일 사事
명 시사

识 shí
알 식識
동 알다, 이해하다, 체득하다

3263 **识别** shíbié
6급 나눌 별別
동 식별하다, 분별하다

实 shí
열매 실, 진실로 실, 실제로 행할 실實
형 진실하다, 사실적이다 명 실제, 사실

3264 **实话** shíhuà
5급 말씀 화話
명 실화, 솔직한 말

3265 **实惠** shíhuì
6급 은혜 혜惠
명 실리 형 실질적이다

3266 **实际** shíjì
4급 가장자리 제際
명 실제 형 실제적이다, 구체적이다

3267 **实践** shíjiàn
5급 밟을 천踐
명 실천, 실행 동 실천하다, 실행하다

3268 **实力** shílì
6급 힘 력力
명 실력, 힘

229

3269 实施 shíshī
6급 베풀 시施
동 실시하다, 실행하다

3270 实事求是 shíshìqiúshì
6급 일 사事, 구할 구求, 옳을 시是
성 실사구시

3271 实习 shíxí
5급 익힐 습習
동 실습하다

3272 实现 shíxiàn
5급 나타날 현現
동 실현하다, 달성하다

3273 实行 shíxíng
6급 행할 행, 다닐 행行
동 실행하다

3274 实验 shíyàn
5급 시험할 험驗
명 실험 동 실험하다

3275 实用 shíyòng
5급 쓸 용用
형 실용적이다

3276 实在 shízai
4급 있을 재在
형 확실히, 정말, 참으로

3277 实质 shízhì
6급 바탕 질質
명 실질, 본질

3278 拾 shí
6급 주울 습拾
동 줍다, 집다, 수습하다 수 열, 10

食 shí
먹을 식食
동 먹다, 밥을 먹다, 식사하다

3279 食物 shíwù
5급 물건 물物
명 음식물

3280 使 shǐ
4급 하여금 사使
동 (~에게) ~시키다, ~하게 하다

3281 使劲儿 shǐjìnr
5급 굳셀 경勁, 아이 아兒
힘내! 힘껏!

3282 使命 shǐmìng
6급 목숨 명命
명 사명, 명령

3283 使用 shǐyòng
4급 쓸 용用
동 사용하다, 쓰다

始 shǐ
처음 시, 비로소 시始
명 처음, 최초, 시작

3284 始终 shǐzhōng
5급 마칠 종終
명 처음과 끝, 시종 부 시종일관, 줄곧

士 shì
선비 사士
명 선비, 지식인, 미혼 남자, 총각

3285 士兵 shìbīng
5급 군사 병兵
명 병사, 사병

示 shì
보일 시示
⑤ 보이다, 알리다, 나타내다

3286 示范 shìfàn
6급 법 범, 거푸집 범範
몡 시범, 모범 툉 시범하다, 모범을 보이다

3287 示威 shìwēi
6급 위엄 위威
툉 시위하다 몡 시위, 데모

3288 示意 shìyì
6급 뜻 의意
툉 뜻을 표시하다

世 shì
세상 세世
몡 천하, 세계, 세상, 시대

3289 世代 shìdài
6급 대신할 대, 시대 대代
몡 세대, 연대

3290 世纪 shìjì
4급 해 기, 세월 기紀
몡 세기

3291 世界 shìjiè
3급 지경 계界
몡 세계

市 shì
시장 시市
몡 시장, 장, 도시

3292 市场 shìchǎng
5급 장소 장場
몡 시장

似 shì
닮을 사似
'似的(~와 같다)'의 구성자

3293 似的 shìde
5급 어조사 적的
丕 ~와 같다, ~와 비슷하다

势 shì
형세 세勢
몡 세력, 위세, 기세

3294 势必 shìbì
6급 반드시 필必
㈜ 반드시, 꼭

3295 势力 shìlì
6급 힘 력力
몡 세력

事 shì
일 사事
몡 일, 작업, 업무

3296 事故 shìgù
6급 연고 고故
몡 사고

3297 事迹 shìjì
6급 자취 적迹
몡 사적

3298 事件 shìjiàn
6급 수량 단위 건件
몡 사건

3299 事情 shìqing
2급 뜻 정情
몡 일, 사건

3300 **事实** shìshí
5급 열매 실實
명 사실

3301 **事态** shìtài
6급 모습 태態
명 사태, 정황

3302 **事务** shìwù
6급 힘쓸 무務
명 일, 사무, 총무

3303 **事物** shìwù
5급 물건 물物
명 사물

3304 **事先** shìxiān
5급 먼저 선先
명 사전에, 미리

3305 **事项** shìxiàng
6급 항목 항項
명 사항

3306 **事业** shìyè
6급 직업 업業
명 사업

3307 **试** shì
3급 시험 시試
동 시험삼아 해 보다, 시험하다

3308 **试卷** shìjuàn
5급 말 권捲
명 시험지

3309 **试图** shìtú
6급 꾀할 도圖
동 시도하다

3310 **试验** shìyàn
6급 시험할 험驗
동 실험하다, 테스트하다 명 시험

视 shì
볼 시視
동 보다, 살피다, 시찰하다

3311 **视力** shìlì
6급 힘 력力
명 시력

3312 **视频** shìpín
6급 자주 빈頻
명 동영상, 화상캠(채팅)

3313 **视线** shìxiàn
6급 줄 선綫
명 시선, 눈길

3314 **视野** shìyě
6급 들 야野
명 시야, 시계

3315 **是** shì
1급 옳을 시是
동 ~이다 형 맞다, 옳다

3316 **是非** shìfēi
6급 아닐 비非
명 시비, 옳고 그름

3317 **是否** shìfǒu
4급 아닐 부否
부 ~인지 아닌지

适 shì
맞을 적適
동 알맞다, 적합하다

3318 **适合** shìhé
4급 합할 합合
동 적합하다, 부합하다

3319 **适宜** shìyí
6급 마땅할 의宜
형 알맞다 동 적합하다, 적절하다

3320 **适应** shìyìng
4급 응할 응應
동 적응하다

逝 shì
떠날 서, 갈 서逝
동 (물, 시간 등이) 지나가다, 흐르다, 죽다

3321 **逝世** shìshì
6급 세상 세世
동 세상을 떠나다, 돌아가다

释 shì
풀 석釋
동 풀다, 해석하다, 설명하다

3322 **释放** shìfàng
6급 놓을 방放
동 석방하다, 방출하다

3323 **收** shōu
4급 거둘 수收
동 받다, 접수하다, 받아들이다

3324 **收藏** shōucáng
6급 저장할 장, 감출 장藏
동 소장하다, 보관하다

3325 **收获** shōuhuò
5급 얻을 획獲
동 수확하다 명 소득, 수확

3326 **收据** shōujù
5급 근거 거據
명 영수증

3327 **收入** shōurù
4급 들 입入
명 수입, 소득 동 받다, 받아들이다

3328 **收拾** shōushi
4급 주울 습拾
동 정리하다, 정돈하다, 수습하다

3329 **收缩** shōusuō
6급 줄어들 축縮
동 수축하다, 축소하다

3330 **收益** shōuyì
6급 더할 익益
명 수익, 이득

3331 **收音机** shōuyīnjī
6급 소리 음音, 틀 기, 기계 기機
명 라디오

手 shǒu
손 수手
명 손

3332 **手表** shǒubiǎo
2급 시계 표表
명 손목시계

3333 **手法** shǒufǎ
6급 법 법法
명 기교, 수법, 수완

3334 **手工** shǒugōng
5급 장인 공, 일 공工
명 수공 동 손으로 만들다

233

3335 **手机** shǒujī
2급 틀 기, 기계 기機
명 휴대폰

3336 **手势** shǒushì
6급 형세 세勢
명 손짓, 손동작

3337 **手术** shǒushù
5급 재주 술術
명 수술   동 수술하다

3338 **手套** shǒutào
5급 씌울 투套
명 장갑

3339 **手续** shǒuxù
5급 이을 속續
명 수속, 절차

3340 **手艺** shǒuyì
6급 재주 예, 예술 예藝
명 손재간, 솜씨

3341 **手指** shǒuzhǐ
5급 손가락 지指
명 손가락

守 shǒu
지킬 수守
동 지키다, 수비하다

3342 **守护** shǒuhù
6급 보호할 호護
동 지키다, 수호하다

3343 **首** shǒu
5급 머리 수首
명 시작, 최초, 머리, 우두머리

3344 **首都** shǒudū
4급 도읍 도都
명 수도

3345 **首饰** shǒushi
6급 꾸밀 식飾
명 머리 장식품, 장신구

3346 **首先** shǒuxiān
4급 먼저 선先
부 가장 먼저, 맨 먼저

3347 **首要** shǒuyào
6급 중요할 요要
형 가장 중요하다

寿 shòu
목숨 수壽
형 장수하다, 오래 살다

3348 **寿命** shòumìng
5급 목숨 명命
명 수명, 목숨

受 shòu
받을 수受
동 받다, 받아들이다

3349 **受不了** shòubuliǎo
4급 아닐 불不, 어조사 료了
동 견딜 수 없다, 참을 수 없다

3350 **受到** shòudào
4급 이를 도到
동 얻다, 받다

3351 **受伤** shòushāng
5급 다칠 상, 상처 상傷
동 부상당하다, 상처를 입다

3352 **受罪** shòuzuì
6급 죄 죄罪
동 고생하다, 시달리다

授 shòu
줄 수授
동 주다, 수여하다, 넘기다

3353 **授予** shòuyǔ
6급 줄 여予
동 수여하다, 주다

售 shòu
팔 수售
동 팔다

3354 **售货员** shòuhuòyuán
4급 재물 화货, 사람 원员
명 판매원, 점원

3355 **瘦** shòu
3급 여윌 수瘦
형 마르다, 여위다

3356 **书** shū
1급 글 서书
명 책

3357 **书法** shūfǎ
6급 법 법法
명 서예

3358 **书籍** shūjí
6급 문서 적籍
명 서적, 책

3359 **书记** shūjì
6급 기록할 기记
명 서기

3360 **书架** shūjià
5급 시렁 가架
명 책장

3361 **书面** shūmiàn
6급 낯 면面
명 서면, 지면

叔 shū
숙부 숙叔
명 숙부, 작은아버지, 삼촌

3362 **叔叔** shūshu
3급 숙부 숙叔
명 작은아버지, 삼촌

梳 shū
머리 빗을 소梳
동 빗다, 빗질하다

3363 **梳子** shūzi
5급 접미사 자子
명 빗

舒 shū
펼 서舒
동 펴다, 풀다, 늦추다, 홀가분하다

3364 **舒畅** shūchàng
6급 펼 창畅
형 상쾌하다, 홀가분하다

3365 **舒服** shūfu
3급 옷 복, 따를 복服
형 (몸, 마음이) 편안하다, 쾌적하다

3366 **舒适** shūshì
5급 맞을 적适
형 편안하다, 쾌적하다

疏 shū
소통할 소疏
동 소통시키다, 분산하다

3367 疏忽 shūhu
6급 소홀히 할 홀, 갑자기 홀忽
동 소홀히 하다   형 부주의하다   명 실수

3368 疏远 shūyuǎn
6급 멀 원遠
형 소원하다, 멀다   동 멀리하다

3369 输 shū
4급 나를 수輸
동 패하다, 지다, 잃다, 나르다, 운송하다

3370 输入 shūrù
5급 들 입入
동 입력하다, 수입하다

蔬 shū
나물 소蔬
명 채소, 야채

3371 蔬菜 shūcài
5급 나물 채菜
명 채소, 야채

熟 shú
익을 숙熟
형 (음식이) 익다, 익숙하다, 잘 알다

3372 熟练 shúliàn
5급 익힐 련練
형 능숙하다, 숙련되어 있다

3373 熟悉 shúxī
4급 모두 실悉
형 잘 알다, 익숙하다

属 shǔ
무리 속屬
동 ~에 속하다, ~의 것이다

3374 属于 shǔyú
5급 어조사 우于
동 ~에 속하다, ~의 소유이다

鼠 shǔ
쥐 서鼠
명 쥐

3375 鼠标 shǔbiāo
5급 표할 표, 나타낼 표標
명 마우스

3376 数 shǔ
5급 헤아릴 수數
동 세다, 헤아리다

3377 束 shù
6급 묶을 속束
동 묶다, 매다, 속박하다   양 묶음, 다발

3378 束缚 shùfù
6급 묶을 박縛
동 구속하다, 속박하다

3379 树 shù
3급 나무 수, 세울 수樹
명 나무, 수목

3380 树立 shùlì
6급 설 립立
동 수립하다, 세우다

3381 竖 shù
6급 세울 수竪
형 수직의, 세로의   동 똑바로 세우다

数 shù
숫자 수數
명 수

3382 **数额** shù'é
6급 일정한 액수 額
명 일정한 수, 액수

3383 **数据** shùjù
5급 근거 據
명 데이터, 통계 수치

3384 **数量** shùliàng
4급 분량 량, 헤아릴 량量
명 수량, 양, 수효

3385 **数码** shùmǎ
5급 셈할 마碼
명 숫자, 디지털

3386 **数学** shùxué
3급 배울 학學
명 수학

3387 **数字** shùzì
4급 글자 자字
명 숫자, 수량, 수

刷 shuā
닦을 쇄刷
동 솔로 닦다, 솔질하다

3388 **刷牙** shuāyá
3급 어금니 아牙
동 이를 닦다, 양치질하다

3389 **耍** shuǎ
6급 희롱할 사耍
동 놀리다, 희롱하다

衰 shuāi
쇠할 쇠衰
형 쇠약해지다

3390 **衰老** shuāilǎo
6급 늙을 로老
형 노쇠하다, 늙어 쇠약해지다

3391 **衰退** shuāituì
6급 물러날 퇴退
동 쇠약해지다, 쇠퇴하다

摔 shuāi
내던질 솔摔
동 내던지다, 내동댕이치다

3392 **摔倒** shuāidǎo
5급 거꾸로 도倒
동 쓰러지다, 넘어지다

3393 **甩** shuǎi
5급 던질 솔甩
동 휘두르다, 내젓다, 떼어 놓다

3394 **帅** shuài
4급 장수 수帥
형 잘생기다, 멋지다

率 shuài
거느릴 솔率
동 인솔하다, 통솔하다

3395 **率领** shuàilǐng
6급 거느릴 령領
동 거느리다, 이끌다

涮 shuàn
씻을 쇄涮
동 물을 붓고 흔들어 씻다, 샤부샤부를 하다

237

3396 **涮火锅** shuàn huǒguō
6급 불 火, 솥 과鍋
중국식 샤부샤부를 먹다

3397 **双** shuāng
3급 쌍 쌍雙
명 짝, 켤레, 쌍　형 두 개의, 쌍의

3398 **双胞胎** shuāngbāotāi
6급 태보 胞胎, 태아 胎胎
명 쌍둥이

3399 **双方** shuāngfāng
5급 모 방方
명 쌍방, 양쪽

爽 shuǎng
시원할 상爽
형 상쾌하다, 편안하다

3400 **爽快** shuǎngkuai
6급 빠를 쾌快
형 시원시원하다, 솔직하다

3401 **水** shuǐ
1급 물 수水
명 물

3402 **水果** shuǐguǒ
1급 열매 과果
명 과일, 과실

3403 **水利** shuǐlì
6급 이로울 리利
명 水利工程(수리 공사)의 줄임말, 수리

3404 **水龙头** shuǐlóngtóu
6급 용 룡龍, 머리 두頭
명 수도꼭지

3405 **水泥** shuǐní
6급 진흙 니泥
명 시멘트

3406 **水平** shuǐpíng
3급 평평할 평平
명 수준, 수평

3407 **税** shuì
5급 세금 세稅
명 세금

睡 shuì
잘 수睡
동 잠을 자다

3408 **睡觉** shuìjiào
1급 잠 교覺
동 잠을 자다

顺 shùn
순할 순順
형 순조롭다, 순탄하다

3409 **顺便** shùnbiàn
4급 편할 편便
부 ~하는 김에, 겸사겸사

3410 **顺利** shùnlì
4급 이로울 리利
형 순조롭다, 일이 잘 되어 가다

3411 **顺序** shùnxù
4급 차례 서序
명 순서, 차례, 순번, 순차

瞬 shùn
눈 깜박일 순瞬
동 (눈을) 깜빡이다, 깜짝이다

3412 **瞬间** shùnjiān
6급 사이 간間
명 순간, 순식간

3413 **说** shuō
1급 말씀 설說
동 말하다, 이야기하다

3414 **说不定** shuōbudìng
5급 아닐 불不, 정할 정定
부 아마, 대개   동 아마 ~일 것이다

3415 **说服** shuōfú
5급 옷 복, 따를 복服
동 설복하다, 설득하다

3416 **说话** shuōhuà
2급 말씀 화話
동 말하다, 이야기하다

3417 **说明** shuōmíng
4급 밝을 명明
동 설명하다, 해설하다

硕 shuò
클 석碩
형 크다

3418 **硕士** shuòshì
4급 선비 사士
명 석사

司 sī
맡을 사司
동 주관하다, 담당하다

3419 **司法** sīfǎ
6급 법 법法
명 사법

3420 **司机** sījī
3급 틀 기, 기계 기機
명 (자동차, 전차, 기차 등의) 기사, 운전사, 기관사

3421 **司令** sīlìng
6급 명령할 령令
명 사령, 사령관

丝 sī
실 사絲
명 생사, 날실, 명주실

3422 **丝绸** sīchóu
5급 비단 주綢
명 비단, 명주

3423 **丝毫** sīháo
5급 터럭 호毫
부 조금도, 추호도

私 sī
사사로울 사私
형 개인의, 사적인

3424 **私人** sīrén
5급 사람 인人
형 개인 간의, 개인의, 사적인

3425 **私自** sīzì
6급 스스로 자自
부 비밀리에, 사적으로

思 sī
생각 사思
동 생각하다, 사고하다, 그리워하다

3426 **思考** sīkǎo
5급 생각할 고考
동 사고하다, 사색하다

3427 **思念** sīniàn
6급 생각할 념念
동 그리워하다

3428 **思索** sīsuǒ
6급 찾을 색索
동 사색하다

3429 **思维** sīwéi
6급 생각할 유維
명 사유 동 사유하다, 숙고하다

3430 **思想** sīxiǎng
5급 생각할 상想
명 사상, 생각 동 생각하다, 고려하다

斯 sī
이 사斯
대 이, 이것, 여기

3431 **斯文** sīwen
6급 글월 문文
형 우아하다, 고상하다, 점잖다

3432 **撕** sī
5급 찢을 시撕
동 (손으로) 찢다, 뜯다

3433 **死** sǐ
4급 죽을 사死
명 죽다, 생명을 잃다

3434 **死亡** sǐwáng
6급 망할 망亡
명 사망, 멸망 동 죽다, 사망하다

3435 **四** sì
1급 넷 사四
주 4, 넷

3436 **四肢** sìzhī
6급 팔다리 지肢
명 사지, 팔다리

寺 sì
절 사寺
명 사원, 절, 사찰

3437 **寺庙** sìmiào
6급 사당 묘廟
명 사원, 절, 사찰

似 sì
닮을 사似
부 마치(~인 것 같다)

3438 **似乎** sìhū
5급 어조사 호乎
부 마치 ~인 것 같다

饲 sì
기를 사飼
동 사육하다, 기르다

3439 **饲养** sìyǎng
6급 기를 양養
동 먹이다, 기르다

肆 sì
방자할 사肆
동 제멋대로 하다, 아랑곳하지 않다

3440 **肆无忌惮** sìwújìdàn
6급 없을 무無, 꺼릴 기忌, 꺼릴 탄憚
성 제멋대로 굴고 전혀 거리낌이 없다

3441 **耸** sǒng
6급 솟을 용聳
동 치솟다, 우뚝 솟다

3442 **送** sòng
2급 보낼 송送
동 배웅하다, 전송하다, 주다, 선사하다

搜 sōu
찾을 수搜
동 찾다, 모으다, 수사하다, 수색하다

3443 **搜索** sōusuǒ
5급 찾을 색索
동 검색하다, 수색하다

3444 **艘** sōu
6급 배 소艘
양 척(선박을 헤아리는 데 쓰임)

苏 sū
소생할 소蘇
동 소생하다, 되살아나다

3445 **苏醒** sūxǐng
6급 깰 성醒
동 소생하다, 의식을 회복하다

俗 sú
풍속 속俗
명 풍속, 관습 형 대중적이다, 통속적이다

3446 **俗话** súhuà
6급 말씀 화話
명 속담, 옛말

诉 sù
호소할 소訴
동 고소하다, 고발하다

3447 **诉讼** sùsòng
6급 소송할 송訟
동 소송하다, 재판을 걸다

素 sù
본디 소, 흴 소素
형 소박하다 명 야채, 과일류의 음식

3448 **素食** sùshí
6급 먹을 식食
명 소식, 채식 동 소식하다, 채식하다

3449 **素质** sùzhì
6급 바탕 질質
명 소양, 소질, 본질

速 sù
빠를 속速
명 속도 형 빠르다, 신속하다

3450 **速度** sùdù
4급 법도 도度
명 속도

宿 sù
잘 숙宿
동 숙박하다, 묵다

3451 **宿舍** sùshè
5급 집 사舍
명 기숙사

塑 sù
흙 빚을 소塑
동 (흙으로) 빚다, 소조하다, 만들다

3452 **塑料袋** sùliàodài
4급 헤아릴 료料, 자루 대袋
명 비닐 봉지

3453 **塑造** sùzào
6급 만들 조造
동 빚어서 만들다, 조소하다

3454 **酸** suān
4급 초 산酸
형 (맛, 냄새 등이) 시다, 시큼하다

算 suàn
셈 산算
동 계산하다, 셈하다, 세다

3455 **算数** suànshù
6급 헤아릴 수數
동 숫자를 세다, 수를 헤아리다

虽 suī
비록 수雖
접 비록 ~이지만

3456 **虽然…但是…** suīrán…dànshì…
2급 그러할 연然, 다만 단但, 옳을 시是
비록 ~하지만, ~하다

随 suí
따를 수隨
부 마음대로, 좋을 대로, 자유로이

3457 **随便** suíbiàn
4급 편할 편便
부 마음대로, 좋을 대로 동 마음대로 하다

3458 **随即** suíjí
6급 곧 즉即
부 바로, 즉시, 곧

3459 **随身** suíshēn
5급 몸 신身
동 곁에 따라다니다, 휴대하다

3460 **随时** suíshí
5급 때 시時
부 수시로, 언제나, 그때그때

3461 **随手** suíshǒu
5급 손 수手
부 ~하는 김에, 겸해서

3462 **随意** suíyì
6급 뜻 의意
부 마음대로, 뜻대로 동 생각대로 하다

3463 **随着** suízhe
4급 어조사 착着
동 ~에 따르다, ~에 따라

3464 **岁** suì
1급 해 세歲
명 살, 세

3465 **岁月** suìyuè
6급 달 월月
명 세월, 시간

3466 **碎** suì
5급 부술 쇄碎
동 부서지다, 박살 내다, 자질구레하다

隧 suì
굴 수隧
명 굴, 터널, 지하도

3467 **隧道** suìdào
6급 길 도道
명 굴, 터널

孙 sūn
손자 손孫
명 손자, 손녀

3468 **孙子** sūnzi
4급 접미사 자子
명 손자

损 sǔn
해칠 손, 감소할 손損
동 훼손하다, 손상시키다, 파손하다

3469 损坏 sǔnhuài
6급 상할 괴, 무너질 괴壞
동 손상하다, 훼손하다

3470 损失 sǔnshī
5급 잃을 실失
동 소모하다, 소비하다 명 손실, 손해

缩 suō
줄어들 축縮
동 줄어들다, 수축하다, 오그라들다

3471 缩短 suōduǎn
5급 짧을 단短
동 단축하다, 줄이다

3472 所 suǒ
5급 곳 소所
명 장소, 곳

3473 所有 suǒyǒu
4급 있을 유有
형 모든, 전부의

索 suǒ
찾을 색索
동 청구하다, 요구하다, 찾다, 수색하다

3474 索取 suǒqǔ
6급 가질 취取
동 요구하다, 달라고 하다, (애써서) 얻어 내다

3475 索性 suǒxìng
6급 성품 성性
부 차라리, 아예

3476 锁 suǒ
5급 쇠사슬 쇄鎖
명 자물쇠 동 잠그다, 채우다

T

3477 他 tā
1급 남 타他
대 그, 그 사람

3478 它 tā
2급 그것 타它
대 그, 저, 그것, 저것(사람 이외의 것을 나타냄)

3479 她 tā
1급 그녀 타她
대 그녀, 그 여자

3480 塌 tā
6급 무너질 탑塌
동 꺼지다, 움푹 패다, 무너지다, 붕괴하다

踏 tā
밟을 답踏
동 성실하다, 착하다, 착실하다

3481 踏实 tāshi
6급 열매 실實
형 편안하다, 착실하다

3482 塔 tǎ
6급 탑 탑塔
명 탑

3483 台 tái
4급 대 대臺
명 높고 평평한 건축물, 대, 무대, 단

3484 台风 táifēng
6급 바람 풍風
명 태풍

3485 台阶 táijiē
5급 층계 계階
명 층계, 계단

3486 抬 tái
4급 맞들 대抬
동 (두 사람 이상이) 맞들다, 함께 들다

3487 太 tài
1급 클 태太
부 대단히, 매우   부 몹시, 너무

3488 太极拳 tàijíquán
5급 한계 극極, 주먹 권拳
명 태극권

3489 太空 tàikōng
6급 빌 공空
명 우주

3490 太太 tàitai
5급 클 태太
명 아내, 부인

3491 太阳 tàiyáng
3급 햇빛 양, 볕 양陽
명 태양, 해

态 tài
모습 태態
명 모양, 형태, 형상

3492 态度 tàidu
4급 모습 도度
명 태도

泰 tài
클 태, 편안할 태泰
[형] 평안하다, 태평하다, 최고의

3493 泰斗 tàidǒu
6급 말 두, 별 이름 두斗
[명] 태산북두, 권위자, 대가

贪 tān
탐낼 탐贪
[형] 탐오하다, 횡령하다

3494 贪婪 tānlán
6급 탐할 람婪
[형] 매우 탐욕스럽다

3495 贪污 tānwū
6급 더러울 오污
[동] 탐오하다, 횡령하다

3496 摊 tān
6급 펼칠 탄摊
[동] 늘어 놓다, 펴다 [명] 노점

瘫 tān
마비증 탄瘫
[동] 반신불수가 되다, 중풍이 들다

3497 瘫痪 tānhuàn
6급 중풍 탄痪
[동] 반신불수가 되다, 마비되다

3498 谈 tán
4급 말씀 담谈
[동] 말하다, 이야기하다

3499 谈判 tánpàn
5급 판단할 판判
[동] 담판하다, 회담하다

弹 tán
탈 탄弹
[동] (악기를) 타다, 뜯다, 치다

3500 弹钢琴 tán gāngqín
4급 단단할 강鋼, 거문고 금琴
[동] 피아노를 치다

3501 弹性 tánxìng
6급 성품 성性
[명] 탄성, 유연성, 신축성

坦 tǎn
평탄할 탄坦
[형] 평평하다, 평탄하다, 솔직하다

3502 坦白 tǎnbái
6급 흰 백白
[형] 담백하다, 솔직하다

3503 坦率 tǎnshuài
5급 거느릴 솔率
[형] 솔직하다, 정직하다

叹 tàn
탄식할 탄嘆
[동] 탄식하다, 한숨 쉬다

3504 叹气 tànqì
6급 기운 기氣
[동] 탄식하다, 한숨짓다

探 tàn
찾을 탐探
[동] 찾아가다, 방문하다, 정탐하다

3505 探测 tàncè
6급 헤아릴 측, 잴 측測
[동] 탐측하다, 탐구하다, 헤아리다

245

3506 探索 tànsuǒ
6급 찾을 색索
동 탐색하다, 찾다

3507 探讨 tàntǎo
6급 찾을 토, 탐구할 토討
동 탐구하다, 조사하다

3508 探望 tànwàng
6급 바랄 망望
동 방문하다, 문안하다

3509 汤 tāng
4급 국 탕湯
명 탕, 국, 국물

3510 糖 táng
4급 사탕 당糖
명 설탕, 사탕, 캔디

倘 tǎng
혹시 당倘
접 만약 ~이라면

3511 倘若 tǎngruò
6급 같을 약若
접 만일 ~한다면

3512 躺 tǎng
4급 누울 당躺
동 눕다, 드러눕다

3513 烫 tàng
5급 뜨거울 탕烫
형 몹시 뜨겁다 동 다리다, 화상 입다

3514 趟 tàng
4급 물 건널 당趟
양 차례, 번(왕래한 횟수를 세는 데 쓰임)

3515 掏 tāo
6급 끄집어낼 도掏
동 꺼내다, 후비다

滔 tāo
물 넘칠 도滔
동 (물이) 가득 차다, 넘치다

3516 滔滔不绝 tāotāobùjué
6급 아닐 불不, 끊을 절絶
성 끊임없이 계속되다, 쉴 새 없이 말하다

3517 逃 táo
5급 달아날 도逃
동 도망치다, 피하다

3518 逃避 táobì
5급 피할 피避
동 도피하다

3519 桃 táo
5급 복숭아나무 도桃
명 복숭아

陶 táo
질그릇 도陶
명 도기, 토기, 질그릇 동 도기를 만들다

3520 陶瓷 táocí
6급 사기그릇 자瓷
명 도자기

3521 陶醉 táozuì
6급 취할 취醉
동 도취하다

淘 táo
쌀 일 도淘
동 (쌀 등을) 일다, 물로 씻어 내다

3522 **淘气** táoqì
5급 기운 기氣
형 장난이 심하다, 말을 듣지 않다

3523 **淘汰** táotài
6급 일 태汰
동 도태하다, 골라내다

讨 tǎo
칠 토, 탐구할 토, 책망할 토討
동 토론하다, 연구하다, 토벌하다, 정벌하다

3524 **讨好** tǎohǎo
6급 좋을 호好
동 잘 보이다, 환심을 사다, 비위를 맞추다

3525 **讨价还价** tǎojiàhuánjià
5급 값 가價, 돌아올 환還
성 값을 흥정하다

3526 **讨论** tǎolùn
4급 논할 론論
동 토론하다

3527 **讨厌** tǎoyàn
4급 싫어할 염厭
동 싫어하다, 미워하다

3528 **套** tào
5급 씌울 투套
명 덮개, 커버

特 tè
특별할 특特
형 특수하다, 특별하다

3529 **特别** tèbié
3급 나눌 별別
형 특별하다, 특이하다 부 특히, 더욱

3530 **特长** tècháng
6급 길 장長
명 특기, 장기, 장점

3531 **特点** tèdiǎn
4급 점 점點
명 특징, 특색

3532 **特定** tèdìng
6급 정할 정定
형 특정한, 일정한, 주어진

3533 **特色** tèsè
5급 빛 색色
명 특색, 특징 형 독특한, 특별한

3534 **特殊** tèshū
5급 다를 수殊
형 특수하다, 특별하다

3535 **特意** tèyì
6급 뜻 의意
부 특별히, 일부러

3536 **特征** tèzhēng
5급 증명할 징徵
명 특징

3537 **疼** téng
3급 아플 동疼
형 아프다

3538 **疼爱** téng'ài
5급 사랑 애愛
동 매우 귀여워하다

踢 tī
찰 척踢
동 차다, 발길질하다

3539 **踢足球** tī zúqiú
2급 발 족足, 공 구球
축구를 하다

3540 **提** tí
4급 끌 제提
동 (아래에서 위로) 끌어올리다, (물건을) 들다

3541 **提拔** tíbá
6급 뽑을 발, 뺄 발拔
동 발탁하다, 등용하다

3542 **提倡** tíchàng
5급 여광대 창倡
동 제창하다

3543 **提纲** tígāng
5급 벼리 강綱
명 요점, 요강, 개요

3544 **提高** tígāo
3급 높을 고高
동 (위치, 수준, 질, 수량 등을) 제고하다, 향상시키다

3545 **提供** tígōng
4급 공급할 공供
동 제공하다, 공급하다, 내놓다

3546 **提炼** tíliàn
6급 달굴 련, 정련할 련煉
동 추출하다, 정련하다, 제고하다

3547 **提前** tíqián
4급 앞 전前
동 (예정된 시간, 위치를) 앞당기다

3548 **提示** tíshì
6급 보일 시示
동 힌트를 주다, 제시하다

3549 **提问** tíwèn
5급 물을 문問
동 질문하다 명 질문

3550 **提醒** tíxǐng
4급 깰 성醒
동 일깨우다, 깨우치다

3551 **提议** tíyì
6급 의논할 의議
동 제의하다 명 제의

3552 **题** tí
2급 제목 제題
명 제목, 문제

3553 **题材** tícái
6급 재목 재材
명 제재, 작품의 소재

3554 **题目** tímù
5급 제목 목目
명 제목, 표제, 테마

体 tǐ
몸 체體
명 몸, 신체

3555 **体裁** tǐcái
6급 마를 재裁
명 체재, 장르

3556 **体会** tǐhuì
5급 모일 회會
동 체득하다, 이해하다 명 느낌, 경험

3557 **体积** tǐjī
6급 쌓을 적積
명 체적

3558 **体谅** tǐliàng
6급 양해할 량, 살펴 알 량諒
동 알아주다, 이해하다

3559 **体面** tǐmiàn
6급 낯 면面
명 체면, 체통, 면목

3560 **体贴** tǐtiē
5급 붙일 첩貼
동 자상하게 돌보다

3561 **体系** tǐxì
6급 묶을 계繫
명 체계

3562 **体现** tǐxiàn
5급 나타날 현現
동 구현하다 명 구현

3563 **体验** tǐyàn
5급 시험할 험驗
명 체험 동 체험하다

3564 **体育** tǐyù
3급 기를 육育
명 체육, 스포츠, 운동

天 tiān
하늘 천天
명 하늘, 천공

3565 **天才** tiāncái
6급 재주 재纔
명 천재, 천부적인 재능

3566 **天赋** tiānfù
6급 세금 부, 받을 부賦
동 천부적이다, 타고나다 명 자질, 소질

3567 **天空** tiānkōng
5급 공중 空
명 하늘, 공중

3568 **天伦之乐** tiānlúnzhīlè
6급 인륜 륜倫, 어조사 지之, 즐길 락樂
성 가족이 누리는 단란함

3569 **天气** tiānqì
1급 기운 기氣
명 날씨, 일기

3570 **天然气** tiānránqì
6급 그러할 연然, 기운 기氣
명 천연 가스

3571 **天生** tiānshēng
6급 날 생生
형 타고난, 선천적인

3572 **天堂** tiāntáng
6급 집 당堂
명 천당, 천국

3573 **天文** tiānwén
6급 글월 문文
명 천문, 천문학

3574 **天真** tiānzhēn
5급 참 진眞
형 천진하다, 꾸밈이 없다

田 tián
밭 전田
명 밭, 경작지, 농토

3575 **田径** tiánjìng
6급 길 경徑
명 '田径运动(육상경기)'의 줄임말, 논길, 밭길

3576	田野 tiányě
	6급 들 야野
	명 논밭과 들판, 들

3577 甜 tián
3급 달 첨甜
형 달다, 달콤하다

填 tián
채울 전, 메울 전填
동 기입하다, 써넣다

3578 填空 tiánkòng
4급 비울 공空
동 괄호를 채우다, 빈칸에 써넣다

3579 舔 tiǎn
6급 핥을 첨舔
동 핥다

挑 tiāo
가릴 도, 멜 도挑
동 고르다, (부정적인 면을) 끄집어내다

3580 挑剔 tiāotī
6급 뼈 바를 척剔
동 지나치게 트집 잡다

3581 条 tiáo
3급 가지 조條
명 가늘고 긴 것, 종이 쪽지, 메모지

3582 条件 tiáojiàn
4급 수량 단위 건件
명 조건

3583 条款 tiáokuǎn
6급 항목 관款
명 조항, 조목

3584 条理 tiáolǐ
6급 다스릴 리理
명 조리, 순서, 짜임새

3585 条约 tiáoyuē
6급 약속 약約
명 조약

调 tiáo
고를 조調
동 조정하다, 조절하다

3586 调和 tiáohé
6급 화할 화和
동 골고루 섞다, 중재하다

3587 调剂 tiáojì
6급 약 지을 제劑
동 조절하다, 조정하다

3588 调节 tiáojié
6급 제한할 절節
동 조절하다

3589 调解 tiáojiě
6급 풀 해解
동 조정하다, 중재하다

3590 调料 tiáoliào
6급 헤아릴 료料
명 조미료, 양념

3591 调皮 tiáopí
5급 가죽 피皮
형 장난스럽다, 짓궂다

3592 调整 tiáozhěng
5급 정돈할 정整
동 조정하다, 조절하다

挑 tiāo
꾈 도, 도려 파낼 도挑
동 (막대기 등으로) 파내다, 빼내다

3593 挑拨 tiǎobō
6급 다스릴 발撥
동 충동질하다, 부추기다

3594 挑衅 tiǎoxìn
6급 피 칠할 흔釁
동 도전하다, 도발하다, 분쟁을 일으키다

3595 挑战 tiǎozhàn
5급 싸울 전戰
명 도전 동 도전하다

跳 tiào
뛸 도跳
동 뛰다, 도약하다, 깡충 뛰다

3596 跳舞 tiàowǔ
2급 춤출 무舞
동 춤을 추다

3597 跳跃 tiàoyuè
6급 뛰어오를 약躍
동 뛰어오르다, 도약하다

3598 听 tīng
1급 들을 청聽
동 듣다

亭 tíng
정자 정亭
명 정자

3599 亭子 tíngzi
6급 접미사 자子
명 정자

3600 停 tíng
4급 멈출 정停
동 정지하다, 멎다, 서다, 멈추다

3601 停泊 tíngbó
6급 배 댈 박泊
동 정박하다, 머물다

3602 停顿 tíngdùn
6급 조아릴 돈, 둔할 둔頓
동 머물다, 중지하다

3603 停滞 tíngzhì
6급 막힐 체滯
동 정체되다, 침체하다

3604 挺 tǐng
4급 빼어날 정挺
부 꽤, 제법, 매우

3605 挺拔 tǐngbá
6급 빼어날 발, 뺄 발拔
형 우뚝하다, 늘씬하다, 쭉 빠지다

通 tōng
통할 통通
동 (막힘없이) 통하다, 관통하다, 뚫리다

3606 通常 tōngcháng
5급 항상 상常
명 보통, 통상 형 보통이다, 일반적이다

3607 通过 tōngguò
4급 지날 과過
동 건너가다, 통과하다, 지나가다

3608 通货膨胀 tōnghuòpéngzhàng
6급 재화 화貨, 부풀 팽膨, 부풀 창脹
명 통화 팽창, 인플레이션

3609 **通缉** tōngjī
6급 모을 집緝
동 (경찰, 사법기관 등에서) 지명 수배하다

3610 **通俗** tōngsú
6급 풍속 속俗
형 통속적이다

3611 **通讯** tōngxùn
6급 물을 신訊
동 통신하다 명 통신, 뉴스

3612 **通用** tōngyòng
6급 쓸 용用
동 통용되다, 두루 쓰이다

3613 **通知** tōngzhī
4급 알 지知
명 통지, 통지서 동 통지하다, 알리다

同 tóng
같을 동, 한가지 동, 함께 동同
형 같다, 동일하다

3614 **同胞** tóngbāo
6급 태보 포胞
명 동포, 한 민족

3615 **同情** tóngqíng
4급 뜻 정情
동 동정하다, 찬성하다, 공감하다

3616 **同时** tóngshí
4급 때 시時
명 동시, 같은 시간 부 동시에

3617 **同事** tóngshì
3급 일 사事
동 한 직장에서 같이 일하다 명 동료

3618 **同学** tóngxué
1급 배울 학學
명 학우, 학교 친구

3619 **同意** tóngyì
3급 뜻 의意
동 동의하다, 찬성하다

3620 **同志** tóngzhì
6급 뜻 지志
명 동지

3621 **铜** tóng
6급 구리 동銅
명 동, 구리

童 tóng
아이 동童
명 아동, 어린이

3622 **童话** tónghuà
6급 말씀 화話
명 동화

统 tǒng
거느릴 통, 합칠 통統
동 관할하다, 관리하다, 총괄하다

3623 **统筹兼顾** tǒngchóujiāngù
6급 산가지 주籌, 겸할 겸兼, 돌아볼 고顧
성 여러 방면의 일을 두루 돌보다

3624 **统计** tǒngjì
6급 셀 계計
동 통계하다, 합산하다 명 통계

3625 **统统** tǒngtǒng
6급 거느릴 통, 합칠 통統
부 전부, 모두, 다

3626 **统一** tǒngyī
5급 하나 일一
동 통일하다 형 일치된, 통일된

3627 **统治** tǒngzhì
6급 다스릴 치治
동 통치하다, 다스리다 명 통치

痛 tòng
아플 통痛
형 아프다, 괴롭다, 고통스럽다

3628 **痛苦** tòngkǔ
5급 쓸 고苦
명 고통, 아픔 형 고통스럽다

3629 **痛快** tòngkuài
5급 빠를 쾌快
형 통쾌하다, 시원시원하다

3630 **偷** tōu
5급 훔칠 투偷
동 훔치다 부 남몰래 명 도둑

头 tóu
머리 두頭
명 머리, 머리카락, 머리털

3631 **头发** tóufa
3급 터럭 발髮
명 머리카락, 두발, 머리털

投 tóu
던질 투投
동 던지다, 투척하다, 집어넣다

3632 **投机** tóujī
6급 기계 기, 기회 기機
형 의기투합하다 동 투기하다

3633 **投票** tóupiào
6급 표 표票
동 투표하다

3634 **投入** tóurù
5급 들 입入
동 돌입하다, 투입하다, 몰두하다

3635 **投诉** tóusù
6급 호소할 소訴
동 호소하다, 고발하다, 고소하다

3636 **投降** tóuxiáng
6급 항복할 항降
동 투항하다, 항복하다

3637 **投掷** tóuzhì
6급 던질 척擲
동 던지다, 투척하다

3638 **投资** tóuzī
5급 재물 자, 자원 자資
동 투자하다 명 투자금

透 tòu
투과할 투透
동 (액체, 빛, 공기 등이) 침투하다, 투과하다

3639 **透露** tòulù
6급 드러날 로露
동 누설하다, 흘리다, 암시하다

3640 **透明** tòumíng
5급 밝을 명明
형 투명하다

3641 **秃** tū
6급 대머리 독禿
형 머리카락이 없다, 민둥민둥하다, 무디다

突 tū
갑자기 돌突
부 돌연히, 갑자기   동 뚫다, 돌파하다

3642 **突出** tūchū
5급 날 출出
동 돌파하다   형 돌출하다, 돋보이다

3643 **突破** tūpò
6급 깨뜨릴 파破
동 돌파하다, 타파하다

3644 **突然** tūrán
3급 그러할 연然
부 갑자기, 문득   형 (상황이) 갑작스럽다, 난데없다

图 tú
그림 도圖
명 그림, 도표, 도화

3645 **图案** tú'àn
6급 책상 안案
명 도안

3646 **图书馆** túshūguǎn
3급 글 서書, 집 관館
명 도서관

徒 tú
무리 도徒
명 도제, 학생, 제자

3647 **徒弟** túdì
6급 아우 제弟
명 도제, 제자

途 tú
길 도途
명 길, 도로, 방법, 경로

3648 **途径** tújìng
6급 길 경徑
명 방법, 비결, 경로

涂 tú
칠할 도塗
동 칠하다, 바르다

3649 **涂抹** túmǒ
6급 칠할 말抹
동 칠하다, 바르다, 함부로 낙서하다

土 tǔ
흙 토土
명 흙, 토양, 토지

3650 **土地** tǔdì
5급 땅 지地
명 토지

3651 **土豆** tǔdòu
5급 콩 두豆
명 감자

3652 **土壤** tǔrǎng
6급 흙덩이 양壤
명 토양, 흙

3653 **吐** tù
5급 토할 토吐
동 토하다, 게우다

兔 tù
토끼 토兔
명 토끼

3654 **兔子** tùzi
5급 접미사 자子
명 토끼

3655 **团** tuán
5급 모일 단團
명 단체, 집단 동 뭉치다

3656 **团结** tuánjié
6급 묶을 결結
동 단결하다, 뭉치다

3657 **团体** tuántǐ
6급 몸 체體
명 단체, 집단

3658 **团圆** tuányuán
6급 둥글 원圓
동 한 자리에 모이다

3659 **推** tuī
4급 밀 추推
동 밀다, 추천하다, 천거하다

3660 **推测** tuīcè
6급 잴 측, 헤아릴 측測
동 추측하다, 헤아리다

3661 **推迟** tuīchí
4급 늦을 지遲
동 뒤로 미루다, 늦추다, 연기하다

3662 **推辞** tuīcí
5급 사양할 사辭
동 거절하다, 사양하다

3663 **推翻** tuīfān
6급 뒤집을 번翻
동 뒤집어엎다, 번복하다

3664 **推广** tuīguǎng
5급 넓을 광廣
동 널리 보급하다

3665 **推荐** tuījiàn
5급 천거할 천薦
동 추천하다, 천거하다

3666 **推理** tuīlǐ
6급 다스릴 리理
동 추리하다 명 추리

3667 **推论** tuīlùn
6급 논할 론論
동 추론하다 명 추론

3668 **推销** tuīxiāo
6급 녹일 소, 사라질 소銷
동 판로를 확장하다, 마케팅하다

3669 **腿** tuǐ
3급 넓적다리 퇴腿
명 다리

3670 **退** tuì
5급 물러날 퇴退
동 물러나다, 물러서다

3671 **退步** tuìbù
5급 걸음 보步
동 퇴보하다, 낙오하다

3672 **退休** tuìxiū
5급 쉴 휴休
동 퇴직하다, 퇴임하다

3673 **吞** tūn
삼킬 탄吞
동 (통째로) 삼키다

3673 **吞吞吐吐** tūntūntǔtǔ
6급 토할 토吐
형 얼버무리다

托 tuō
맡길 탁托
[동] 위탁하다, 맡기다, 부탁하다

3674 托运 tuōyùn
6급 옮길 운運
[동] 운송을 위탁하다

拖 tuō
끌 타拖
[동] 시간을 끌다, 늦추다, 미루다

3675 拖延 tuōyán
6급 끌 연, 늘일 연延
[동] 끌다, 지연하다, 연기하다

3676 脱 tuō
4급 벗을 탈脫
[동] 벗다, (머리털, 피부 등이) 빠지다, 벗겨지다

3677 脱离 tuōlí
6급 떠날 리離
[동] 벗어나다, 떠나다, 끊다

妥 tuǒ
적당할 타, 온당할 타妥
[형] 타당하다, 적당하다, 적절하다

3678 妥当 tuǒdàng
6급 마땅 당當
[형] 타당하다, 알맞다

3679 妥善 tuǒshàn
6급 착할 선善
[형] 나무랄 데 없다, 알맞다

3680 妥协 tuǒxié
6급 화합할 협協
[동] 타협하다, 타결되다

椭 tuǒ
길쭉할 타橢
[형] 길쭉하게 둥글다, 길둥글다, 타원형의

3681 椭圆 tuǒyuán
6급 둥글 원圓
[명] 타원, 타원형

唾 tuò
침 타唾
[명] 타액, 침

3682 唾弃 tuòqì
6급 버릴 기棄
[동] 경멸하다, 깔보다

挖 wā
파낼 알, 후벼낼 알挖
동 (공구나 손으로) 파내다, 캐다

3683 **挖掘 wājué**
6급 팔 굴掘
동 파내다, 캐다, 발굴하다

3684 **哇 wā**
6급 소리칠 와哇
의성 왝왝, 앙앙, 엉엉(구토나 울음소리)

娃 wá
어린이 와娃
명 아기, 어린애

3685 **娃娃 wáwa**
6급 어린이 와娃
명 아기, 어린애, 인형

瓦 wǎ
기와 와瓦
명 기와

3686 **瓦解 wǎjiě**
6급 풀 해解
동 와해되다, 붕괴하다

袜 wà
양말 말, 버선 말襪
명 양말

3687 **袜子 wàzi**
4급 접미사 자子
명 양말, 스타킹

3688 **歪 wāi**
5급 비뚤어질 왜, 기울 왜歪
형 비뚤다, 기울다, 옳지 않다

3689 **歪曲 wāiqū**
6급 굽을 곡曲
동 왜곡하다

3690 **外 wài**
2급 밖 외
명 겉, 밖, 바깥

3691 **外表 wàibiǎo**
6급 겉 표表
명 겉모습, 외모, 겉면

3692 **外公 wàigōng**
5급 함께할 공公
명 외할아버지

3693 **外行 wàiháng**
6급 항렬 항行
형 문외한이다, 비전문가이다 명 풋내기

3694 **外交 wàijiāo**
5급 사귈 교交
명 외교

3695 **外界 wàijiè**
6급 지경 계界
명 외부, 바깥 세계

3696 **外向 wàixiàng**
6급 향할 향向
형 외향적이다, 대외 지향적인

3697 **丸** wán
6급 알 환丸
명 알갱이, 환, 알약 양 알(환약을 세는 단위)

3698 **完** wán
2급 완전할 완完
동 완성하다, 마치다 형 다 소모하다, 다하다

3699 **完备** wánbèi
6급 갖출 비備
형 모두 갖추다, 완전하다

3700 **完毕** wánbì
6급 마칠 필畢
동 끝내다, 완결하다

3701 **完成** wánchéng
3급 이룰 성成
동 완성하다, 완수하다

3702 **完美** wánměi
5급 아름다울 미美
형 완미하다, 매우 훌륭하다

3703 **完全** wánquán
4급 모두 전全
부 완전히, 전적으로 형 완전하다, 온전하다

3704 **完善** wánshàn
5급 착할 선善
형 완선하다, 완벽하다, 흠잡을 데가 없다

3705 **完整** wánzhěng
5급 정돈할 정整
형 완정하다, 온전하다

3706 **玩** wán
2급 놀 완, 희롱할 완玩
동 놀다, 장난하다

3707 **玩具** wánjù
5급 갖출 구具
명 장난감, 완구

3708 **玩弄** wánnòng
6급 희롱할 농弄
동 희롱하다, 장난치다

3709 **玩意儿** wányìr
6급 뜻 의意, 아이 아兒
명 완구, 장난감

顽 wán
완고할 완頑
형 고집이 세다, 완고하다

3710 **顽固** wángù
6급 굳을 고固
형 완고하다, 보수적이다

3711 **顽强** wánqiáng
6급 강할 강强
형 완강하다, 억세다

挽 wǎn
잡아당길 만挽
동 끌다, 당기다, 잡다

3712 **挽回** wǎnhuí
6급 되돌아올 회回
동 만회하다, 회수하다

3713 **挽救** wǎnjiù
6급 구원할 구救
동 구해내다, 구제하다

晚 wǎn
늦을 만晚
명 저녁

3714 晚上 wǎnshang
2급 위 상上
몡 저녁

惋 wǎn
한탄할 완惋
동 애석해하다, 안타까워하다

3715 惋惜 wǎnxī
6급 애석할 석, 아낄 석惜
동 애석해하다, 안타까워하다

3716 碗 wǎn
3급 사발 완碗
명 사발, 공기, 그릇 양 그릇, 공기

3717 万 wàn
3급 일만 만萬
수 만, 10000

3718 万分 wànfēn
6급 나눌 분分
부 대단히, 매우

3719 万一 wànyī
5급 하나 일一
부 만일에, 만약에 접 만일, 만약

王 wáng
임금 왕王
명 군주, 임금

3720 王子 wángzǐ
5급 아들 자子
명 왕자

网 wǎng
그물 망網
명 그물, (그물 형태의) 조직, 계통

3721 网络 wǎngluò
5급 그물 락, 이을 락絡
명 그물처럼 생긴 것, 조직, 계통

3722 网球 wǎngqiú
4급 공 구球
명 테니스, 테니스공

3723 网站 wǎngzhàn
4급 설 참站
명 (인터넷) 웹사이트

3724 往 wǎng
2급 갈 왕往
동 ~로 향하다 전 ~쪽으로, ~을 향해

3725 往常 wǎngcháng
6급 항상 상常
명 평소, 평상시

3726 往返 wǎngfǎn
5급 돌아올 반返
동 왕복하다, 오가다

3727 往事 wǎngshì
6급 일 사事
명 지난 일, 옛일

3728 往往 wǎngwǎng
4급 갈 왕往
부 왕왕, 자주, 흔히

妄 wàng
허망할 망妄
형 터무니없다, 황당무계하다

3729 妄想 wàngxiǎng
6급 생각할 상想
동 망상하다, 공상하다 명 망상, 공상

忘 wàng
잊을 망忘
동 (지난 일을) 잊다, 망각하다

3730 **忘记** wàngjì
3급 기록할 기, 기억할 기記
동 (지난 일을) 잊어버리다

危 wēi
위태할 위危
형 위험하다, 위태롭다

3731 **危害** wēihài
5급 해할 해害
명 손상, 손해 동 해를 끼치다

3732 **危机** wēijī
6급 틀 기, 때 기機
명 위기, 위험한 고비

3733 **危险** wēixiǎn
4급 험할 험險
형 위험하다 명 위험

威 wēi
위엄 위威
동 위협하다, 협박하다 명 위엄, 존엄, 위력

3734 **威风** wēifēng
6급 바람 풍風
명 위풍, 위엄 형 당당하다, 늠름하다

3735 **威力** wēilì
6급 힘 력力
명 위력

3736 **威望** wēiwàng
6급 바랄 망望
명 명망

3737 **威胁** wēixié
5급 위협할 협脅
동 위협하다, 협박하다 명 위협

3738 **威信** wēixìn
6급 믿을 신信
명 위신, 신망, 체면

微 wēi
작을 미微
형 경미하다, 미약하다

3739 **微不足道** wēibùzúdào
6급 아닐 불不, 넉넉할 족足, 말할 도道
성 하찮아서 말할 가치도 없다

3740 **微观** wēiguān
6급 볼 관觀
명 미시(경제 용어) 형 미시의

3741 **微笑** wēixiào
5급 웃을 소笑
동 미소 짓다 명 미소

为 wéi
할 위爲
동 하다, 만들다

3742 **为难** wéinán
6급 어려울 난難
형 난처하다, 곤란하다, 괴롭히다

3743 **为期** wéiqī
6급 기약할 기期
동 기한으로 하다 명 기한

违 wéi
어길 위, 어긋날 위違
동 어기다, 위반하다, 거스르다

3744 违背 wéibèi
6급 등 배背
동 위반하다, 위배하다

3745 违反 wéifǎn
5급 돌이킬 반, 반대로 반反
동 위반하다, 위배하다

围 wéi
둘레 위圍
동 둘러싸다, 에워싸다

3746 围巾 wéijīn
5급 수건 건巾
명 목도리, 머플러

3747 围绕 wéirào
5급 두를 요繞
동 주위를 돌다, (문제나 일을) 둘러싸다

唯 wéi
오직 유唯
부 오직, 유독

3748 唯独 wéidú
6급 홀로 독獨
부 오직, 유독

3749 唯一 wéiyī
5급 하나 일一
형 유일한

维 wéi
생각할 유, 유지할 유維
동 유지하다, 지지하다

3750 维持 wéichí
6급 가질 지持
동 유지하다, 지지하다

3751 维护 wéihù
6급 보호할 호護
동 유지하고 보호하다, 지키다

3752 维生素 wéishēngsù
6급 날 생生, 본디 소, 흴 소素
명 비타민

3753 维修 wéixiū
5급 닦을 수修
동 수리하다, 보수하다

伟 wěi
클 위偉
형 크다, 웅장하다, 위대하다

3754 伟大 wěidà
5급 큰 대大
형 위대하다

伪 wěi
거짓 위僞
형 거짓의, 허위의, 가장된

3755 伪造 wěizào
6급 만들 조造
동 위조하다, 날조하다

尾 wěi
꼬리 미尾
명 꼬리, 꽁무니

3756 尾巴 wěiba
5급 꼬리 파巴
명 꼬리, 꽁무니

委 wěi
맡길 위委
형 위임하다, 위탁하다, 방치하다

3757 **委屈** wěiqu
5급 굽힐 굴屈
형 억울하다, 답답하다 명 불평, 불만

3758 **委托** wěituō
6급 맡길 탁托
동 위탁하다, 의뢰하다

3759 **委员** wěiyuán
6급 사람 원員
명 위원

卫 wèi
지킬 위衛
동 보위하다, 지키다, 방호하다

3760 **卫生间** wèishēngjiān
4급 날 생生, 사이 간間
명 화장실, 세면장

3761 **卫星** wèixīng
6급 별 성星
명 위성

3762 **为** wèi
3급 위할 위爲
전 ~에게, ~을 위하여 (~을 하다)

3763 **为了** wèile
3급 어기사 료了
전 ~을 하기 위하여

3764 **为什么** wèishénme
2급 열 사람 십什, 어조사 마麽
부 왜, 무엇 때문에, 어째서

未 wèi
아닐 미未
부 아직 ~하지 않다, ~이 아니다

3765 **未必** wèibì
5급 반드시 필必
부 반드시 ~한 것은 아니다

3766 **未来** wèilái
5급 올 래來
명 미래 형 머지않은

3767 **未免** wèimiǎn
6급 면할 면免
부 꼭 ~하게 되다, 아무래도 ~이다

3768 **位** wèi
3급 자리 위位
명 자리, 곳, 위치 양 분, 명

3769 **位于** wèiyú
5급 어조사 우于
동 ~에 위치하다

3770 **位置** wèizhì
5급 놓을 치置
명 위치, 지위

味 wèi
맛 미味
명 맛, 냄새

3771 **味道** wèidao
4급 길 도道
명 맛, 냄새

畏 wèi
두려워할 외畏
동 두려워하다, 무서워하다

3772 **畏惧** wèijù
6급 두려워할 구懼
동 두려워하다, 무서워하다

3773 **胃** wèi
5급 밥통 위胃
명 위

3774 **胃口** wèikǒu
5급 입 구口
명 식욕, 흥미

3775 **喂** wéi
1급 부르는 소리 외喂
감 (전화상에서) 여보세요

3776 **喂** wèi
6급 두려울 위, 부르는 소리 외喂
감 어이, 야, 이봐   동 (동물에게) 먹이를 주다

蔚 wèi
무성할 위蔚
형 (식물이) 무성하다, 울창하다

3777 **蔚蓝** wèilán
6급 쪽 람藍
형 짙푸른, 쪽빛의

慰 wèi
위로할 위慰
동 위로하다, 위안하다, 안심시키다

3778 **慰问** wèiwèn
6급 물을 문问
동 위문하다

温 wēn
따뜻할 온温
형 따뜻하다, 미지근하다

3779 **温带** wēndài
6급 띠 대帶
명 온대

3780 **温度** wēndù
4급 정도 도度
명 온도

3781 **温和** wēnhé
6급 화할 화和
형 따뜻하다, 부드럽다

3782 **温暖** wēnnuǎn
5급 따뜻할 난暖
형 따뜻하다, 온난하다

3783 **温柔** wēnróu
5급 부드러울 유柔
형 온유하다, 부드럽고 상냥하다

文 wén
글월 문文
명 글, 문장

3784 **文化** wénhuà
3급 될 화化
명 문화

3785 **文件** wénjiàn
5급 수량 단위 건件
명 공문, 파일, 문건

3786 **文具** wénjù
5급 갖출 구具
명 문구, 문방구

3787 **文明** wénmíng
5급 밝을 명明
명 문명   형 문명화된

3788 **文凭** wénpíng
6급 기댈 빙, 증서 빙凭
명 공문서, 졸업 증서

3789 **文物** wénwù
6급 물건 물物
명 문물

3790 **文献** wénxiàn
6급 바칠 헌獻
명 문헌

3791 **文学** wénxué
5급 배울 학學
명 문학

3792 **文雅** wényǎ
6급 바를 아雅
형 품위가 있다, 우아하다

3793 **文艺** wényì
6급 재주 예, 예술 예藝
명 문예, 문학

3794 **文章** wénzhāng
4급 문장 장章
명 문장

3795 **文字** wénzì
5급 글자 자字
명 문자, 문장

3796 **闻** wén
5급 들을 문聞
동 냄새를 맡다, 듣다

3797 **吻** wěn
5급 입술 문吻
동 입맞춤하다 명 입술, 주둥이, 부리

稳 wěn
편안할 온穩
형 평온하다, 안정되다, 확고하다

3798 **稳定** wěndìng
5급 정할 정定
형 안정되다, 변화가 없다 동 진정시키다

3799 **问** wèn
2급 물을 문問
동 묻다, 질문하다

3800 **问候** wènhòu
5급 기후 후, 때 후候
동 안부를 묻다

3801 **问世** wènshì
6급 세상 세世
동 세상에 나오다, 발표되다

3802 **问题** wèntí
2급 제목 제題
명 문제

3803 **窝** wō
6급 움집 와窩
명 둥지, 보금자리, 은신처

3804 **我** wǒ
1급 나 아我
대 나, 저

3805 **我们** wǒmen
1급 들 문們
대 우리(들)

卧 wò
누울 와臥
동 눕다, 엎드리다, 웅크리다

3806 **卧室** wòshì
5급 방 실室
명 침실

264

握 wò
쥘 악握
동 (손으로) 잡다, 쥐다

3807 **握手** wòshǒu
5급 손 수手
동 악수하다 명 악수

乌 wū
까마귀 오烏
형 검다 명 까마귀

3808 **乌黑** wūhēi
6급 검을 흑黑
형 새까맣다, 칠흑 같다

污 wū
더러울 오污
형 불결하다, 더럽다

3809 **污蔑** wūmiè
6급 모독할 멸衊
동 모독하다, 더럽히다

3810 **污染** wūrǎn
4급 물들 염染
동 오염시키다, 오염되다

诬 wū
무고할 무, 속일 무誣
동 무고하다, 모함하다, 날조하다

3811 **诬陷** wūxiàn
6급 빠질 함陷
동 무함하다, 억울한 죄를 씌우다

屋 wū
집 옥屋
명 방, 거실

3812 **屋子** wūzi
5급 접미사 자子
명 방

3813 **无** wú
4급 없을 무無
동 없다 부 ~이 아니다, ~하지 않다

3814 **无比** wúbǐ
6급 견줄 비比
형 더 비할 바가 없다, 아주 뛰어나다

3815 **无偿** wúcháng
6급 갚을 상償
형 무상의, 보수가 없는

3816 **无耻** wúchǐ
6급 부끄러울 치耻
형 염치 없다, 부끄러움을 모르다

3817 **无动于衷** wúdòngyúzhōng
6급 움직일 동動, 어조사 우于, 속마음 충衷
성 무관심하다

3818 **无非** wúfēi
6급 아닐 비非
부 단지, ~밖에 없다

3819 **无辜** wúgū
6급 허물 고辜
형 무고하다, 죄가 없다

3820 **无精打采** wújīngdǎcǎi
6급 정할 정精, 칠 타打, 캘 채采
성 풀이 죽다

3821 **无赖** wúlài
6급 의지할 뢰賴
형 무뢰하다 명 무뢰한

3822 无理取闹 wúlǐqǔnào
6급 다스릴 리理, 가질 취取, 시끄러울 뇨閙
성 일부러 말썽을 부리다

3823 无聊 wúliáo
4급 즐길 료聊
형 무료하다, 따분하다

3824 无论 wúlùn
4급 논할 론論
접 ~을 막론하고, ~을 따지지 않고

3825 无奈 wúnài
5급 어찌 내奈
동 방법이 없다   접 유감스럽게도

3826 无能为力 wúnéngwéilì
6급 능할 능能, 할 위爲, 힘 력力
성 능력이 없다

3827 无穷无尽 wúqióngwújìn
6급 다할 궁窮, 없을 무無, 다할 진盡
성 무궁무진하다

3828 无数 wúshù
5급 헤아릴 수數
형 수를 헤아릴 수 없다, 무수하다

3829 无所谓 wúsuǒwèi
5급 곳 소所, 일컬을 위謂
상관없다, 개의치 않다

3830 无微不至 wúwēibúzhì
6급 작을 미微, 아닐 불不, 이를 지至
성 세세한 데까지 신경을 쓰다

3831 无忧无虑 wúyōuwúlǜ
6급 근심 우憂, 생각할 려慮
성 아무런 근심이 없다

3832 无知 wúzhī
6급 알 지知
형 무지하다, 아는 것이 없다

3833 五 wǔ
1급 다섯 오五
수 5, 다섯

武 wǔ
굳셀 무武
명 무, 무력, 완력, 무공, 무술

3834 武器 wǔqì
6급 그릇 기器
명 무기, 병기

3835 武术 wǔshù
5급 재주 술術
명 무술

3836 武侠 wǔxiá
6급 의기로울 협俠
명 무협, 협객

3837 武装 wǔzhuāng
6급 꾸밀 장裝
명 무장   동 무장하다

侮 wǔ
모욕할 모侮
동 얕보다, 경멸하다

3838 侮辱 wǔrǔ
6급 욕될 욕辱
동 모욕하다

舞 wǔ
춤출 무舞
명 춤, 무용, 무도   동 춤추다

3839 **舞蹈** wǔdǎo
6급 밟을 도蹈
명 무도, 춤 동 춤추다, 무용하다

3840 **勿** wù
5급 말 물勿
부 ~해서는 안 된다, ~하지 마라

务 wù
힘쓸 무務
동 종사하다, 일하다 부 반드시, 꼭

3841 **务必** wùbì
6급 반드시 필必
부 반드시, 꼭, 기필코

物 wù
물건 물物
명 물건, 물체, 물질

3842 **物理** wùlǐ
5급 다스릴 리理
명 물리학

3843 **物美价廉** wùměijiàlián
6급 아름다울 미美, 값 가價, 청렴할 렴廉
성 상품의 질이 좋고 값도 저렴하다

3844 **物业** wùyè
6급 직업 업業
명 산업, 부동산

3845 **物质** wùzhì
5급 바탕 질質
명 물질

3846 **物资** wùzī
6급 재물 자, 자원 자資
명 물자

误 wù
틀릴 오, 그르칠 오誤
명 실수, 잘못, 틀림 형 틀리다, 잘못되다

3847 **误差** wùchā
6급 다를 차差
명 오차

3848 **误会** wùhuì
4급 모일 회會
동 오해하다 명 오해

3849 **误解** wùjiě
6급 풀 해解
동 오해하다 명 오해

3850 **雾** wù
5급 안개 무霧
명 안개

X

夕 xī
저녁 석夕
명 저녁때, 해질녘, 밤

3851 **夕阳** xīyáng
6급 햇빛 양, 볕 양陽
명 석양, 낙조

3852 **西** xī
3급 서쪽 서西
명 서쪽

3853 **西瓜** xīguā
2급 오이 과瓜
명 수박

3854 **西红柿** xīhóngshì
4급 붉을 홍红, 감나무 시柿
명 토마토

吸 xī
들이쉴 흡, 마실 흡吸
동 빨아들이다, 들이마시다, 흡수하다

3855 **吸取** xīqǔ
5급 가질 취取
동 흡수하다, 빨아들이다

3856 **吸收** xīshōu
5급 거둘 수收
동 섭취하다, 흡수하다

3857 **吸引** xīyǐn
4급 끌 인, 당길 인引
동 흡인하다, 빨아당기다

希 xī
바랄 희希
동 희망을 바라다

3858 **希望** xīwàng
2급 바랄 망望
명 희망, 소망 동 희망하다, 바라다

昔 xī
옛날 석昔
명 옛날, 어제

3859 **昔日** xīrì
6급 해 일, 날 일日
명 옛날, 석일

牺 xī
희생 희牺
명 희생

3860 **牺牲** xīshēng
6급 희생 생牲
동 희생하다 명 희생

3861 **溪** xī
6급 시내 계, 개울 계溪
명 시내, 개천

熄 xī
불 꺼질 식熄
동 (등이나 불이) 꺼지다

3862 **熄灭** xīmiè
6급 꺼질 멸, 멸할 멸灭
동 꺼지다, 소멸하다

膝 xī
무릎 슬膝
명 무릎

3863 膝盖 xīgài
6급 덮을 개盖
명 무릎

习 xí
익힐 습習
동 배우다, 학습하다

3864 习惯 xíguàn
3급 익숙할 관慣
명 습관, 버릇   동 습관이 되다

3865 习俗 xísú
6급 풍속 속俗
명 풍속, 습속

袭 xí
엄습할 습襲
동 습격하다, 기습하다

3866 袭击 xíjī
6급 칠 격擊
동 기습하다, 습격하다

媳 xí
며느리 식媳
명 며느리

3867 媳妇 xífù
6급 며느리 부婦
명 며느리

3868 洗 xǐ
2급 씻을 세
동 씻다, 빨다

3869 洗手间 xǐshǒujiān
3급 손 수手, 사이 간間
명 화장실

3870 洗澡 xǐzǎo
3급 씻을 조澡
동 목욕하다, 몸을 씻다

喜 xǐ
기쁠 희喜
동 기쁘다, 즐겁다, 좋아하다, 애호하다

3871 喜欢 xǐhuan
1급 기쁠 환歡
동 좋아하다, 호감을 가지다

3872 喜闻乐见 xǐwénlèjiàn
6급 들을 문聞, 즐길 락樂, 볼 견見
성 기쁜 마음으로 듣고 보다

3873 喜悦 xǐyuè
6급 기쁠 열悅
형 기쁘다, 유쾌하다

戏 xì
놀이 희戲
명 연극, 극

3874 戏剧 xìjù
5급 연극 극劇
명 희극, 연극, 극본, 각본

3875 系 xì
5급 묶을 계繫
동 묶다, 연계하다   명 학과

3876 系列 xìliè
6급 벌일 렬列
명 계열, 시리즈

3877 **系统** xìtǒng
5급 계통·통統
몡 계통, 체계, 시스템

细 xì
가늘 세細
휑 가늘다, 아주 작다, 세세하다

3878 **细胞** xìbāo
6급 세포 포胞
몡 세포

3879 **细节** xìjié
5급 마디 절節
몡 세부사항, 사소한 부분

3880 **细菌** xìjūn
6급 세균 균菌
몡 세균

3881 **细致** xìzhì
6급 촘촘할 치緻
휑 세밀하다, 꼼꼼하다

3882 **瞎** xiā
5급 눈멀 할, 애꾸눈 할瞎
통 눈이 멀다 뷔 제멋대로, 함부로

峡 xiá
골짜기 협峡
몡 골짜기

3883 **峡谷** xiágǔ
6급 골짜기 곡谷
몡 협곡

狭 xiá
좁을 협狹
휑 좁다

3884 **狭隘** xiá'ài
6급 좁을 애隘
휑 좁다

3885 **狭窄** xiázhǎi
6급 좁을 착窄
휑 비좁다, 협소하다

3886 **霞** xiá
6급 노을 하霞
몡 노을

3887 **下** xià
1급 아래 하下
몡 밑, 아래, 나중, 다음

3888 **下属** xiàshǔ
6급 무리 속屬
몡 부하, 하급 직원

3889 **下午** xiàwǔ
1급 낮 오午
몡 오후

3890 **下雨** xiàyǔ
1급 비 우雨
통 비가 오다(내리다)

3891 **下载** xiàzài
5급 실을 재載
통 다운로드하다

3892 **吓** xià
5급 무서워할 혁嚇
통 무서워하다, 두려워하다, 놀라다

3893 **夏** xià
3급 여름 하夏
몡 여름

3894 **夏令营** xiàlìngyíng
5급 명령할 령令, 진영 영營
명 여름학교, 여름 캠프

3895 **先** xiān
3급 먼저 선先
명 앞, 전, 원래, 처음

3896 **先进** xiānjìn
6급 나아갈 진進
형 선진의 명 앞선 사람

3897 **先前** xiānqián
6급 앞 전前
명 이전, 예전

3898 **先生** xiānsheng
1급 날 생生
명 씨(성인 남성에 대한 경칭)

纤 xiān
가늘 섬纖
명 섬유 형 가늘다, 미세하다

3899 **纤维** xiānwéi
6급 벼리 유維
명 섬유

掀 xiān
번쩍 들 흔, 치켜들 흔掀
동 들추다, 열다, 벗기다

3900 **掀起** xiānqǐ
6급 일어날 기起
동 열다, 들어올리다

鲜 xiān
고울 선, 선명할 선, 싱싱할 선鮮
형 신선하다, 싱싱하다

3901 **鲜明** xiānmíng
6급 밝을 명明
형 분명하다, 선명하다

3902 **鲜艳** xiānyàn
5급 고울 염, 아름다울 염艷
형 화려하다, 산뜻하고 아름답다

闲 xián
한가할 한閑
동 일이 없다, 한가하다 명 여가, 틈

3903 **闲话** xiánhuà
6급 말씀 화話
명 험담, 여담 동 한담하다

贤 xián
어질 현賢
형 어질다, 현명하다, 선량하다, 착하다

3904 **贤惠** xiánhuì
6급 은혜 혜惠
형 어질고 총명하다, 품성이 곱다

3905 **弦** xián
6급 시위 현, 악기줄 현弦
명 활시위, (현악기의) 줄

3906 **咸** xián
4급 짤 함鹹
형 짜다

衔 xián
머금을 함銜
동 잇다, 연속하다, 입에 물다, 머금다

3907 **衔接** xiánjiē
6급 이을 접接
동 맞물다, 잇다

3908 **嫌** xián
6급 싫어할 혐嫌
명 혐의, 의심 동 의심하다, 싫어하다

3909 **嫌疑** xiányí
6급 의심할 의疑
명 의심쩍음, 혐의

显 xiǎn
나타날 현顯
동 분명하다, 뚜렷하다, 드러나다, 나타내다

3910 **显得** xiǎnde
5급 어조사 득得
동 드러나다, ~인 것 같다

3911 **显然** xiǎnrán
5급 그러할 연然
형 명백하다, 분명하다

3912 **显示** xiǎnshì
5급 보일 시示
동 현시하다, 분명하게 표현하다

3913 **显著** xiǎnzhù
6급 뚜렷할 저, 나타날 저著
형 현저하다, 뚜렷하다

3914 **县** xiàn
5급 고을 현縣
명 현(중국 행정 구획 단위의 하나)

现 xiàn
나타날 현現
명 현재, 지금 동 나타나다, 드러내다

3915 **现场** xiànchǎng
6급 장소 장場
명 현장, 작업 현장

3916 **现成** xiànchéng
6급 이룰 성成
형 원래부터 있는, 이미 갖춰져 있는

3917 **现代** xiàndài
5급 시대 대代
명 현대

3918 **现金** xiànjīn
4급 쇠 금金
명 현금

3919 **现实** xiànshí
5급 열매 실實
명 현실 형 현실적이다

3920 **现象** xiànxiàng
5급 코끼리 상象
명 현상

3921 **现在** xiànzài
1급 있을 재在
명 지금, 현재

3922 **现状** xiànzhuàng
6급 형상 상狀
명 현상, 현황

限 xiàn
한정할 한限
동 범위를 정하다, 제한하다 명 한도, 한계

3923 **限制** xiànzhì
5급 억제할 제制
동 제한하다, 한정하다 명 제한, 한정

线 xiàn
줄 선綫
명 실, 선, 줄, 금

3924 线索 xiànsuǒ
6급 찾을 색索
명 실마리, 줄거리

宪 xiàn
법 헌憲
명 헌법, 법령

3925 宪法 xiànfǎ
6급 법 법法
명 헌법

陷 xiàn
빠질 함陷
동 (진흙, 늪 등에) 빠지다, 움푹 꺼지다

3926 陷害 xiànhài
6급 해할 해害
동 모함하다, 모해하다

3927 陷阱 xiànjǐng
6급 함정 정阱
명 함정, 속임수

3928 陷入 xiànrù
6급 들 입入
동 (불리한 지경에) 빠지다, 몰두하다

馅 xiàn
떡소 함馅
명 (떡이나 만두 등에 넣는) 소

3929 馅儿 xiànr
6급 아이 아兒
명 (떡이나 만두 등에 넣는) 소

羡 xiàn
부러워할 선羨
동 흠모하다, 부러워하다

3930 羡慕 xiànmù
4급 그리워할 모慕
동 흠모하다, 부러워하다

乡 xiāng
시골 향鄉
명 시골, 촌, 농촌

3931 乡镇 xiāngzhèn
6급 진영 진鎮
명 소도시

相 xiāng
서로 상相
부 서로, 함께, 상호

3932 相差 xiāngchà
6급 다를 차差
동 서로 차이가 나다

3933 相处 xiāngchǔ
5급 곳 처處
동 함께 살다

3934 相当 xiāngdāng
5급 맡을 당當
부 상당히   동 상당하다

3935 相等 xiāngděng
6급 같을 등等
동 같다, 대등하다

3936 相对 xiāngduì
5급 대할 대對
부 비교적   형 상대적이다

3937 相反 xiāngfǎn
4급 반대로 반反
접 반대로, 거꾸로   동 상반되다, 반대되다

3938 **相辅相成** xiāngfǔxiāngchéng
6급 도울 보輔, 서로 상相, 이룰 성成
[성] 서로 보완하고 도와서 일을 완성하다

3939 **相关** xiāngguān
5급 관계할 관關
[동] 상관이 있다, 서로 관련되다

3940 **相似** xiāngsì
5급 닮을 사似
[형] 닮다, 비슷하다

3941 **相同** xiāngtóng
4급 같을 동同
[형] 서로 같다, 똑같다, 일치하다

3942 **相信** xiāngxìn
3급 믿을 신信
[동] 믿다, 신임하다, 신뢰하다

3943 **相应** xiāngyìng
6급 응할 응應
[동] 상응하다 [형] 적합하다

3944 **香** xiāng
4급 향기 향香
[형] 향기롭다, (음식이) 맛있다

3945 **香肠** xiāngcháng
5급 창자 장腸
[명] 소시지

3946 **香蕉** xiāngjiāo
3급 파초 초蕉
[명] 바나나

镶 xiāng
상감할 상鑲
[동] 끼워 넣다, 박아 넣다

3947 **镶嵌** xiāngqiàn
6급 박아 넣을 감嵌
[동] 끼워 넣다, 박아 넣다

详 xiáng
자세할 상詳
[형] 상세하다, 자세하다

3948 **详细** xiángxì
4급 가늘 세細
[형] 상세하다, 자세하다

享 xiǎng
누릴 향享
[동] 누리다, 향유하다, 즐기다

3949 **享受** xiǎngshòu
5급 받을 수受
[동] 누리다, 향유하다

3950 **响** xiǎng
4급 울릴 향, 소리 향響
[동] 소리가 나다, 울리다

3951 **响亮** xiǎngliàng
6급 밝을 량亮
[형] (소리가) 크고 맑다

3952 **响应** xiǎngyìng
6급 응할 응應
[동] 응답하다, 호응하다

3953 **想** xiǎng
1급 생각할 상想
[동] 생각하다

3954 **想方设法** xiǎngfāngshèfǎ
6급 방법 방方, 세울 설設, 법 법法
[성] 갖은 방법을 다하다

3955 **想念** xiǎngniàn
5급 생각할 념念
동 그리워하다, 생각하다

3956 **想象** xiǎngxiàng
5급 코끼리 상象
명 상상 동 상상하다

3957 **向** xiàng
3급 향할 향向
전 ~(으)로, ~에게, ~을 향하여

3958 **向导** xiàngdǎo
6급 이끌 도導
명 가이드 동 안내하다

3959 **向来** xiànglái
6급 올 래來
부 본래부터, 줄곧

3960 **向往** xiàngwǎng
6급 갈 왕往
동 열망하다, 갈망하다, 동경하다

3961 **项** xiàng
5급 항목 항, 목 항項
명 항목, 목덜미

3962 **项链** xiàngliàn
5급 쇠사슬 련鏈
명 목걸이

3963 **项目** xiàngmù
5급 항목 목目
명 항목, 종목, 과제

3964 **巷** xiàng
6급 거리 항巷
명 골목, 좁은 길

相 xiàng
모양 상相
명 용모, 외모, 생김새

3965 **相声** xiàngsheng
6급 소리 성聲
명 만담

象 xiàng
코끼리 상象
명 코끼리

3966 **象棋** xiàngqí
5급 바둑 기棋
명 중국 장기

3967 **象征** xiàngzhēng
5급 부를 징徵
동 상징하다, 표시하다 명 상징, 표상

3968 **像** xiàng
3급 모양 상, 닮을 상像
동 같다, 비슷하다, 닮다 부 마치, 흡사

橡 xiàng
상수리나무 상橡
명 상수리나무, 고무나무

3969 **橡皮** xiàngpí
4급 가죽 피皮
명 지우개

3970 **削** xiāo
6급 깎을 삭削
동 깎다, 제거하다

消 xiāo
사라질 소, 소멸시킬 소消
동 사라지다, 제거하다, 쓰다, 소비하다

3971 **消除** xiāochú
6급 덜 제거
동 없애다, 해소하다, 풀다

3972 **消毒** xiāodú
6급 독 독毒
동 소독하다, 해독을 없애다

3973 **消防** xiāofáng
6급 막을 방防
명 소방, 소화와 방화

3974 **消费** xiāofèi
5급 쓸 비費
동 소비하다

3975 **消耗** xiāohào
6급 소모할 모耗
동 소모하다 명 소모, 소비

3976 **消化** xiāohuà
5급 될 화化
동 소화하다

3977 **消极** xiāojí
5급 다할 극, 극 극極
형 소극적이다, 의기소침하다

3978 **消灭** xiāomiè
6급 멸할 멸, 꺼질 멸滅
동 소멸되다, 없애다, 멸하다

3979 **消失** xiāoshī
5급 잃을 실失
동 자취를 감추다, 사라지다

3980 **消息** xiāoxi
4급 쉴 식息
명 소식, 뉴스, 정보

销 xiāo
녹일 소, 사라질 소銷
동 (금속을) 녹이다, 용해하다, 판매하다, 팔다

3981 **销毁** xiāohuǐ
6급 헐 훼毁
동 소각하다, 불태워 없애다

3982 **销售** xiāoshòu
5급 팔 수售
동 팔다, 판매하다 명 판매, 매출

潇 xiāo
맑을 소瀟
형 물이 맑고 깊은

3983 **潇洒** xiāosǎ
6급 깨끗할 쇄灑
형 말쑥하다, 대범하다

3984 **小** xiǎo
1급 작을 소
형 작다, 약하다, 어리다

3985 **小吃** xiǎochī
4급 먹을 흘吃
명 간단한 음식, 간식

3986 **小伙子** xiǎohuǒzi
4급 동아리 화夥, 접미사 자子
명 청년, 총각, 젊은이

3987 **小姐** xiǎojiě
1급 누이 저姐
명 아가씨

3988 **小麦** xiǎomài
5급 보리 맥麥
명 밀

3989 **小气** xiǎoqi
5급 기운 기氣
형 인색하다, 쩨쩨하다

3990 **小时** xiǎoshí
2급 때 시時
명 시간(시간 단위)

3991 **小说** xiǎoshuō
4급 말씀 설說
명 소설

3992 **小心** xiǎoxīn
3급 마음 심心
동 조심하다, 주의하다

3993 **小心翼翼** xiǎoxīnyìyì
6급 마음 심心, 날개 익翼
성 조심하고 신중하다

孝 xiào
효도 효孝
동 효도하다, 어버이를 잘 봉양하다

3994 **孝顺** xiàoshùn
5급 순할 순順
동 효도하다, 공경하다

肖 xiào
닮을 초肖
동 닮다, 비슷하다, 근사하다

3995 **肖像** xiàoxiàng
6급 모양 상像
명 (사람의) 사진, 화상

校 xiào
학교 교校
명 학교

3996 **校长** xiàozhǎng
3급 어른 장長
명 학교장(교장, 학장, 총장)

3997 **笑** xiào
2급 웃을 소笑
동 웃다, 웃음을 짓다

3998 **笑话** xiàohua
4급 말씀 화話
명 우스갯소리, 농담

效 xiào
효과 효效
명 효과, 성과

3999 **效果** xiàoguǒ
4급 결과 과果
명 효과

4000 **效率** xiàolǜ
5급 비율 률率
명 능률, 효율

4001 **效益** xiàoyì
6급 더할 익益
명 효과와 수익, 이익

4002 **些** xiē
1급 적을 사些
양 조금, 약간, 몇

4003 **歇** xiē
5급 쉴 헐歇
동 휴식하다, 정지하다

协 xié
화합할 협協
명 합하다, 한데 모으다, 어울리다, 조화롭다

277

4004 协会 xiéhuì
6급 모일 회會
명 협회

4005 协商 xiéshāng
6급 헤아릴 상商
동 협상하다, 협의하다

4006 协调 xiétiáo
6급 고를 조調
형 어울리다, 조화롭다

4007 协议 xiéyì
6급 의논할 의議
명 협의, 합의 동 협의하다, 합의하다

4008 协助 xiézhù
6급 도울 조助
동 협조하다, 보조하다

4009 斜 xié
5급 비스듬할 사斜
형 기울다, 비스듬하다

携 xié
손에 가질 휴携
동 휴대하다, 지니다, 가지고 다니다

4010 携带 xiédài
6급 찰 대帶
동 휴대하다, 지니다

4011 写 xiě
1급 쓸 사寫
동 글씨를 쓰다

4012 写作 xiězuò
5급 지을 작作
동 글을 짓다, 창작하다

4013 血 xiě
5급 피 혈血
명 피, '血(xuè, 피)'와 같음

泄 xiè
샐 설泄
동 (액체를) 배출하다, 흘려보내다, 누설하다

4014 泄露 xièlòu
6급 드러날 로露
동 누설하다, 폭로하다

4015 泄气 xièqì
6급 기운 기氣
동 바람이 빠지다, 낙담하다

4016 屑 xiè
6급 가루 설屑
명 부스러기, 찌꺼기

谢 xiè
사례할 사, 사양할 사, 물러날 사謝
동 고별하다, 떠나다, 거절하다, 사양하다

4017 谢绝 xièjué
6급 끊을 절絶
동 사절하다

4018 谢谢 xièxie
1급 사례할 사謝
동 감사합니다, 고맙습니다, 고마워

心 xīn
마음 심心
명 마음, 생각, 속, 감정

4019 心得 xīndé
6급 얻을 득得
명 심득, 느낌, 소감

4020 **心甘情愿** xīngānqíngyuàn
6급 달 감甘, 뜻 정情, 원할 원願
셩 기꺼이 원하다

4021 **心理** xīnlǐ
5급 다스릴 리理
명 심리

4022 **心灵** xīnlíng
6급 신령 령靈
명 심령, 영혼 형 재치 있는, 영리한

4023 **心情** xīnqíng
4급 뜻 정情
명 마음, 심정, 기분

4024 **心态** xīntài
6급 모습 태態
명 심리 상태

4025 **心疼** xīnténg
6급 아플 동疼
동 아까워하다, 몹시 아끼다

4026 **心血** xīnxuè
6급 피 혈血
명 심혈

4027 **心眼儿** xīnyǎnr
6급 눈 안眼, 아이 아兒
명 마음씨, 판단력, 눈치

4028 **心脏** xīnzàng
5급 더러울 장臟
명 심장

辛 xīn
매울 신辛
형 맵다, 괴롭다, 고생스럽다

4029 **辛苦** xīnkǔ
4급 쓸 고苦
형 고생스럽다, 수고롭다, 수고하십니다

4030 **辛勤** xīnqín
6급 부지런할 근勤
형 부지런하다, 근면하다

欣 xīn
기뻐할 흔欣
형 기쁘다, 즐겁다, 유쾌하다

4031 **欣赏** xīnshǎng
5급 상 줄 상賞
동 감상하다, 좋아하다

4032 **欣慰** xīnwèi
6급 위로할 위慰
형 기쁘고 안심이 되다

4033 **欣欣向荣** xīnxīnxiàngróng
6급 향할 향向, 영화 영荣
셩 무성하다, 번창하다

4034 **新** xīn
2급 새 신新
형 새롭다

4035 **新陈代谢** xīnchéndàixiè
6급 늘어놓을 진陳, 대신할 대代, 사례할 사謝
셩 신진 대사

4036 **新郎** xīnláng
6급 사내 랑郎
명 신랑

4037 **新娘** xīnniáng
6급 아가씨 낭娘
명 신부

4038 **新闻** xīnwén
3급 들을 문聞
명 (매스컴의) 뉴스, 새 소식

4039 **新鲜** xīnxiān
3급 고울 선鮮
형 신선하다, 싱싱하다

4040 **新颖** xīnyǐng
6급 이삭 영穎
형 새롭다, 신선하다

薪 xīn
땔나무 신薪
명 땔나무, 땔감, 급여, 임금

4041 **薪水** xīnshui
6급 물 수水
명 급여, 임금

信 xìn
믿을 신信
명 편지, 서신, 믿음 신용 동 믿다

4042 **信封** xìnfēng
4급 봉할 봉封
명 편지 봉투

4043 **信号** xìnhào
5급 부호 호號
명 신호, 사인

4044 **信赖** xìnlài
6급 의지할 뢰賴
동 신뢰하다, 신임하다

4045 **信念** xìnniàn
6급 생각할 념念
명 신념, 믿음

4046 **信任** xìnrèn
5급 맡길 임任
동 신임하다, 신뢰하다

4047 **信息** xìnxī
4급 쉴 식息
명 정보, 소식, 편지

4048 **信心** xìnxīn
4급 마음 심心
명 자신감, 확신, 신념

4049 **信仰** xìnyǎng
6급 우러를 앙仰
명 신앙 동 신앙하다

4050 **信用卡** xìnyòngkǎ
3급 쓸 용用, 음역자 가卡
명 신용 카드

4051 **信誉** xìnyù
6급 기릴 예, 명예 예譽
명 평판, 신용

兴 xīng
일으킬 흥興
동 일으키다, 발동하다, 유행하다, 성행하다

4052 **兴奋** xīngfèn
4급 떨칠 분奮
형 흥분하다, (감정을) 불러일으키다

4053 **兴隆** xīnglóng
6급 융성할 륭隆
형 창성하다, 흥성하다

4054 **兴旺** xīngwàng
6급 왕성할 왕旺
형 왕성하다, 번창하다

星 xīng
별 성星
명 별, 천체

4055 **星期** xīngqī
1급 기약할 기期
명 요일

4056 **腥** xīng
6급 비릴 성腥
형 비린내가 나다 명 비린내, 날고기

刑 xíng
형벌 형刑
명 형, 형벌

4057 **刑事** xíngshì
6급 일 사事
명 형사

4058 **行** xíng
4급 다닐 행, 행할 행行
동 좋다, ~해도 좋다

4059 **行动** xíngdòng
5급 움직일 동動
명 행동 동 움직이다, 행동하다

4060 **行李箱** xínglǐxiāng
3급 오얏 리李, 상자 상箱
명 트렁크, 여행용 가방

4061 **行人** xíngrén
5급 사람 인人
명 행인

4062 **行为** xíngwéi
5급 할 위爲
명 행위

4063 **行政** xíngzhèng
6급 정치 정政
명 행정, 사무

形 xíng
모양 형, 나타낼 형形
명 형체, 실체, 형상 동 나타나다, 드러나다

4064 **形成** xíngchéng
5급 이룰 성成
동 형성되다, 이루어지다

4065 **形容** xíngróng
5급 얼굴 용, 용납할 용容
동 형용하다, 묘사하다

4066 **形式** xíngshì
5급 법 식式
명 형식

4067 **形势** xíngshì
5급 형세 세勢
명 정세, 형편

4068 **形态** xíngtài
6급 모습 태態
명 형태

4069 **形象** xíngxiàng
5급 코끼리 상象
명 (총체적인) 인상, 이미지

4070 **形状** xíngzhuàng
5급 형상 상狀
명 형상, 생김새

4071 **醒** xǐng
4급 깰 성醒
동 잠에서 깨다

兴 xìng
흥미 흥興
명 흥, 흥미, 흥취

4072 兴高采烈 xìnggāocǎiliè
6급 높을 고高, 캘 채采, 세찰 렬烈
성 매우 기쁘다, 신바람이 나다

4073 兴致勃勃 xìngzhìbóbó
6급 이를 치致, 일어날 발勃
성 흥미진진하다

幸 xìng
다행 행, 행복 행幸
형 행운이다, 행복하다

4074 幸福 xìngfú
4급 복 복福
형 행복하다 명 행복

4075 幸亏 xìngkuī
5급 손해 볼 휴亏
부 다행히, 요행으로

4076 幸运 xìngyùn
5급 운수 운運
형 행운이다 명 행운

性 xìng
성품 성性
명 (사람의) 본성, 성별, 성정, 성질

4077 性别 xìngbié
4급 나눌 별別
명 성별

4078 性感 xìnggǎn
6급 느낄 감感
형 섹시하다, 야하다

4079 性格 xìnggé
4급 격식 격格
명 성격

4080 性命 xìngmìng
6급 목숨 명命
명 목숨, 생명

4081 性能 xìngnéng
6급 능할 능能
명 성능

4082 性质 xìngzhì
5급 바탕 질質
명 성질

4083 姓 xìng
2급 성씨 성姓
명 성, 성씨

凶 xiōng
흉할 흉凶
형 불길하다, 불행하다

4084 凶恶 xiōng'è
6급 나쁠 악恶
형 흉악하다

4085 凶手 xiōngshǒu
6급 손 수手
명 살인범, 살인자

兄 xiōng
맏 형兄
명 형

4086 兄弟 xiōngdì
5급 아우 제弟
명 형제

汹 xiōng
물살 세찰 흉汹
[형] 물이 용솟음치다, 물이 세차게 일어나다

4087 **汹涌** xiōngyǒng
6급 물 솟을 용涌
[형] 물이 용솟음치다

4088 **胸** xiōng
5급 가슴 흉胸
[명] 가슴, 마음

4089 **胸怀** xiōnghuái
6급 품을 회懷
[명] 가슴, 흉부, 마음

4090 **胸膛** xiōngtáng
6급 가슴 당膛
[명] 가슴, 흉부

雄 xióng
수컷 웅雄
[형] 수컷의, 강력한, 힘 있는

4091 **雄厚** xiónghòu
6급 두터울 후厚
[형] 풍부하다, 충분하다

4092 **雄伟** xióngwěi
6급 클 위偉
[형] 웅위하다, 웅장하다

熊 xióng
곰 웅熊
[명] 곰

4093 **熊猫** xióngmāo
3급 고양이 묘貓
[명] 판다

休 xiū
쉴 휴休
[동] 쉬다, 휴식하다, 퇴직하다

4094 **休息** xiūxi
2급 쉴 식息
[동] 쉬다, 휴식을 취하다

4095 **休闲** xiūxián
5급 한가할 한閑
[동] 한가하게 지내다

修 xiū
닦을 수修
[동] 수리하다, 보수하다

4096 **修复** xiūfù
6급 회복할 복復
[동] 수리하여 복원하다, 원상 복구하다

4097 **修改** xiūgǎi
5급 고칠 개改
[동] 고치다, 수정하다

4098 **修建** xiūjiàn
6급 세울 건建
[동] 건설하다, 건축하다, 시공하다

4099 **修理** xiūlǐ
4급 다스릴 리理
[동] 수리하다, 수선하다

4100 **修养** xiūyǎng
6급 기를 양養
[동] 수련하다 [명] 수양, 교양

羞 xiū
부끄러울 수羞
[형] 수줍다, 부끄럽다

4101 **羞耻** xiūchǐ
6급 부끄러울 치恥
형 수줍다, 부끄럽다

4102 **绣** xiù
6급 수놓을 수繡
동 수놓다 형 화려하다

嗅 xiù
맡을 후嗅
동 냄새를 맡다

4103 **嗅觉** xiùjué
6급 깨달을 각覺
명 후각, 판단력, 감각

须 xū
모름지기 수, 마땅히 수須
동 반드시(마땅히) ~하여야 한다

4104 **须知** xūzhī
6급 알 지知
명 숙지 사항, 준칙 동 반드시 알아야 한다

虚 xū
빌 허虛
형 (체질이) 허약하다, 허위의, 거짓의

4105 **虚假** xūjiǎ
6급 거짓 가假
형 거짓의, 허위의

4106 **虚荣** xūróng
6급 영화 영榮
명 허영, 헛된 영화

4107 **虚伪** xūwěi
6급 거짓 위僞
형 허위의, 거짓의

4108 **虚心** xūxīn
5급 마음 심心
형 겸손하다, 겸허하다

需 xū
쓰일 수, 요구 수需
동 필요하다, 요구되다

4109 **需求** xūqiú
6급 구할 구求
명 수요, 필요

4110 **需要** xūyào
3급 바랄 요要
동 필요하다, 요구되다

许 xǔ
허락할 허許
동 허락하다, 허용하다, 칭찬하다

4111 **许多** xǔduō
4급 많을 다多
형 매우 많다, 허다하다

4112 **许可** xǔkě
6급 허락할 가可
동 허가하다, 승낙하다

序 xù
차례 서序
명 순서, 차례

4113 **序言** xùyán
6급 말씀 언言
명 서문, 머리말

叙 xù
펼 서, 진술할 서敍
동 서술하다, 진술하다

4114 **叙述** xùshù
5급 펼 술, 말할 술 述
동 서술하다, 기술하다

畜 xù
짐승 축, 기를 휵 畜
동 (가축을) 기르다, 축산하다

4115 **畜牧** xùmù
6급 마소 칠 목, 기를 목 牧
동 축산하다, 목축하다

酗 xù
주정할 후 酗
동 술에 절다, 술주정하다

4116 **酗酒** xùjiǔ
6급 술 주 酒
동 술주정하다, 무절제하게 술을 마시다

宣 xuān
베풀 선, 널리 펼 선, 선포할 선 宣
동 선언하다, 선포하다, 공개하다

4117 **宣布** xuānbù
5급 펼 포 布
동 선포하다, 공표하다

4118 **宣传** xuānchuán
5급 전할 전 傳
동 선전하다, 홍보하다

4119 **宣誓** xuānshì
6급 맹세할 서 誓
동 선서하다

4120 **宣扬** xuānyáng
6급 날릴 양 揚
동 선양하다, 널리 알리다

喧 xuān
떠들썩할 훤, 지껄일 훤 喧
형 시끄럽다, 떠들썩하다

4121 **喧哗** xuānhuá
6급 떠들썩할 화 嘩
형 떠들썩하다, 시끌시끌하다

悬 xuán
매달 현 懸
동 걸다, 매달다, 드리우다

4122 **悬挂** xuánguà
6급 걸 괘 挂
동 걸다, 매달다

4123 **悬念** xuánniàn
6급 생각할 념 念
동 걱정하다, 염려하다

4124 **悬殊** xuánshū
6급 다를 수 殊
형 차이가 크다

4125 **悬崖峭壁** xuányáqiàobì
6급 벼랑 애 崖, 가파를 초 峭, 벽 벽 壁
성 깎아지른 듯한 절벽, 험준한 산세

旋 xuán
돌 선 旋
동 돌다, 회전하다 명 원, 동그라미

4126 **旋律** xuánlǜ
6급 법칙 률 律
명 선율, 멜로디, 리듬

4127 **旋转** xuánzhuǎn
6급 구를 전 轉
동 회전하다, 되돌리다

选 xuǎn
가릴 선選
[동] 고르다, 선택하다, 뽑다

4128 选拔 xuǎnbá
6급 뽑을 발拔
[동] (인재를) 선발하다

4129 选举 xuǎnjǔ
6급 들 거擧
[동] 선거하다, 선출하다

4130 选手 xuǎnshǒu
6급 손 수手
[명] 선수

4131 选择 xuǎnzé
3급 가릴 택擇
[동] 고르다, 선택하다 [명] 선택

炫 xuàn
6급 밝을 현炫
[동] 밝게 비치다, 자랑하다

4132 炫耀 xuànyào
6급 빛날 요耀
[동] 밝게 비추다, 자랑하다

削 xuē
깎을 삭削
[동] 제거하다, 없애다, 감소하다, 줄이다

4133 削弱 xuēruò
6급 약할 약弱
[동] 약화되다, 약해지다

学 xué
배울 학學
[동] 배우다, 학습하다

4134 学历 xuélì
5급 지날 력歷
[명] 학력

4135 学期 xuéqī
4급 기약할 기期
[명] 학기

4136 学生 xuésheng
1급 날 생生
[명] 학생

4137 学术 xuéshù
5급 재주 술術
[명] 학술

4138 学说 xuéshuō
6급 말씀 설說
[명] 학설

4139 学位 xuéwèi
6급 자리 위位
[명] 학위

4140 学问 xuéwen
5급 물을 문問
[명] 학문, 지식

4141 学习 xuéxí
1급 익힐 습習
[동] 학습하다, 공부하다

4142 学校 xuéxiào
1급 학교 교校
[명] 학교

4143 雪 xuě
2급 눈 설雪
[명] 눈

4144	**雪上加霜** xuěshàngjiāshuāng
	6급 위 上, 더할 加, 서리 霜
	성 설상가상

血 xuè
피 혈血
명 피, 혈액

4145	**血压** xuèyā
	6급 누를 压壓
	명 혈압

熏 xūn
김 쐴 훈, 그을릴 훈熏
동 (연기, 기체 등으로) 그을리다, 그을게 하다

4146	**熏陶** xūntáo
	6급 질그릇 도陶
	동 훈도하다, 영향을 끼치다 명 영향, 훈도

寻 xún
찾을 심尋
동 탐구하다, 찾다

4147	**寻觅** xúnmì
	6급 찾을 멱覓
	동 찾다

4148	**寻找** xúnzhǎo
	5급 찾을 조, 채울 조找
	동 찾다, 구하다

巡 xún
돌 순巡
동 순찰하다, 순시하다

4149	**巡逻** xúnluó
	6급 순찰할 라邏
	동 순찰하다, 순시하다

询 xún
물을 순詢
동 묻다, 문의하다

4150	**询问** xúnwèn
	5급 물을 문問
	동 알아보다, 물어보다

循 xún
좇을 순, 돌 순循
동 (규칙, 관례 등을) 따르다, 좇다

4151	**循环** xúnhuán
	6급 고리 환環
	동 순환하다

4152	**循序渐进** xúnxùjiànjìn
	6급 차례 서序, 점점 점漸, 나아갈 진進
	성 순차적으로 진행하다

训 xùn
가르칠 훈訓
동 훈련하다, 가르치다

4153	**训练** xùnliàn
	5급 익힐 련練
	동 훈련하다

迅 xùn
빠를 신迅
형 빠르다, 신속하다

4154	**迅速** xùnsù
	5급 빠를 속速
	형 신속하다, 재빠르다

Y

压 yā
누를 압壓
동 억압하다, 억누르다

4155 **压力** yālì
4급 힘 력力
명 압력, 스트레스

4156 **压迫** yāpò
6급 핍박할 박迫
동 억압하다, 압박하다

4157 **压岁钱** yāsuìqián
6급 해 세歲, 돈 전錢
명 세뱃돈

4158 **压缩** yāsuō
6급 줄일 축縮
동 압축하다, 줄이다

4159 **压抑** yāyì
6급 누를 억抑
형 어색하다 동 억누르다

4160 **压榨** yāzhà
6급 짤 착榨
동 압착하다, 눌러서 짜내다

4161 **压制** yāzhì
6급 억제할 제制
동 억제하다, 제지하다

4162 **呀** ya
4급 입 딱 벌릴 아呀
문장 끝에 쓰여 감탄문을 만드는 어조사

押 yā
누를 압, 잡아 가둘 압押
동 저당하다, 저당 잡히다

4163 **押金** yājīn
5급 쇠 금金
명 보증금, 담보금

鸦 yā
갈까마귀 아鴉
명 까마귀

4164 **鸦雀无声** yāquèwúshēng
6급 참새 작雀, 없을 무無, 소리 성聲
성 매우 고요하다

牙 yá
어금니 아牙
명 이

4165 **牙齿** yáchǐ
5급 이 치齒
명 이, 치아

4166 **牙膏** yágāo
4급 기름 고膏
명 치약

亚 yà
버금 아亞
형 다음 가다, 뒤떨어지다

4167 **亚军** yàjūn
6급 군사 군軍
명 제2위, 준우승자

4168 **亚洲** Yàzhōu
4급 대륙 주洲
명 아시아주

烟 yān
연기 연烟
명 연기

4169 **烟花爆竹** yānhuābàozhú
6급 꽃 화花, 터질 폭爆, 대 죽竹
명 불꽃놀이, 폭죽

淹 yān
담글 엄淹
동 (물에) 잠기다, 빠지다, 침수하다

4170 **淹没** yānmò
6급 없을 몰没
동 수몰되다, 파묻히다

延 yán
끌 연, 늘일 연延
동 연장하다, 늘이다

4171 **延长** yáncháng
5급 길 장長
동 연장하다

4172 **延期** yánqī
6급 기약할 기期
동 (기간을) 연장하다, 늘리다

4173 **延伸** yánshēn
6급 펼 신伸
동 펴다, 늘리다, 확장하다

4174 **延续** yánxù
6급 이을 속續
동 계속하다, 지속하다

严 yán
엄할 엄嚴
형 엄하다, 엄격하다

4175 **严格** yángé
4급 격식 격格
형 엄격하다, 엄하다 동 엄하게 하다

4176 **严寒** yánhán
6급 추울 한寒
형 아주 춥다

4177 **严禁** yánjìn
6급 금할 금禁
동 엄금하다

4178 **严峻** yánjùn
6급 높을 준峻
형 중대하다, 엄숙하다

4179 **严厉** yánlì
6급 사나울 려厲
형 호되다, 매섭다, 단호하다

4180 **严密** yánmì
6급 빽빽할 밀密
형 빈틈없다, 주도면밀하다

4181 **严肃** yánsù
5급 엄숙할 숙肅
형 엄숙하다, 근엄하다

4182 **严重** yánzhòng
4급 무거울 중重
형 (상황 등이) 위급하다, 심각하다

言 yán
말씀 언言
명 말, 언어, 이야기

4183 **言论** yánlùn
6급 논할 론論
몡 언론, 의견

岩 yán
바위 암巖
몡 암석, 바위

4184 **岩石** yánshí
6급 돌 석石
몡 암석, 바위

炎 yán
불꽃 염炎
혱 (날씨가) 무덥다, 뜨겁다

4185 **炎热** yánrè
6급 더울 열熱
혱 무덥다, 찌는 듯하다

沿 yán
따를 연沿
전 ~을 따라 몡 가장자리, 가

4186 **沿海** yánhǎi
6급 바다 해海
몡 연해, 바닷가 근처

研 yán
갈 연研
통 곱게 갈다, 연구하다, 탐구하다

4187 **研究** yánjiū
4급 연구할 구究
통 연구하다, 탐구하다

4188 **盐** yán
4급 소금 염鹽
몡 소금, 식염

颜 yán
얼굴 안顔
몡 얼굴, 용모, 안면, 표정, 안색

4189 **颜色** yánsè
2급 빛 색色
몡 색, 색깔

掩 yǎn
가릴 엄掩
통 가리다, 숨기다, 닫다, 덮다

4190 **掩盖** yǎngài
6급 덮을 개蓋
통 덮어 가리다, 감추다

4191 **掩护** yǎnhù
6급 보호할 호護
통 엄호하다 몡 엄폐물

4192 **掩饰** yǎnshì
6급 꾸밀 식飾
통 덮어 숨기다, 감추다

眼 yǎn
눈 안眼
몡 눈

4193 **眼光** yǎnguāng
6급 빛 광光
몡 시선, 눈길, 선견지명

4194 **眼睛** yǎnjing
2급 눈동자 정睛
몡 눈

4195 **眼镜** yǎnjìng
4급 거울 경鏡
몡 안경

4196 **眼色** yǎnsè
6급 빛 色
명 윙크, 눈짓, 눈치

4197 **眼神** yǎnshén
6급 귀신 신, 혼 신神
명 눈매, 눈빛, 시력

演 yǎn
널리 펼 연演
동 공연하다, 연기하다, 널리 펴다, 전개하다

4198 **演变** yǎnbiàn
6급 변할 변變
동 변천하다

4199 **演出** yǎnchū
4급 날 출出
동 공연하다 명 공연

4200 **演讲** yǎnjiǎng
5급 외울 강講
명 강연, 웅변 동 연설하다, 웅변하다

4201 **演习** yǎnxí
6급 익힐 습習
동 훈련하다, 연습하다

4202 **演绎** yǎnyì
6급 풀 역繹
동 전개하다, 벌여 놓다 명 연역법

4203 **演员** yǎnyuán
4급 사람 원員
명 배우, 연기자

4204 **演奏** yǎnzòu
6급 연주할 주奏
동 연주하다

厌 yàn
싫어할 염厭
동 싫어하다, 미워하다, 증오하다

4205 **厌恶** yànwù
6급 미워할 오惡
동 혐오하다, 몹시 싫어하다

宴 yàn
잔치 연宴
동 (손님을) 대접하다, 잔치를 벌이다

4206 **宴会** yànhuì
5급 모일 회會
명 연회, 파티

验 yàn
검증할 험驗
동 검증하다, 조사하다, 검사하다

4207 **验收** yànshōu
6급 거둘 수收
동 검수하다

4208 **验证** yànzhèng
6급 증명할 증證
동 검증하다

羊 yáng
양 양羊
명 양

4209 **羊肉** yángròu
2급 고기 육肉
명 양고기

阳 yáng
햇빛 양, 볕 양陽
명 햇빛, 일광, 양광

291

4210 阳光 yángguāng
4급 빛 광光
명 햇빛, 양광

4211 阳台 yángtái
5급 대 대臺
명 발코니, 베란다

养 yǎng
기를 양養
동 부양하다, 양육하다, 기르다

4212 养成 yǎngchéng
4급 이룰 성成
동 습관이 되다, 길러지다

氧 yǎng
산소 양氧
명 산소

4213 氧气 yǎngqì
6급 기운 기氣
명 산소

4214 痒 yǎng
5급 가려울 양癢
형 가렵다, 간지럽다

样 yàng
모양 양樣
명 모양, 모습, 꼴, 형상

4215 样品 yàngpǐn
6급 물건 품品
명 샘플, 견본품

4216 样式 yàngshì
5급 법 식式
명 형식, 양식

4217 样子 yàngzi
4급 접미사 자子
명 모양, 모습, 꼴, 형태

要 yāo
요구할 요要
동 요구하다, 청구하다

4218 要求 yāoqiú
3급 구할 구求
동 요구하다, 요망하다 명 요구, 요망

4219 腰 yāo
5급 허리 요腰
명 허리

邀 yāo
맞을 요邀
동 맞다, 영접하다, 초청하다, 초대하다

4220 邀请 yāoqǐng
4급 청할 청請
동 초청하다, 초대하다

谣 yáo
노래 요, 소문 요謠
명 노래, 가요

4221 谣言 yáoyán
6급 말씀 언言
명 유언비어, 헛소문

4222 摇 yáo
5급 흔들 요搖
동 흔들다

4223 摇摆 yáobǎi
6급 흔들 파擺
동 흔들거리다, 동요하다

4224 摇滚 yáogǔn
6급 흐를 곤滚
동 흔들고 구르다

遥 yáo
멀 요, 아득할 요 遙
형 (거리가) 멀다, (시간이) 오래다

4225 遥控 yáokòng
6급 당길 공 控
동 원격 조종하다

4226 遥远 yáoyuǎn
6급 멀 원 遠
형 요원하다, 아득히 멀다

4227 咬 yǎo
5급 깨물 교, 깨물 요 咬
동 물다, 깨물다

4228 药 yào
2급 약 약 藥
명 약, 약물

4229 要 yào
2급 바랄 요, 중요할 요, 요약할 요 要
동 원하다, 필요하다

4230 要不 yàobù
5급 아닐 불 不
접 그렇지 않으면, 안 그러면

4231 要点 yàodiǎn
6급 점 점 點
명 요점, 요부

4232 要命 yàomìng
6급 목숨 명 命
부 엄청, 아주   동 죽을 지경이다

4233 要是 yàoshi
4급 옳을 시 是
접 만약, 만약 ~이라면

4234 要素 yàosù
6급 본디 소 素
명 요소

钥 yào
자물쇠 약 鑰
명 자물쇠

4235 钥匙 yàoshi
4급 열쇠 시 匙
명 열쇠

耀 yào
빛날 요 耀
동 밝게 빛나다, 밝게 비치다

4236 耀眼 yàoyǎn
6급 눈 안 眼
형 (광선이나 색채가 강렬하여) 눈부시다

爷 yé
할아버지 야 爺
명 할아버지

4237 爷爷 yéye
3급 할아버지 야 爺
명 할아버지, 조부

4238 也 yě
2급 또한 야 也
부 ~도

4239 也许 yěxǔ
4급 허락할 허 許
부 어쩌면, 아마도

野 yě
들 야野
명 들, 야외, 교외

4240 野蛮 yěmán
6급 오랑캐 만蠻
형 야만적이다, 잔악하다

4241 野心 yěxīn
6급 마음 심心
명 야심

业 yè
직업 업業
명 직업 동 (어떤 직업에) 종사하다

4242 业务 yèwù
5급 힘쓸 무務
명 업무

4243 业余 yèyú
5급 남을 여餘
명 업무 외, 여가 형 비전문의, 아마추어의

叶 yè
잎 엽葉
명 잎, 잎사귀

4244 叶子 yèzi
4급 접미사 자子
명 잎, 잎사귀

4245 页 yè
4급 책 면 엽頁
명 (책의) 쪽, 면

4246 夜 yè
5급 밤 야夜
명 밤

液 yè
액체 액液
명 액체

4247 液体 yètǐ
6급 몸 체體
명 액체

4248 一 yī
1급 하나 일一
수 1, 하나

4249 一般 yìbān
3급 일반 반般
형 보통이다, 일반적이다

4250 一辈子 yíbèizi
5급 무리 배輩, 접미사 자子
명 한평생, 일생

4251 一边 yìbiān
3급 가장자리 변邊
명 한쪽, 한편, 한 면

4252 一旦 yídàn
5급 아침 단旦
부 일단 ~한다면

4253 一点儿 yìdiǎnr
1급 점 점點, 아이 아兒
양 조금

4254 一定 yídìng
3급 정할 정定
부 반드시, 필히, 꼭

4255 一度 yídù
6급 법도 도度
부 한때 명 한 차례

4256 **一帆风顺** yìfānfēngshùn
6급 돛 범帆, 바람 풍風, 순할 순順
성 일이 순조롭게 진행되다

4257 **一共** yígòng
3급 함께 공共
부 모두, 전부, 합계

4258 **一贯** yíguàn
6급 꿸 관貫
형 한결같다, 일관되다

4259 **一会儿** yíhuìr
3급 모일 회會, 아이 아兒
명 짧은 시간, 잠깐 동안, 잠시

4260 **一举两得** yìjǔliǎngdé
6급 들 거擧, 두 량兩, 얻을 득得
성 일거양득

4261 **一流** yīliú
6급 흐를 류流
형 같은 부류의, 한 부류의

4262 **一律** yílǜ
5급 법률 률律
형 일률적이다 부 일률적으로

4263 **一目了然** yìmùliǎorán
6급 눈 목目, 밝을 료瞭, 그러할 연然
성 일목요연하다

4264 **一起** yìqǐ
2급 일어날 기起
부 같이, 함께

4265 **一切** yíqiè
4급 온통 체切
대 일체, 전부, 모든

4266 **一如既往** yìrújìwǎng
6급 같을 여如, 이미 기旣, 갈 왕往
성 지난날과 다름없다

4267 **一丝不苟** yìsībùgǒu
6급 실 사絲, 아닐 불不, 구차할 구苟
성 조금도 빈틈이 없다

4268 **一下** yíxià
2급 아래 하下
양 좀 ~하다, 시험삼아 해 보다

4269 **一向** yíxiàng
6급 향할 향向
부 줄곧, 내내

4270 **一样** yíyàng
3급 모양 양樣
형 같다, 동일하다

4271 **一再** yízài
5급 다시 재再
부 수차, 거듭, 반복해서

4272 **一直** yìzhí
3급 곧을 직直
부 계속, 줄곧

4273 **一致** yízhì
5급 이를 치致
형 일치하다 부 함께, 같이

衣 yī
옷 의衣
명 옷, 의복

4274 **衣服** yīfu
1급 옷 복服
명 옷, 의복

4275 **衣裳** yīshang
6급 치마 상裳
명 의상, 의복

医 yī
의원 의醫
명 의사 동 치료하다

4276 **医生** yīshēng
1급 날 생生
명 의사

4277 **医院** yīyuàn
1급 집 원院
명 병원

依 yī
의지할 의依
동 의존하다, 의지하다 전 ~에 근거하여

4278 **依旧** yījiù
6급 옛 구舊
동 여전하다 부 여전히

4279 **依据** yījù
6급 근거 거據
동 의거하다, 근거하다 명 근거

4280 **依靠** yīkào
6급 기댈 고靠
동 의존하다, 기대다

4281 **依赖** yīlài
6급 의지할 뢰賴
동 의지하다, 기대다

4282 **依然** yīrán
5급 그러할 연然
동 여전하다, 그대로이다 부 여전히

4283 **依托** yītuō
6급 맡길 탁托
동 의지하다, 기대다, 빌붙다

仪 yí
의식 의儀
명 법도와 준칙, 예절, 의식

4284 **仪器** yíqì
6급 그릇 기器
명 측정기

4285 **仪式** yíshì
6급 법 식式
명 의식

移 yí
옮길 이移
동 옮기다, 이동하다

4286 **移动** yídòng
5급 움직일 동動
동 옮기다

4287 **移民** yímín
5급 백성 민民
동 이민하다 명 이민

遗 yí
남길 유遺
동 잃다, 분실하다, 빠뜨리다, 남기다

4288 **遗产** yíchǎn
6급 낳을 산産
명 유산

4289 **遗传** yíchuán
6급 전할 전傳
동 유전하다

4290 **遗憾** yíhàn
5급 섭섭할 감憾
동 유감이다, 섭섭하다

4291 **遗留** yíliú
6급 머무를 류留
동 남겨 놓다, 남기다

4292 **遗失** yíshī
6급 잃을 실失
동 유실하다, 분실하다

疑 yí
의심할 의疑
동 의심하다, 믿지 않다, 확신하지 못하다

4293 **疑惑** yíhuò
6급 미혹할 혹惑
동 의심하다, 회의하다   명 의혹, 의심

4294 **疑问** yíwèn
5급 물을 문問
명 의문, 의혹

4295 **乙** yǐ
5급 둘째 천간 을乙
명 을, 두 번째

已 yǐ
이미 이已
부 이미, 벌써

4296 **已经** yǐjing
2급 지날 경經
부 이미, 벌써

4297 **以** yǐ
4급 써 이以
전 ~으로써, ~을 가지고

4298 **以便** yǐbiàn
6급 편할 편便
접 ~하기에 편리하도록

4299 **以及** yǐjí
5급 미칠 급及
접 및, 그리고

4300 **以来** yǐlái
5급 올 래來
명 이래, 동안

4301 **以免** yǐmiǎn
6급 면할 면免
접 ~하지 않도록

4302 **以前** yǐqián
3급 앞 전前
명 과거, 이전, 예전

4303 **以往** yǐwǎng
6급 갈 왕往
명 종전, 이전, 과거

4304 **以为** yǐwéi
4급 생각할 위爲
동 여기다, 생각하다, 간주하다

4305 **以至** yǐzhì
6급 이를 지至
접 ~까지, ~에 이르기까지

4306 **以致** yǐzhì
6급 이를 치致
접 ~이 되다, ~을 가져오다

椅 yǐ
의자 의椅
명 의자

297

4307 **椅子** yǐzi
1급 접미사 子자
명 의자

4308 **亿** yì
5급 억 億억
수 억

义 yì
옳을 義의
명 의, 정의, 올바른 도리

4309 **义务** yìwù
5급 힘쓸 務무
명 의무

艺 yì
예술 藝예
명 예술, 예능

4310 **艺术** yìshù
4급 재주 術술
명 예술

议 yì
의논할 議의
동 의논하다, 토의하다 명 의견

4311 **议论** yìlùn
5급 논할 論론
동 의논하다 명 의견

4312 **亦** yì
6급 역시 亦역
부 ~도 역시, 또, 또한

异 yì
다를 異이
형 다르다, 같지 않다

4313 **异常** yìcháng
6급 항상 常상
형 보통이 아니다 부 특히, 몹시

意 yì
뜻 意의
동 추측하다, 짐작하다 명 뜻, 견해

4314 **意见** yìjiàn
4급 볼 見견
명 견해, 의견

4315 **意料** yìliào
6급 헤아릴 料료
명 예상, 예측 동 예상하다, 예측하다

4316 **意识** yìshí
6급 알 識식
명 의식

4317 **意思** yìsi
2급 생각 思사
명 의미, 뜻

4318 **意图** yìtú
6급 꾀할 圖도
명 의도, 기도

4319 **意外** yìwài
5급 밖 外외
형 의외의 명 의외의 사고

4320 **意味着** yìwèizhe
6급 맛 味미, 어조사 着착
동 의미하다, 뜻하다, 나타내다

4321 **意向** yìxiàng
6급 향할 向향
명 의향, 의도

4322 **意义** yìyì
5급 옳을 의義
명 의의, 의미

4323 **意志** yìzhì
6급 뜻 지志
명 의지, 의기

毅 yì
굳셀 의毅
동 굳세다, 강하다, 의연하다

4324 **毅力** yìlì
6급 힘 력力
명 굳센 의지, 완강한 의지

4325 **毅然** yìrán
6급 그러할 연然
부 의연히, 결연히

4326 **翼** yì
6급 날개 익翼
명 날개, 깃

因 yīn
인할 인因
명 연유, 원인 전 ~때문에, ~로 인하여

4327 **因此** yīncǐ
4급 이 차此
접 이로 인하여, 그래서, 이 때문에

4328 **因而** yīn'ér
5급 말 이을 이而
접 그러므로, 그런 까닭에

4329 **因素** yīnsù
5급 본디 소素
명 요소, 성분

4330 **因为…所以…** yīnwèi…suǒyǐ…
2급 위할 위爲, 곳 소所, 써 이以
~했기 때문에 그래서 ~하다

4331 **阴** yīn
2급 흐릴 음陰
형 흐리다, 음하다

4332 **阴谋** yīnmóu
6급 꾀할 모謀
명 음모 동 음모하다

音 yīn
소리 음音
명 소리, 음악

4333 **音响** yīnxiǎng
6급 울릴 향, 소리 향響
명 음향, 음향 기기

4334 **音乐** yīnyuè
3급 음악 악樂
명 음악

4335 **银** yín
5급 은 은銀
명 은 형 은색의

4336 **银行** yínháng
3급 점포 항行
명 은행

引 yǐn
끌 인, 당길 인引
동 이끌다, 인도하다, 안내하다

4337 **引导** yǐndǎo
6급 이끌 도導
동 인도하다, 안내하다

299

4338 **引起** yǐnqǐ
4급 일어날 기起
동 주의를 끌다, 야기하다, 불러일으키다

4339 **引擎** yǐnqíng
6급 들어올릴 경擎
명 엔진, 내연 기관, 증기 기관

4340 **引用** yǐnyòng
6급 쓸 용用
동 인용하다

饮 yǐn
마실 음飮
동 마시다

4341 **饮料** yǐnliào
3급 헤아릴 료料
명 음료

4342 **饮食** yǐnshí
6급 먹을 식食
동 음식을 먹고 마시다 명 음식

隐 yǐn
숨을 은隱
동 숨다, 숨기다, 가리다

4343 **隐蔽** yǐnbì
6급 덮을 폐蔽
동 은폐하다, 가리다 형 은폐된, 가려진

4344 **隐患** yǐnhuàn
6급 근심 환患
명 잠복해 있는 병

4345 **隐瞒** yǐnmán
6급 속일 만瞞
동 숨기다, 속이다

4346 **隐私** yǐnsī
6급 사사로울 사私
명 사적인 비밀

4347 **隐约** yǐnyuē
6급 쇠할 약約
형 희미하다, 흐릿하다

印 yìn
도장 인印
명 도장, 인장

4348 **印刷** yìnshuā
5급 인쇄할 쇄刷
동 인쇄하다

4349 **印象** yìnxiàng
4급 코끼리 상象
명 인상

应 yīng
응당 응應
동 마땅히 ~해야 한다, ~하는 것이 마땅하다

4350 **应该** yīnggāi
3급 마땅히 해該
동 ~해야 한다, ~하는 것이 마땅하다

英 yīng
꽃부리 영, 뛰어날 영英
명 꽃, 재능이 출중한 사람

4351 **英俊** yīngjùn
5급 준수할 준俊
형 재능이 출중하다, 잘생기다

4352 **英明** yīngmíng
6급 밝을 명明
형 영명하다

4353 **英雄** yīngxióng
5급 수컷 웅雄
명 영웅

4354 **英勇** yīngyǒng
6급 용감할 용勇
형 매우 용감하다

婴 yīng
갓난아이 영婴
명 영아, 젖먹이

4355 **婴儿** yīng'ér
6급 아이 아兒
명 영아, 젖먹이

迎 yíng
맞을 영迎
동 영접하다, 맞이하다

4356 **迎接** yíngjiē
5급 맞을 접接
동 영접하다, 마중하다

4357 **迎面** yíngmiàn
6급 낯 면面
명 맞은편, 정면 동 얼굴을 향하다

盈 yíng
가득 찰 영盈
동 가득 차다, 충만하다

4358 **盈利** yínglì
6급 이로울 리利
명 이윤, 이익 동 이윤을 얻다

营 yíng
경영할 영營
동 경영하다, 관리하다, 꾀하다, 모색하다

4359 **营养** yíngyǎng
5급 기를 양養
명 영양

4360 **营业** yíngyè
5급 직업 업業
동 영업하다

4361 **赢** yíng
4급 이익 남을 영, 이길 영贏
동 이기다, 승리하다, 이익을 얻다

影 yǐng
그림자 영影
명 그림자, 영상

4362 **影响** yǐngxiǎng
3급 울릴 향, 소리 향響
동 영향을 주다(끼치다) 명 영향

4363 **影子** yǐngzi
5급 접미사 자子
명 그림자

应 yìng
대답할 응應
동 대답하다, 응답하다, 허락하다

4364 **应酬** yìngchou
6급 응대할 수酬
동 응대하다, 접대하다 명 연회, 파티

4365 **应付** yìngfu
5급 줄 부付
동 대응하다, 대처하다

4366 **应聘** yìngpìn
4급 모실 빙聘
동 초빙에 응하다, 지원하다

301

4367 **应邀** yìngyāo
6급 맞을 요邀
동 초청에 응하다

4368 **应用** yìngyòng
5급 쓸 용用
동 응용하다 형 응용

4369 **硬** yìng
5급 굳을 경硬
형 단단하다, 딱딱하다

4370 **硬件** yìngjiàn
5급 수량 단위 건件
명 하드웨어

拥 yōng
안을 옹擁
동 껴안다, 끌어안다, 포옹하다

4371 **拥抱** yōngbào
5급 안을 포抱
동 포옹하다, 껴안다

4372 **拥护** yōnghù
6급 보호할 호護
동 옹호하다, 지지하다

4373 **拥挤** yōngjǐ
5급 밀 제擠
동 한데 모이다, 붐비다

4374 **拥有** yōngyǒu
6급 있을 유有
동 보유하다, 소유하다

庸 yōng
범상할 용, 쓸 용庸
형 평범하다, 보통이다 동 쓰다, 필요로 쓰다

4375 **庸俗** yōngsú
6급 풍속 속俗
형 범속하다, 비속하다

永 yǒng
영원할 영永
형 길다, 오래다

4376 **永恒** yǒnghéng
6급 항상 항恒
형 영원하다, 항구하다

4377 **永远** yǒngyuǎn
4급 멀 원遠
부 영원히, 언제까지나

勇 yǒng
용감할 용勇
형 용감하다, 용기가 있다

4378 **勇敢** yǒnggǎn
4급 감히 감敢
형 용감하다

4379 **勇气** yǒngqì
5급 기운 기氣
명 용기

4380 **勇于** yǒngyú
6급 어조사 우于
동 용감하게 ~하다

涌 yǒng
물 솟을 용涌
동 (액체, 기체가) 위로 솟다, 솟아오르다

4381 **涌现** yǒngxiàn
6급 나타날 현現
동 한꺼번에 나타나다

踊 yǒng
뛸 용踊
동 뛰다, 뛰어오르다

4382 踊跃 yǒngyuè
6급 뛸 약躍
동 펄쩍 뛰어오르다, 껑충껑충 뛰다

4383 用 yòng
3급 쓸 용用
동 쓰다, 사용하다

4384 用功 yònggōng
5급 공로 공功
동 노력하다, 열심히 공부하다

4385 用户 yònghù
6급 집 호户
명 사용자, 가입자, 아이디

4386 用途 yòngtú
5급 길 도途
명 용도

优 yōu
우수할 우優
형 좋다, 우수하다

4387 优点 yōudiǎn
4급 점 점點
명 장점

4388 优惠 yōuhuì
5급 은혜 혜惠
형 특혜의, 우대의

4389 优美 yōuměi
5급 아름다울 미美
형 우미하다, 우아하고 아름답다

4390 优胜劣汰 yōushèngliètài
6급 이길 승勝, 못할 렬劣, 씻을 태汰
성 우승열패하다, 나은 자는 이기고 못한 자는 패하다

4391 优势 yōushì
5급 형세 세勢
명 우세

4392 优先 yōuxiān
6급 먼저 선先
동 우선하다

4393 优秀 yōuxiù
4급 빼어날 수秀
형 (품행이나 성적 등이) 아주 뛰어나다

4394 优异 yōuyì
6급 다를 이異
형 특출하다, 특히 우수하다

4395 优越 yōuyuè
6급 넘을 월越
형 우월하다, 우량하다

忧 yōu
근심 우憂
동 근심하다, 걱정하다, 우울하다, 걱정스럽다

4396 忧郁 yōuyù
6급 울창할 울鬱
형 우울하다, 침울하다

幽 yōu
그윽할 유幽
형 깊다, 깊고 멀다, 은밀한, 비밀의

4397 幽默 yōumò
4급 잠잠할 묵默
형 유머러스한

悠 yōu
오래될 유悠
[형] 멀다, 오래다

4398 悠久 yōujiǔ
5급 오랠 구久
[형] 유구하다, 장구하다

尤 yóu
더욱 우尤
[부] 유달리, 더욱, 한층

4399 尤其 yóuqí
4급 그 기其
[부] 더욱이, 특히

4400 由 yóu
4급 말미암을 유由
[명] 유래, 원인, 까닭 [동] 따르다

4401 由于 yóuyú
4급 어조사 우于
[전] ~때문에, ~로 인하여

邮 yóu
우편 우郵
[동] (우편으로) 보내다, 부치다

4402 邮局 yóujú
4급 판 국局
[명] 우체국

犹 yóu
오히려 유, 같을 유猶
[동] 마치 ~와 같다

4403 犹如 yóurú
6급 같을 여如
[동] 마치 ~와 같다

4404 犹豫 yóuyù
5급 미리 예豫
[형] 머뭇거리다, 주저하다

油 yóu
기름 유油
[명] 기름, 지방

4405 油腻 yóunì
6급 기름질 니膩
[형] 느끼하다, 기름지다

4406 油漆 yóuqī
6급 옻 칠漆
[명] 페인트 [동] (페인트 등을) 칠하다

4407 油炸 yóuzhá
5급 튀길 찰炸
[동] 기름에 튀기다, 식용유로 튀기다

游 yóu
놀 유游
[동] 헤엄치다, 떠돌다, 유람하다

4408 游览 yóulǎn
5급 볼 람覽
[동] 유람하다

4409 游戏 yóuxì
3급 놀이 희戲
[명] 게임, 놀이

4410 游泳 yóuyǒng
2급 헤엄칠 영泳
[동] 수영하다, 헤엄치다

友 yǒu
벗 우友
[명] 벗, 친구

4411 **友好** yǒuhǎo
4급 좋을 호好
휑 우호적이다

4412 **友谊** yǒuyì
4급 우의 의誼
명 우의, 우정

4413 **有** yǒu
1급 있을 유有
동 있다(존재), 가지고 있다(소유)

4414 **有利** yǒulì
5급 이로울 리利
형 유리하다, 이롭다

4415 **有名** yǒumíng
3급 이름 명名
형 유명하다

4416 **有趣** yǒuqù
4급 풍취 취趣
형 재미있다, 흥미가 있다

4417 **有条不紊** yǒutiáobùwěn
6급 가지 조條, 아닐 불不, 어지러울 문紊
성 조리 있고 질서 정연하다

4418 **又** yòu
3급 또 우又
부 또, 다시, 거듭

右 yòu
오른쪽 우右
명 오른쪽, 우측

4419 **右边** yòubian
2급 가장자리 변邊
명 오른쪽, 우측

幼 yòu
어릴 유幼
형 (나이가) 어리다 명 아동, 어린이

4420 **幼儿园** yòu'éryuán
5급 아이 아兒, 동산 원園
명 유치원, 유아원

4421 **幼稚** yòuzhì
6급 어릴 치稚
형 유치하다, 어리다, 미숙하다

诱 yòu
꾈 유誘
동 꾀다, 유혹하다, 유인하다

4422 **诱惑** yòuhuò
6급 미혹할 혹惑
동 꾀다, 유혹하다, 끌어들이다

于 yú
어조사 우于
전 ~에, ~에서, ~에게

4423 **于是** yúshì
4급 옳을 시是
접 그래서, 이리하여

4424 **鱼** yú
2급 물고기 어魚
명 물고기

娱 yú
즐길 오娛
형 즐겁다, 유쾌하다

4425 **娱乐** yúlè
5급 즐길 락樂
동 오락하다 명 엔터테인먼트

渔 yú
고기 잡을 어漁
동 물고기를 잡다

4426 **渔民** yúmín
6급 백성 민民
명 어민

愉 yú
즐거울 유愉
형 기쁘다, 유쾌하다, 즐겁다

4427 **愉快** yúkuài
4급 빠를 쾌快
형 기쁘다, 유쾌하다, 즐겁다

愚 yú
어리석을 우愚
형 어리석다, 우둔하다, 멍청하다

4428 **愚蠢** yúchǔn
6급 꾸물거릴 준蠢
형 어리석다, 우둔하다

4429 **愚昧** yúmèi
6급 어두울 매昧
형 우매하다, 어리석고 사리에 어둡다

舆 yú
많을 여舆
동 매우 많다, 많은 사람의 명 수레

4430 **舆论** yúlùn
6급 논할 론論
명 여론

4431 **与** yǔ
4급 줄 여與
접 ~와(과)

4432 **与其** yǔqí
5급 그 기其
접 ~하기보다는, ~하느니 (차라리)

4433 **与日俱增** yǔrìjùzēng
6급 날 일日, 갖출 구俱, 더할 증增
성 날이 갈수록 늘어나다

宇 yǔ
집 우宇
명 집

4434 **宇宙** yǔzhòu
6급 우주 주宙
명 우주

羽 yǔ
깃 우羽
명 깃털

4435 **羽毛球** yǔmáoqiú
4급 털 모毛, 공 구球
명 배드민턴, 셔틀콕

4436 **羽绒服** yǔróngfú
6급 가는 베 융絨, 옷 복服
명 오리털 재킷

语 yǔ
말씀 어語
동 말하다 명 말, 언어

4437 **语法** yǔfǎ
4급 법 법法
명 어법

4438 **语气** yǔqì
5급 기운 기氣
명 어투, 말투

4439 **语言** yǔyán
4급 말씀 언言
명 말, 언어

4440 **玉** yù
6급 옥 옥玉
명 옥　형 투명하고 깨끗하고 아름답다

4441 **玉米** yùmǐ
5급 쌀 미米
명 옥수수, 강냉이

预 yù
미리 예预
형 사전의　부 미리, 사전에

4442 **预报** yùbào
5급 알릴 보报
동 예보하다　명 예보

4443 **预订** yùdìng
5급 바로잡을 정订
동 예약하다, 예매하다

4444 **预防** yùfáng
5급 막을 방防
동 예방하다

4445 **预料** yùliào
6급 헤아릴 료料
동 예상하다, 예측하다　명 예상, 예측

4446 **预期** yùqī
6급 기약할 기期
동 예기하다, 미리 기대하다

4447 **预算** yùsuàn
6급 셈 산算
동 예산하다　명 예산

4448 **预习** yùxí
4급 익힐 습習
동 예습하다

4449 **预先** yùxiān
6급 먼저 선先
부 사전에, 미리

4450 **预言** yùyán
6급 말씀 언言
동 예언하다　명 예언

4451 **预兆** yùzhào
6급 조짐 조兆
동 조짐을 보이다　명 전조, 징조

欲 yù
욕심 욕欲
명 욕망

4452 **欲望** yùwàng
6급 바랄 망望
명 욕망

遇 yù
만날 우遇
동 만나다, 얻다, 겪다, 당하다

4453 **遇到** yùdào
3급 이를 도到
동 만나다, 마주치다

寓 yù
머무를 우寓
동 기거하다, 거주하다　명 거처, 숙소

4454 **寓言** yùyán
6급 말씀 언言
명 우언, 우화

4455 **愈** yù
6급 뛰어날 유愈
통 병이 낫다, 뛰어넘다, 추월하다

冤 yuān
원통할 원冤
통 억울함을 당하다, 누명을 쓰다

4456 **冤枉** yuānwang
6급 굽을 왕枉
형 억울하다 명 누명

4457 **元** yuán
3급 으뜸 원元
형 처음의, 첫째의 양 중국 화폐 위엔

4458 **元旦** yuándàn
5급 아침 단旦
명 설날, 양력 1월 1일

4459 **元首** yuánshǒu
6급 머리 수首
명 군주, 임금, 국가 원수

4460 **元素** yuánsù
6급 본디 소素
명 化学元素(화학 원소)의 줄임말, 요소, 원소

4461 **元宵节** yuánxiāojié
6급 밤 소宵, 마디 절節
명 원소절, 정월 대보름

园 yuán
동산 원園
명 밭, 유람하고 오락하는 장소

4462 **园林** yuánlín
6급 수풀 림林
명 원림, 정원

员 yuán
사람 원員
명 어떤 직업에 종사하는 사람

4463 **员工** yuángōng
5급 장인 공工
명 종업원

原 yuán
근원 원原
형 본래의, 원래의, 최초의, 시초의

4464 **原告** yuángào
6급 알릴 고告
명 원고

4465 **原来** yuánlái
4급 올 래來
부 처음에, 원래, 본래

4466 **原理** yuánlǐ
6급 다스릴 리理
명 원리

4467 **原谅** yuánliàng
4급 양해할 량諒
통 양해하다

4468 **原料** yuánliào
5급 헤아릴 료料
명 원료

4469 **原始** yuánshǐ
6급 처음 시, 비로소 시始
형 원시의, 원래의

4470 **原先** yuánxiān
6급 먼저 선先
명 종전, 이전, 최초

4471 **原因** yuányīn
4급 인할 인因
몡 원인

4472 **原则** yuánzé
5급 법칙 칙則
몡 원칙   분 원칙적으로

4473 **圆** yuán
5급 둥글 원圓
혱 둥글다, 완전하다

4474 **圆满** yuánmǎn
6급 가득 찰 만滿
혱 원만하다, 완벽하다

缘 yuán
인연 연, 까닭 연緣
몡 원인, 이유, 까닭

4475 **缘故** yuángù
6급 연고 고故
몡 연고, 원인, 이유

源 yuán
근원 원源
몡 근원, 기원, 출처

4476 **源泉** yuánquán
6급 샘 천泉
몡 원천, 사물 발생의 본원

4477 **远** yuǎn
2급 멀 원遠
혱 (공간적, 시간적으로) 멀다

愿 yuàn
원할 원願
몡 염원, 소망   동 바라다, 희망하다

4478 **愿望** yuànwàng
5급 바랄 망望
몡 희망, 소망

4479 **愿意** yuànyì
3급 뜻 의意
동 바라다, 희망하다

约 yuē
약속할 약, 줄일 약約
동 약속하다, 제한하다, 한정하다

4480 **约会** yuēhuì
4급 모일 회會
동 만날 약속을 하다   몡 약속

4481 **约束** yuēshù
6급 묶을 속束
동 단속하다, 속박하다

4482 **月** yuè
1급 달 월月
몡 달, 월

4483 **月亮** yuèliang
3급 밝을 량亮
몡 달

乐 yuè
음악 악樂
몡 음악

4484 **乐谱** yuèpǔ
6급 악보 보譜
몡 악보

4485 **乐器** yuèqì
5급 그릇 기器
몡 악기

岳 yuè
큰 산 악岳
아내의 부모 혹은 숙부나 백부에 대한 호칭

4486 **岳母** yuèmǔ
6급 어미 모母
명 장모

阅 yuè
볼 열閱
동 (책 등을) 보다, 읽다

4487 **阅读** yuèdú
4급 읽을 독讀
동 열독하다, (책 등을) 보다

4488 **越** yuè
3급 뛰어넘을 월越
동 넘다, 뛰어넘다

4489 **晕** yūn
5급 어질어질할 훈暈
형 어질어질하다 동 기절하다

4490 **云** yún
4급 구름 운雲
명 구름

允 yǔn
승낙할 윤允
동 윤허하다, 허가하다, 승낙하다

4491 **允许** yǔnxǔ
4급 허락할 허許
동 허가하다, 응낙하다

孕 yùn
아이 밸 잉孕
동 임신하다, 잉태하다

4492 **孕育** yùnyù
6급 기를 육育
동 낳아 기르다, 생육하다

运 yùn
옮길 운, 운수 운運
동 돌다, 이동하다, 운행하다, 운동하다

4493 **运动** yùndòng
2급 움직일 동動
명 운동, 스포츠

4494 **运气** yùnqi
5급 기운 기氣
명 운, 운세 형 행운이다

4495 **运输** yùnshū
5급 나를 수輸
동 운수하다, 운송하다

4496 **运算** yùnsuàn
6급 셈 산算
동 연산하다

4497 **运行** yùnxíng
6급 다닐 행行
동 운행하다

4498 **运用** yùnyòng
5급 쓸 용用
동 운용하다, 활용하다

酝 yùn
빚을 온醞
동 술을 빚다, 술을 담그다

4499 **酝酿** yùnniàng
6급 술 빚을 양釀
동 술을 빚다, (생각 등을) 가다듬다

Z

蕴 yùn
쌓을 온, 간직할 온蕴
동 품다, 내포하다, 포함하다

4500 蕴藏 yùncáng
6급 저장할 장, 감출 장藏
동 간직하다, 잠재하다, 매장되다

4501 熨 yùn
6급 다림질할 울熨
동 다리다, 다림질하다

杂 zá
섞일 잡雜
형 잡다하다, 가지각색이다 동 섞(이)다, 뒤섞(이)다

4502 杂技 zájì
6급 재주 기技
명 잡기, 곡예

4503 杂交 zájiāo
6급 사귈 교, 교배할 교交
동 교배하다, (품종이 다른 생물끼리) 교잡하다

4504 杂志 zázhì
4급 기록할 지志
명 잡지

4505 砸 zá
6급 칠 잡砸
동 내리치다, 찧다, 부수다, 망치다

4506 咋 ză
6급 어찌 사咋
대 어째서, 어떻게, 왜

灾 zāi
재앙 재災
명 재해, 화, 불행

4507 灾害 zāihài
5급 해할 해害
명 재해, 화

4508 灾难 zāinàn
6급 난리 난, 재앙 난難
명 재난, 재해, 화

栽 zāi
심을 재栽
동 심다, 재배하다

4509 栽培 zāipéi
6급 북돋울 배培
동 재배하다, 양성하다, 등용하다

4510 宰 zǎi
6급 재상 재宰
동 주관하다, 주재하다

4511 再 zài
2급 다시 재再
부 다시, 또, 재차

4512 再见 zàijiàn
1급 볼 견見
또 뵙겠습니다, 안녕히 계십시오

4513 再接再厉 zàijiēzàilì
6급 이을 접接, 다시 재再, 힘쓸 려厲
성 한층 더 분발하다

4514 再三 zàisān
5급 셋 삼三
부 재삼, 두세 번

4515 在 zài
1급 있을 재在
동 (사람이나 사물이) ~에 있다

4516 在乎 zàihu
5급 어조사 호乎
동 ~에 있다, (유쾌하지 않은 일을) 마음속에 두다

4517 在意 zàiyì
6급 뜻 의意
동 마음에 두다

4518 在于 zàiyú
5급 어조사 우于
동 ~에 있다, ~에 달려 있다

咱 zán
우리 찰咱
대 우리(들)

4519 咱们 zánmen
4급 들 문們
대 우리들(나와 상대방을 모두 포함)

4520 攒 zǎn
6급 모을 찬攢
동 쌓다, 모으다, 저축하다

暂 zàn
잠깐 잠暫
부 잠시, 잠깐, 임시로

4521 暂且 zànqiě
6급 또 차且
부 잠시, 잠깐

4522 暂时 zànshí
4급 때 시時
명 잠깐, 잠시, 일시

赞 zàn
칭찬할 찬贊
동 칭송하다, 칭찬하다, 찬양하다

4523 赞成 zànchéng
5급 이룰 성成
동 찬성하다, 찬동하다

4524 赞美 zànměi 5급 아름다울 미美 동 찬미하다, 찬양하다	**4532 糟蹋** zāotà 6급 밟을 답蹋 동 낭비하다, 못 쓰게 하다, 손상하다
4525 赞叹 zàntàn 6급 탄식할 탄嘆 동 찬탄하다	**早** zǎo 아침 조早 명 아침
4526 赞助 zànzhù 6급 도울 조助 동 찬조하다, 협찬하다	**4533 早上** zǎoshang 2급 위 상上 명 아침
4527 脏 zāng 4급 더러울 장髒 형 더럽다, 지저분하다	**造** zào 만들 조造 동 만들다, 제작하다
遭 zāo 만날 조遭 동 (불행이나 불리한 일을) 당하다, 겪다	**4534 造成** zàochéng 5급 이룰 성成 동 형성하다, 조성하다, 만들다
4528 遭受 zāoshòu 6급 받을 수受 동 (손해를) 입다, 당하다	**4535 造型** zàoxíng 6급 모형 형型 명 이미지, 형상 동 조형하다, 형상화하다
4529 遭殃 zāoyāng 6급 재앙 앙殃 동 재난을 입다, 불행을 당하다	**噪** zào 떠들썩할 조噪 동 (새나 벌레가) 울다, 지저귀다
4530 遭遇 zāoyù 6급 만날 우遇 동 조우하다, 만나다 명 처지, 경우	**4536 噪音** zàoyīn 6급 소리 음音 명 소음
糟 zāo 지게미 조, 찌꺼기 조糟 형 잘못되다, 망치다	**4537 则** zé 5급 법칙 칙則 명 규칙, 규범
4531 糟糕 zāogāo 5급 떡 고糕 형 못 쓰게 되다, 엉망이 되다	**责** zé 꾸짖을 책責 동 나무라다, 비난하다, 요구하다, 책임지우다

4538 责备 zébèi
5급 갖출 비備
동 책하다, 탓하다

4539 责怪 zéguài
6급 괴이할 괴怪
동 원망하다, 나무라다

4540 责任 zérèn
4급 맡길 임任
명 책임

4541 贼 zéi
6급 도둑 적賊
명 도둑, 도적, 반역자, 악인

怎 zěn
어찌 즘怎
대 왜, 어떻게, 어째서

4542 怎么 zěnme
1급 어조사 마麽
대 어떻게, 어째서, 왜

4543 怎么样 zěnmeyàng
1급 어조사 마麽, 모양 양樣
어떻다, 어떠하다

增 zēng
더할 증增
동 늘다, 보태다, 증가하다

4544 增加 zēngjiā
4급 더할 가加
동 증가하다, 더하다

4545 增添 zēngtiān
6급 더할 첨添
동 더하다, 늘리다

赠 zèng
줄 증贈
동 주다, 선사하다

4546 赠送 zèngsòng
6급 보낼 송送
동 증정하다, 선사하다

4547 扎 zhā
6급 뽑아낼 찰扎
동 찌르다, 뚫고 들어가다

4548 扎实 zhāshi
6급 열매 실實
형 견실하다, 튼튼하다

4549 渣 zhā
6급 찌꺼기 사渣
명 찌꺼기, 침전물, 앙금

4550 眨 zhǎ
6급 눈 깜박일 잡眨
동 (눈을) 깜박거리다, 깜짝이다

诈 zhà
속일 사詐
동 속이다, 기만하다

4551 诈骗 zhàpiàn
6급 속일 편騙
동 속이다, 갈취하다

4552 摘 zhāi
5급 딸 적摘
동 따다, 꺾다, 선택하다, 발췌하다

4553 摘要 zhāiyào
6급 요긴할 요要
명 적요, 개요 동 요점만 따서 적다

4554 **窄** zhǎi
5급 좁을 착窄
형 협소하다, (마음이) 좁다

债 zhài
빚 채债
명 빚, 부채

4555 **债券** zhàiquàn
6급 증서 권券
명 채권

沾 zhān
젖을 점沾
동 젖다, 적시다, (혜택을) 입다, 나누다

4556 **沾光** zhānguāng
6급 빛 광光
동 덕을 보다

粘 zhān
붙을 점粘
동 (풀 따위로) 붙이다, 들러붙다

4557 **粘贴** zhāntiē
5급 붙일 첩貼
동 붙이다, 붙여 넣다

瞻 zhān
볼 첨瞻
동 내다보다, 바라다보다, 쳐다보다

4558 **瞻仰** zhānyǎng
6급 우러를 앙仰
동 우러러보다, 참배하다

斩 zhǎn
벨 참斩
동 베다, 자르다, 찍다

4559 **斩钉截铁** zhǎndīngjiétiě
6급 못 정釘, 끊을 절截, 쇠 철鐵
성 맺고 끊다, 과단성이 있다

展 zhǎn
펼 전展
동 펴다, 벌리다, 넓히다

4560 **展开** zhǎnkāi
5급 열 개開
동 전개하다, 펼치다

4561 **展览** zhǎnlǎn
5급 볼 람覽
동 전람하다

4562 **展示** zhǎnshì
6급 보일 시示
동 드러내다, 나타내다

4563 **展望** zhǎnwàng
6급 바랄 망望
동 전망하다, 앞을 내다보다 명 전망, 비전

4564 **展现** zhǎnxiàn
6급 나타날 현現
동 드러내다, 나타나다

崭 zhǎn
높을 참崭
형 높이 치솟다, 돌출하다, 훌륭하다, 멋지다

4565 **崭新** zhǎnxīn
6급 새 신新
형 참신하다, 아주 새롭다

4566 **占** zhàn
5급 차지할 점, 점령할 점占
동 차지하다, 점령하다

4567 **占据** zhànjù
6급 근거 거据
동 점거하다, 점유하다

4568 **占领** zhànlǐng
6급 거느릴 령領
동 점령하다, 점거하다

4569 **占线** zhànxiàn
4급 줄 선线
동 통화 중이다, 사용 중이다

战 zhàn
싸울 전戰
명 전투, 전쟁, 싸움

4570 **战斗** zhàndòu
6급 싸울 투鬥
명 전투, 투쟁 동 전투하다

4571 **战略** zhànlüè
6급 다스릴 략略
명 전략 형 전략적인

4572 **战术** zhànshù
6급 재주 술術
명 전술 형 전술의

4573 **战役** zhànyì
6급 부릴 역役
명 전역

4574 **战争** zhànzhēng
5급 다툴 쟁爭
명 전쟁

4575 **站** zhàn
3급 설 참站
동 서다, 바로 서다

4576 **张** zhāng
3급 넓힐 장張
동 열다, 펼치다 양 장(종이 등을 세는 단위)

章 zhāng
문장 장章
명 조목, 조항, 법규, 규정

4577 **章程** zhāngchéng
6급 한도 정, 길 정程
명 장정, 규정

4578 **长** zhǎng
3급 자랄 장長
동 자라다, 나다, 생기다, 성장하다

4579 **长辈** zhǎngbèi
5급 무리 배輩
명 손윗사람, 연장자

4580 **涨** zhǎng
5급 넘칠 창漲
동 (수위나 물가 등이) 오르다

掌 zhǎng
손바닥 장掌
명 손바닥, 발바닥

4581 **掌握** zhǎngwò
5급 쥘 악握
동 숙달하다, 정통하다

丈 zhàng
어른 장, 남편 장丈
명 가족·친척의 남편

4582 **丈夫** zhàngfu
2급 지아비 부夫
명 남편

帐 zhàng
장막 장帐
명 장막, 천막, 휘장

4583 帐篷 zhàngpeng
6급 덮개 봉篷
명 장막, 천막, 텐트

账 zhàng
장부 장賬
명 회계, 장부, 금전 출납부

4584 账户 zhànghù
5급 집 호户
명 계좌

障 zhàng
막을 장障
동 막다, 차단하다, 방해하다

4585 障碍 zhàng'ài
6급 막을 애, 거리낄 애礙
명 장애물, 방해물 동 방해하다, 막다

招 zhāo
부를 초招
동 손짓하다, 손짓해서 오게 하다

4586 招标 zhāobiāo
6급 표할 표, 나타낼 표標
동 입찰 공고하다

4587 招待 zhāodài
5급 기다릴 대, 대접할 대待
동 접대하다, 환대하다

4588 招聘 zhāopìn
4급 부를 빙聘
동 초빙하다, 초청하다

4589 招收 zhāoshōu
6급 거둘 수收
동 모집하다

朝 zhāo
아침 조朝
명 (이른) 아침, 날

4590 朝气蓬勃 zhāoqìpéngbó
6급 기운 기氣, 성하게 일어날 봉蓬, 성할 발勃
성 생기가 넘쳐흐르다

着 zháo
붙을 착着
동 부착하다, 달라붙다, 닿다, 불이 붙다

4591 着火 zháohuǒ
5급 불 화火
동 불나다

4592 着急 zháojí
3급 급할 급急
동 조급해하다, 안달하다

4593 着凉 zháoliáng
5급 서늘할 량凉
동 감기에 걸리다

4594 着迷 zháomí
6급 미혹할 미迷
동 몰두하다, 사로잡히다

4595 找 zhǎo
2급 찾을 조, 채울 조找
동 찾다, 구하다, 물색하다

沼 zhǎo
늪 소沼
명 소, 늪

317

4596 **沼泽** zhǎozé
6급 못 택澤
명 소택, 소택지

召 zhào
부를 소召
동 부르다, 불러모으다, 소집하다

4597 **召开** zhàokāi
5급 열 개開
동 (회의를) 열다, 개최하다

4598 **照** zhào
4급 비출 조照
동 비추다, 비치다, 빛나다

4599 **照常** zhàocháng
5급 항상 상常
동 평소대로 하다

4600 **照顾** zhàogù
3급 돌아볼 고顧
동 보살피다, 돌보다

4601 **照片** zhàopiàn
3급 조각 편片
명 사진

4602 **照相机** zhàoxiàngjī
3급 모양 상相, 기계 기機
명 사진기, 카메라

4603 **照样** zhàoyàng
6급 모양 양樣
동 어떤 모양대로 하다   부 여전히

4604 **照耀** zhàoyào
6급 빛날 요耀
동 밝게 비추다

折 zhē
접을 절, 방향을 바꿀 절折
동 뒤집다, 구르다, 회전하다

4605 **折腾** zhēteng
6급 오를 등騰
동 구박하다, 엎치락뒤치락하다

遮 zhē
막을 차遮
동 가리다, 덮다, 막다, 차단하다

4606 **遮挡** zhēdǎng
6급 가로막을 당擋
동 막다, 차단하다   명 차단물, 방해물

4607 **折** zhé
6급 꺾을 절折
동 꺾다, 끊다   동 요절하다, 좌절하다

4608 **折磨** zhémó
6급 고생할 마磨
동 고통스럽게 하다, 괴롭히다

哲 zhé
밝을 철哲
형 현명하다, 총명하다   명 철인, 총명한 사람

4609 **哲学** zhéxué
5급 배울 학學
명 철학

4610 **这** zhè
1급 이 저這
대 이, 이것

4611 **着** zhe
2급 어조사 착着
조 ~하고 있다, ~하는 중이다(진행을 나타냄)

针 zhēn
바늘 침针
명 바늘, 바늘 모양의 물건

4612 **针对** zhēnduì
5급 대할 대對
동 겨누다, 조준하다

侦 zhēn
정탐할 정偵
동 몰래 살피다, 몰래 조사하다

4613 **侦探** zhēntàn
6급 찾을 탐探
동 정탐하다   명 탐정, 간첩

珍 zhēn
보배 진珍
명 보배, 보물

4614 **珍贵** zhēnguì
6급 귀할 귀貴
형 진귀하다, 아끼고 사랑하다

4615 **珍惜** zhēnxī
5급 애석할 석惜
동 귀중히 여기다

4616 **珍稀** zhēnxī
6급 드물 희稀
형 진귀하고 드물다

4617 **珍珠** zhēnzhū
6급 구슬 주珠
명 진주

4618 **真** zhēn
2급 참 진眞
부 확실히, 참으로   형 사실이다, 진짜다

4619 **真理** zhēnlǐ
6급 다스릴 리理
명 진리

4620 **真实** zhēnshí
5급 열매 실實
형 진실하다

4621 **真相** zhēnxiàng
6급 모양 상相
명 진상, 실상

4622 **真正** zhēnzhèng
4급 바를 정正
형 진정한, 참된   부 정말로, 참으로

4623 **真挚** zhēnzhì
6급 잡을 지挚
형 성실한, 참된

斟 zhēn
술 따를 짐, 짐작할 짐斟
동 (술 등을) 따르다, 퇴고하다, 윤문하다, 다듬다

4624 **斟酌** zhēnzhuó
6급 술 부을 작酌
동 헤아리다, 짐작하다

诊 zhěn
진찰할 진诊
동 진찰하다, 병을 살피다

4625 **诊断** zhěnduàn
5급 끊을 단斷
동 진단하다

枕 zhěn
베개 침枕
명 베개

4626 **枕头** zhěntou
6급 접미사 두頭
명 베개

4627 **阵** zhèn
5급 진칠 진陣
명 진, 진지

4628 **阵地** zhèndì
6급 땅 지地
명 진지, 일하는 곳

4629 **阵容** zhènróng
6급 얼굴 용容
명 진용

振 zhèn
진동할 진, 떨 진振
동 진동하다

4630 **振动** zhèndòng
5급 움직일 동動
동 진동하다

4631 **振奋** zhènfèn
6급 떨칠 분奮
형 분기하다, 분발하다, 진작하다

4632 **振兴** zhènxīng
6급 일으킬 흥興
동 진흥시키다

震 zhèn
우레 진, 진동할 진震
동 진동하다, 진동시키다

4633 **震撼** zhènhàn
6급 흔들 감撼
동 진동시키다, 뒤흔들다

4634 **震惊** zhènjīng
6급 놀랄 경驚
형 깜짝 놀라게 하다, 경악하게 하다

镇 zhèn
진압할 진鎭
동 누르다, 진정시키다, 가라앉히다

4635 **镇定** zhèndìng
6급 정할 정定
형 침착하다, 태연하다, 차분하다

4636 **镇静** zhènjìng
6급 고요할 정靜
형 침착하다, 차분하다

正 zhēng
정월 정正
명 정월

4637 **正月** zhēngyuè
6급 달 월月
명 정월

争 zhēng
다툴 쟁爭
동 쟁탈하다, 다투다

4638 **争端** zhēngduān
6급 끝 단, 실마리 단端
명 쟁단, 분쟁의 실마리

4639 **争夺** zhēngduó
6급 빼앗을 탈奪
동 쟁탈하다, 다투다

4640 **争论** zhēnglùn
5급 논할 론論
동 변론하다, 쟁론하다

4641 **争气** zhēngqì
6급 기운 기氣
통 잘하려고 애쓰다, 분발하다

4642 **争取** zhēngqǔ
5급 가질 취取
통 쟁취하다, 얻어내다

4643 **争先恐后** zhēngxiānkǒnghòu
6급 먼저 선先, 두려울 공恐, 뒤 후后
성 뒤질세라 앞을 다투다

4644 **争议** zhēngyì
6급 의논할 의議
통 쟁의하다, 논의하다

征 zhēng
부를 징, 징집할 징徵
통 먼길을 가다, 정벌하러 가다, 징집하다

4645 **征服** zhēngfú
6급 따를 복服
통 정복하다, 굴복시키다

4646 **征求** zhēngqiú
5급 구할 구求
통 탐방하여 구하다

4647 **征收** zhēngshōu
6급 거둘 수收
통 징수하다

挣 zhēng
참고 견딜 쟁挣
통 발버둥치다, 힘써 버티다

4648 **挣扎** zhēngzhá
6급 뽑아낼 찰扎
통 발버둥치다, 몸부림치다, 발악하다

4649 **睁** zhēng
5급 눈 부릅뜰 정睜
통 (눈을) 크게 뜨다

蒸 zhēng
찔 증蒸
통 찌다, 증발하다, 김이 오르다

4650 **蒸发** zhēngfā
6급 필 발發
통 증발하다

整 zhěng
정돈할 정整
통 정돈되다, 정연하다, 정리하다

4651 **整顿** zhěngdùn
6급 조아릴 돈, 가지런히 할 돈頓
통 정비하다, 바로잡다, 통합하다

4652 **整个** zhěnggè
5급 낱 개個
명 온, 모든 것 부 완전히, 충분히

4653 **整理** zhěnglǐ
4급 다스릴 리理
통 정리하다

4654 **整齐** zhěngqí
5급 가지런할 제齊
형 가지런하다, 단정하다

4655 **整体** zhěngtǐ
5급 몸 체體
명 전부, 전체

4656 **正** zhèng
5급 바를 정正
형 바르다, 표준적인, 표준에 부합하는

4657 正常 zhèngcháng
4급 항상 상常
형 정상적인

4658 正当 zhèngdàng
6급 마땅 당當
형 정당하다, (인품이) 단정하다

4659 正负 zhèngfù
6급 질 부負
명 플러스 마이너스

4660 正规 zhèngguī
6급 법 규規
형 정규의, 표준의

4661 正好 zhènghǎo
4급 좋을 호好
형 딱맞다, 꼭 맞다 부 마침

4662 正经 zhèngjing
6급 도리 경經
형 정직하다, 곧다, 단정하다

4663 正气 zhèngqì
6급 기운 기氣
명 바른 기풍, 정기

4664 正确 zhèngquè
4급 굳을 확確
형 정확하다, 올바르다

4665 正式 zhèngshì
4급 법 식式
형 정식의, 공식의, 정규의

4666 正义 zhèngyì
6급 옳을 의義
명 정의 형 정의로운

4667 正在 zhèngzài
2급 있을 재在
부 지금 (한창) ~하고 있다

4668 正宗 zhèngzōng
6급 근본 종, 마루 종宗
명 정종, 정통 형 정통의, 진정한

证 zhèng
증명할 증證
명 증, 증서, 증거 동 증명하다

4669 证件 zhèngjiàn
5급 수량 단위 건件
명 증명서

4670 证据 zhèngjù
5급 근거 거據
명 증거

4671 证明 zhèngmíng
4급 밝을 명明
동 증명하다 명 증서, 증명서

4672 证实 zhèngshí
6급 열매 실實
동 실증하다, 사실을 증명하다

4673 证书 zhèngshū
6급 글 서書
명 증서, 증명서

郑 zhèng
나라 이름 정鄭
명 정나라, 성

4674 郑重 zhèngzhòng
6급 무거울 중重
형 정중하다

政 zhèng
정치 정政
명 정치, 정권, 정부

4675 政策 zhèngcè
6급 꾀 책策
명 정책

4676 政府 zhèngfǔ
5급 관청 부府
명 정부

4677 政权 zhèngquán
6급 권세 권權
명 정권, 행정 기관

4678 政治 zhèngzhì
5급 다스릴 치治
명 정치

4679 挣 zhèng
5급 다툴 쟁挣
동 (돈이나 재산 등을) 노력하여 얻다(벌다)

症 zhèng
증상 증, 증세 증癥
명 병, 질병, 증세

4680 症状 zhèngzhuàng
6급 나타낼 상狀
명 증상, 증후

4681 之 zhī
4급 어조사 지之
조 ~의, ~한

4682 之际 zhījì
6급 가장자리 제際
명 때, 즈음

4683 支 zhī
5급 지탱할 지, 지불할 지支
동 받치다, 지지하다, 지불하다

4684 支撑 zhīchēng
6급 버틸 탱撑
동 버티다, 지탱하다

4685 支持 zhīchí
4급 가질 지持
동 지지하다, 견디다, 지탱하다

4686 支出 zhīchū
6급 날 출出
동 지출하다 명 지출

4687 支流 zhīliú
6급 흐를 류流
명 지류

4688 支配 zhīpèi
6급 짝지을 배, 나눌 배配
동 안배하다, 분배하다

4689 支票 zhīpiào
5급 표 표票
명 수표

4690 支援 zhīyuán
6급 도울 원援
동 지원하다

4691 支柱 zhīzhù
6급 기둥 주柱
명 지주, 받침대, 버팀목

4692 只 zhī
3급 하나 척, 새 한 마리 척隻
양 마리(날짐승이나 길짐승을 세는 단위)

4693 **枝** zhī
6급 가지 지枝
명 가지 양 송이

知 zhī
알 지知
동 알다, 이해하다

4694 **知道** zhīdào
2급 길 도道
동 알다, 이해하다

4695 **知觉** zhījué
6급 깨달을 각覺
명 지각, 감각

4696 **知识** zhīshi
4급 알 식識
명 지식 형 지식의, 지적인

4697 **知足常乐** zhīzúchánglè
6급 넉넉할 족足, 항상 상常, 즐거울 락樂
성 만족함을 알면 항상 즐겁다

脂 zhī
기름 지脂
명 지방, 유지

4698 **脂肪** zhīfáng
6급 기름 방肪
명 지방

执 zhí
잡을 집執
동 잡다, 쥐다, 주관하다, 집행하다

4699 **执行** zhíxíng
6급 행할 행行
동 집행하다, 실행하다

4700 **执照** zhízhào
5급 비출 조, 증서 조照
명 면허증

4701 **执着** zhízhuó
6급 붙을 착着
형 집착하다, 고집스럽다

4702 **直** zhí
5급 곧을 직, 바로 직直
형 곧다, 수직의

4703 **直播** zhíbō
6급 (씨를) 뿌릴 파播
동 직파하다, 생중계하다

4704 **直接** zhíjiē
4급 이을 접接
형 직접적인

4705 **直径** zhíjìng
6급 길 경, 직경 경徑
명 직경

侄 zhí
조카 질姪
명 조카, 동년배 친척의 아들

4706 **侄子** zhízi
6급 접미사 자子
명 조카

值 zhí
값 치値
명 가치, 가격, 값 형 ~할 가치가 있다

4707 **值班** zhíbān
6급 나눌 반, 차례 반班
동 당번이 되다, 당직을 맡다

4708 **值得** zhídé
4급 얻을 득得
동 ~할 만하다, ~할 만한 가치가 있다

职 zhí
직분 직職
명 직무, 직업, 일자리, 직위

4709 **职能** zhínéng
6급 능할 능能
명 직능, 직책과 기능

4710 **职位** zhíwèi
6급 자리 위位
명 직위

4711 **职务** zhíwù
6급 힘쓸 무務
명 직무

4712 **职业** zhíyè
4급 직업 업業
명 직업 형 직업적인, 프로의

植 zhí
심을 식植
동 심다, 재배하다

4713 **植物** zhíwù
4급 물건 물物
명 식물

殖 zhí
불릴 식, 번식할 식殖
동 번식하다, 생장하다, 증식하다

4714 **殖民地** zhímíndì
6급 백성 민民, 땅 지地
명 식민지

4715 **只** zhǐ
3급 다만 지祇, 衹
부 단지, 다만, 오직

4716 **只好** zhǐhǎo
4급 좋을 호好
부 부득이, 어쩔 수 없이

4717 **只要** zhǐyào
4급 바랄 요要
접 ~하기만 하면

4718 **只有…才…** zhǐyǒu…cái…
3급 있을 유有, 겨우 재纔
~해야만 ~이다

4719 **指** zhǐ
4급 가리킬 지指
명 손가락 동 (손가락 등으로) 가리키다, 지시하다

4720 **指标** zhǐbiāo
6급 표할 표, 나타낼 표標
명 지표, 수치

4721 **指导** zhǐdǎo
5급 이끌 도導
동 지도하다, 이끌어 주다

4722 **指定** zhǐdìng
6급 정할 정定
동 지정하다, 확정하다

4723 **指挥** zhǐhuī
5급 휘두를 휘揮
동 지휘하다 명 지휘자

4724 **指甲** zhǐjia
6급 갑옷 갑, 손톱 갑甲
명 손톱

4725 **指令** zhǐlìng
6급 하여금 령, 명령할 령令
동 지시하다, 명령하다 명 지령

4726 **指南针** zhǐnánzhēn
6급 남녘 남南, 바늘 침針
명 나침반

4727 **指示** zhǐshì
6급 보일 시示
동 가리키다, 지시하다

4728 **指望** zhǐwàng
6급 바랄 망望
동 기대하다, 바라다

4729 **指责** zhǐzé
6급 꾸짖을 책責
동 지적하다, 질책하다, 책망하다

至 zhì
이를 지至
동 이르다, 도착하다 부 지극히, 대단히

4730 **至今** zhìjīn
5급 지금 금今
부 지금까지, 여태껏

4731 **至少** zhìshǎo
4급 적을 소少
부 적어도, 최소한

4732 **至于** zhìyú
5급 어조사 우于
동 ~의 정도에 이르다

志 zhì
뜻 지志
명 뜻, 소망, 의지, 목표

4733 **志气** zhìqì
6급 기운 기氣
명 패기, 기개, 포부

4734 **志愿者** zhìyuànzhě
5급 원할 원願, 놈 자者
명 지원자

制 zhì
만들 제, 지을 제製, 절제할 제制
동 만들다, 제조하다

4735 **制裁** zhìcái
6급 마를 재裁
동 제재하다

4736 **制定** zhìdìng
5급 정할 정定
동 제정하다, 작성하다

4737 **制度** zhìdù
5급 법도 도度
명 제도, 규칙

4738 **制服** zhìfú
6급 옷 복服
명 제복 동 제압하다, 굴복시키다, 정복하다

4739 **制约** zhìyuē
6급 줄일 약約
동 제약하다

4740 **制造** zhìzào
5급 만들 조造
동 제조하다, 만들다

4741 **制止** zhìzhǐ
6급 그칠 지止
동 제지하다, 저지하다

4742 **制作** zhìzuò
5급 지을 작, 만들 작作
동 제작하다

质 zhì
바탕 질質
명 물질, 성질, 본질

4743 **质量** zhìliàng
4급 헤아릴 량, 기량 량量
명 질, 품질

治 zhì
다스릴 치治
동 다스리다, 관리하다, 손질하다, 정비하다

4744 **治安** zhì'ān
6급 편안할 안安
명 치안

4745 **治理** zhìlǐ
6급 다스릴 리理
동 통치하다, 다스리다, 관리하다

4746 **治疗** zhìliáo
5급 치료할 료療
동 치료하다

致 zhì
이를 치致, 촘촘할 치緻
동 (감정 등을) 표시하다, 실현하다, 세밀하다

4747 **致辞** zhìcí
6급 말씀 사辭
동 (집회에서) 인사말을 하다, 축사를 하다

4748 **致力** zhìlì
6급 힘 력力
동 힘쓰다, 진력하다

4749 **致使** zhìshǐ
6급 하여금 사使
동 ~를 초래하다, ~를 야기하다

秩 zhì
차례 질秩
명 차례, 순서

4750 **秩序** zhìxù
5급 차례 서序
명 질서

智 zhì
슬기 지, 지혜 지智
동 총명하다, 지혜롭다 명 지혜

4751 **智慧** zhìhuì
5급 슬기로울 혜慧
명 지혜

4752 **智力** zhìlì
6급 힘 력力
명 지력, 지능

4753 **智能** zhìnéng
6급 능할 능能
명 지능 형 지능이 있는

4754 **智商** zhìshāng
6급 헤아릴 상, 장사 상商
명 지능지수(智力商數)의 약칭

滞 zhì
막힐 체, 머무를 체滯
동 멈추다, 정체하다, 지체하다

4755 **滞留** zhìliú
6급 머무를 류留
동 ~에 머물다(체류하다)

中 zhōng
가운데 중中
명 한가운데, 중심, 중앙

4756 **中断** zhōngduàn
6급 끊을 단斷
동 중단하다, 끊다

4757 **中国** Zhōngguó
1급 나라 국國
명 중국

4758 **中间** zhōngjiān
3급 사이 간間
명 중간, 한가운데

4759 **中介** zhōngjiè
5급 낄 개介
동 매개하다 명 매개

4760 **中立** zhōnglì
6급 설 립立
동 중립하다, 중립을 지키다

4761 **中文** Zhōngwén
3급 글월 문文
명 중국의 언어와 문자

4762 **中午** zhōngwǔ
1급 낮 오午
명 정오, 낮 12시 전후

4763 **中心** zhōngxīn
5급 마음 심心
명 중심, 핵심

4764 **中旬** zhōngxún
5급 열흘 순旬
명 중순

4765 **中央** zhōngyāng
6급 가운데 앙央
명 중앙, 정부(정치 조직)의 최고 기관

忠 zhōng
충성 충忠
형 충성스럽다, 몸과 마음을 다하다

4766 **忠诚** zhōngchéng
6급 정성 성誠
형 충성하다, 충실하다, 성실하다

4767 **忠实** zhōngshí
6급 열매 실實
형 충실하다, 충직하고 성실하다, 진실하다

终 zhōng
마칠 종終
명 끝, 결말 동 끝나다, 마치다

4768 **终点** zhōngdiǎn
6급 점 점點
명 종착점, 종점, 결승점, 골인점

4769 **终究** zhōngjiū
6급 연구할 구究
부 결국, 필경, 어쨌든

4770 **终身** zhōngshēn
6급 몸 신身
명 일생, 평생, 종신

4771 **终于** zhōngyú
3급 어조사 우于
부 마침내, 결국, 끝내

4772 **终止** zhōngzhǐ
6급 그칠 지止
동 마치다, 정지하다, 중지하다

衷 zhōng
속마음 충衷
[명] 내심, 속마음

4773 衷心 zhōngxīn
6급 마음 심心
[형] 충심의

肿 zhǒng
부르틀 종, 종기 종腫
[동] 붓다, 부어오르다

4774 肿瘤 zhǒngliú
6급 혹 류瘤
[명] 종양

4775 种 zhǒng
3급 씨 종種
[양] 종류, 부류, 가지

4776 种类 zhǒnglèi
5급 무리 류類
[명] 종류

4777 种子 zhǒngzi
6급 접미사 자子
[명] 종자, 열매, 씨앗

4778 种族 zhǒngzú
6급 겨레 족族
[명] 종족, 인종

众 zhòng
무리 중衆
[형] 많다 [명] 많은 사람

4779 众所周知 zhòngsuǒzhōuzhī
6급 곳 소所, 두루 주周, 알 지知
[성] 모든 사람이 다 알고 있다

种 zhòng
심을 종, 뿌릴 종種
[동] 심다, 뿌리다, 파종하다

4780 种植 zhòngzhí
6급 심을 식植
[동] 재배하다, 씨를 뿌리고 묘목을 심다

4781 重 zhòng
4급 무거울 중重
[형] 무겁다, 비중이 크다, 중요하다

4782 重大 zhòngdà
5급 큰 대大
[형] 중대하다

4783 重点 zhòngdiǎn
4급 점 점點
[명] 중점 [형] 중요한, 주요한

4784 重量 zhòngliàng
5급 분량 량量
[명] 중량

4785 重视 zhòngshì
4급 볼 시視
[동] 중시하다, 중요시하다

4786 重心 zhòngxīn
6급 마음 심心
[명] 중심, 무게 중심

4787 重要 zhòngyào
3급 요긴할 요要
[형] 중요하다

4788 舟 zhōu
6급 배 주舟
[명] 배

4789 州 zhōu
6급 고을 주州
명 주, 자치주

周 zhōu
두루 주, 돌 주周
명 주변, 주위 양 바퀴, 주, 주일

4790 周边 zhōubiān
6급 가장자리 변邊
명 주변, 주위

4791 周到 zhōudào
5급 이를 도到
형 세심하다, 치밀하다

4792 周密 zhōumì
6급 빽빽할 밀密
형 주도면밀하다, 치밀하다

4793 周末 zhōumò
3급 끝 말末
명 주말

4794 周年 zhōunián
6급 해 년年
명 주년

4795 周期 zhōuqī
6급 기약할 기期
명 주기

4796 周围 zhōuwéi
4급 에워쌀 위, 둘레 위圍
명 주위, 주변

4797 周折 zhōuzhé
6급 꺾을 절折
명 곡절

4798 周转 zhōuzhuǎn
6급 바꿀 전, 회전할 전轉
동 돌리다, 융통하다, (자금을) 회전시키다

4799 粥 zhōu
6급 죽 죽粥
명 죽

昼 zhòu
낮 주晝
명 낮

4800 昼夜 zhòuyè
6급 밤 야夜
명 낮과 밤

皱 zhòu
주름 추皺
명 주름, 주름살

4801 皱纹 zhòuwén
6급 무늬 문紋
명 주름, 주름살

4802 株 zhū
6급 그루 주株
명 그루터기, 포기, 그루

诸 zhū
모두 제諸
대 모든, 전부, 여러, 많은

4803 诸位 zhūwèi
6급 자리 위位
대 제위, 여러분

4804 猪 zhū
5급 돼지 저猪
명 돼지

竹 zhú
대 죽竹
® 대나무

4805 竹子 zhúzi
5급 접미사 자子
® 대나무

逐 zhú
쫓을 축, 하나하나 축逐
® 쫓다, 뒤쫓다

4806 逐步 zhúbù
5급 걸음 보步
® 한 걸음 한 걸음

4807 逐渐 zhújiàn
5급 점점 점漸
® 점점, 점차

4808 逐年 zhúnián
6급 해 년年
® 한 해 한 해, 해마다

主 zhǔ
주인 주主
® 주인   ® 주관하다, 주재하다

4809 主办 zhǔbàn
6급 주관할 판辦
® 주최하다

4810 主持 zhǔchí
5급 가질 지持
® 주관하다, 주재하다

4811 主导 zhǔdǎo
6급 이끌 도導
® 주도의   ® 주도

4812 主动 zhǔdòng
5급 움직일 동動
® 주동적인, 자발적인

4813 主观 zhǔguān
5급 볼 관觀
® 주관   ® 주관적인

4814 主管 zhǔguǎn
6급 주관할 관管
® 주관하다, 주무하다   ® 주관자, 팀장

4815 主流 zhǔliú
6급 흐를 류流
® 주류

4816 主权 zhǔquán
6급 권세 권權
® 주권

4817 主人 zhǔrén
5급 사람 인人
® 주인

4818 主任 zhǔrèn
5급 맡길 임任
® 장, 주임

4819 主题 zhǔtí
5급 제목 제題
® 주제

4820 主席 zhǔxí
5급 자리 석席
® 의장, 주석

4821 主要 zhǔyào
3급 요긴할 요要
® 주요한, 주된   ® 주로, 대부분

4822 主义 zhǔyì
6급 옳을 의義
몡 주의

4823 主意 zhǔyi
4급 뜻 의意
몡 방법, 생각, 아이디어

4824 主张 zhǔzhāng
5급 넓힐 장張
통 주장하다 몡 주장, 견해

4825 拄 zhǔ
6급 버틸 주拄
통 (지팡이로) 몸을 지탱하다, 짚다

4826 煮 zhǔ
5급 삶을 자煮
통 삶다, 끓이다

嘱 zhǔ
부탁할 촉囑
통 분부하다, 당부하다 몡 분부, 당부

4827 嘱咐 zhǔfù
6급 분부할 부咐
통 분부하다, 당부하다 몡 분부, 당부

助 zhù
도울 조助
통 돕다, 협조하다

4828 助理 zhùlǐ
6급 다스릴 리理
통 보조하다, 보좌하다 몡 보좌관, 비서

4829 助手 zhùshǒu
6급 손 수手
몡 조수

4830 住 zhù
1급 살 주住
통 살다, 거주하다

4831 住宅 zhùzhái
6급 집 택宅
몡 주택

注 zhù
부을 주, 주를 달 주注
통 주입하다, 쏟다, 붓다, 등록하다

4832 注册 zhùcè
5급 책 책册
통 등록하다, 등기하다

4833 注射 zhùshè
6급 쏠 사射
통 주사하다

4834 注视 zhùshì
6급 볼 시視
통 (면밀하게) 주시하다, 주의 깊게 살피다

4835 注释 zhùshì
6급 풀 석釋
통 주해하다, 주석하다 몡 주석, 주

4836 注意 zhùyì
3급 뜻 의意
통 주의하다, 조심하다

4837 注重 zhùzhòng
6급 무거울 중重
통 중시하다, 중점을 두다

驻 zhù
머무를 주駐
통 숙박하다, 묵다, 거주하다

4838 **驻扎** zhùzhā
6급 뽑을 찰, 공문서 찰札
동 (부대나 근무 인원 등이) 주둔하다, 머무르다

祝 zhù
축하할 축祝
동 축복하다, 축하하다, 기원하다

4839 **祝福** zhùfú
5급 복 복福
동 축복하다, 기원하다   명 축복, 축하

4840 **祝贺** zhùhè
4급 하례할 하賀
동 축하하다, 경하하다

著 zhù
뚜렷할 저, 나타날 저著
형 현저하다, 뚜렷하다   동 저작하다, 저술하다

4841 **著名** zhùmíng
4급 이름 명名
형 저명하다, 유명하다

4842 **著作** zhùzuò
6급 지을 작作
동 저작하다   명 저서, 저작

铸 zhù
쇠 불릴 주鑄
동 주조하다

4843 **铸造** zhùzào
6급 만들 조造
동 주조하다

4844 **抓** zhuā
5급 긁을 조抓
동 꽉 쥐다, 긁다

4845 **抓紧** zhuājǐn
5급 긴할 긴緊
동 꽉 쥐다, 단단히 잡다

4846 **拽** zhuài
6급 끌 예拽
동 잡아당기다, 잡아 끌다

专 zhuān
오로지 전專
형 전문적이다, 전념하다, 집중하다

4847 **专长** zhuāncháng
6급 길 장長
명 특기, 특수 기능, 전문 기술(지식)

4848 **专程** zhuānchéng
6급 한도 정, 길 정程
부 특별히, 일부러 (~에 가다)

4849 **专家** zhuānjiā
5급 집 가家
명 전문가

4850 **专利** zhuānlì
6급 이로울 리利
명 특허, 특허권

4851 **专门** zhuānmén
4급 문 문門
형 전문적이다   부 전문적으로, 오로지

4852 **专题** zhuāntí
6급 제목 제題
명 전제, 특정한 제목

4853 **专心** zhuānxīn
5급 마음 심心
형 전념하다, 몰두하다

4854 **专业** zhuānyè
4급 직업 업業
명 전공, 전문

4855 **砖** zhuān
6급 벽돌 전磚
명 벽돌

4856 **转** zhuǎn
4급 바꿀 전轉
동 (방향·위치·상황 등이) 돌다, 바뀌다, 전하다

4857 **转变** zhuǎnbiàn
5급 변할 변變
동 전변하다, 바꾸다

4858 **转达** zhuǎndá
6급 이를 달達
동 전하다, 전달하다

4859 **转告** zhuǎngào
5급 알릴 고告
동 전언하다, 전달하다

4860 **转让** zhuǎnràng
6급 사양할 양讓
동 양도하다, 넘겨 주다

4861 **转移** zhuǎnyí
6급 옮길 이移
동 옮기다, 이동시키다

4862 **转折** zhuǎnzhé
6급 꺾을 절折
동 방향이 바뀌다, 전환하다

传 zhuàn
전기 전傳
명 전기(사람의 일대기)

4863 **传记** zhuànjì
6급 기록할 기記
명 전기

4864 **赚** zhuàn
4급 속일 잠, 돈 벌 잠賺
동 돈을 벌다

庄 zhuāng
씩씩할 장, 장중할 장莊
형 엄숙하다, 장엄하다 명 촌락, 마을

4865 **庄稼** zhuāngjia
6급 심을 가稼
명 농작물

4866 **庄严** zhuāngyán
6급 엄할 엄嚴
형 장엄하다, 장중하고 엄숙하다

4867 **庄重** zhuāngzhòng
6급 무거울 중重
형 장중하다, 위엄이 있다

4868 **装** zhuāng
5급 꾸밀 장, 실을 장裝
동 싣다, 담다, 포장하다

4869 **装备** zhuāngbèi
6급 갖출 비備
명 장비 동 탑재하다, 장착하다

4870 **装饰** zhuāngshì
5급 꾸밀 식飾
명 장식품 동 장식하다

4871 **装卸** zhuāngxiè
6급 풀 사卸
동 조립하고 해체하다, 싣고 부리다

4872 **装修** zhuāngxiū
5급 꾸밀 수修
동 장식하고 꾸미다, 설치하고 수리해 주다

壮 zhuàng
장할 장, 굳셀 장壯
형 힘이 세다, 건장하다, 웅장하다

4873 **壮观** zhuàngguān
6급 볼 관觀
명 장관 형 경관이 훌륭하고 장대하다

4874 **壮丽** zhuànglì
6급 아름다울 려麗
형 장려하다, 웅장하고 아름답다

4875 **壮烈** zhuàngliè
6급 세찰 렬烈
형 장렬하다

4876 **状况** zhuàngkuàng
5급 상황 황況
명 상황, 형편

4877 **状态** zhuàngtài
5급 모습 태態
명 상태

4878 **撞** zhuàng
5급 칠 당, 부딪칠 당撞
동 부딪치다, 돌진하다

4879 **幢** zhuàng
6급 장막 당幢
양 동, 채(건물을 세는 단위)

4880 **追** zhuī
5급 쫓을 추追
동 뒤쫓다, 추구하다

4881 **追悼** zhuīdào
6급 슬퍼할 도悼
동 (죽은 자를) 추모하다, 추도하다

4882 **追究** zhuījiū
6급 연구할 구究
동 추궁하다, 따지다

4883 **追求** zhuīqiú
5급 구할 구求
동 추구하다, 구애하다

4884 **坠** zhuì
6급 떨어질 추墜
동 떨어지다, 추락하다, 낙하하다

准 zhǔn
정확할 준準
형 정확하다, 틀림없다 동 허가하다

4885 **准备** zhǔnbèi
2급 갖출 비備
동 준비하다 명 준비

4886 **准确** zhǔnquè
4급 굳을 확確
동 정확하다, 확실하다

4887 **准时** zhǔnshí
4급 때 시時
부 정시에, 제때에

4888 **准则** zhǔnzé
6급 법칙 칙則
명 준칙, 규범

桌 zhuō
탁자 탁桌
명 탁자

4889 **桌子** zhuōzi
1급 접미사 子子
명 탁자, 테이블

卓 zhuó
높을 탁卓
형 뛰어나다, 탁월하다, 출중하다

4890 **卓越** zhuóyuè
6급 뛰어넘을 월越
형 탁월하다, 출중하다

着 zhuó
붙을 착着
동 (옷을) 입다, 걸치다, 접촉하다, 붙다, 닿다

4891 **着手** zhuóshǒu
6급 손 수手
동 착수하다, 시작하다

4892 **着想** zhuóxiǎng
6급 생각할 상想
동 생각하다, 고려하다

4893 **着重** zhuózhòng
6급 무거울 중重
동 힘을 주다, 강조하다, 치중하다

咨 zī
물을 자咨
동 자문하다, 상의하다

4894 **咨询** zīxún
5급 물을 순詢
동 자문하다, 상의하다

姿 zī
모습 자, 맵시 자姿
자태, 자세, 모습, 생김새

4895 **姿势** zīshì
5급 형세 세勢
명 자세, 모양

4896 **姿态** zītài
6급 모습 태態
명 자태, 모습, 자세

资 zī
재물 자, 자원 자資
동 (재물로) 돕다, 제공하다   명 자질, 소질

4897 **资本** zīběn
6급 근본 본本
명 자본, 자금, 밑천

4898 **资产** zīchǎn
6급 낳을 산産
명 재산, 산업

4899 **资格** zīgé
5급 격식 격格
명 자격

4900 **资金** zījīn
5급 쇠 금金
명 자금

4901 **资料** zīliào
5급 헤아릴 료料
명 자료, 생필품

4902 **资深** zīshēn
6급 깊을 심深
형 경력이 오랜, 베테랑의

4903 **资源** zīyuán
5급 근원 원源
명 자원

4904 资助 zīzhù
6급 도울 조助
동 (재물로) 돕다

滋 zī
불어날 자滋
동 생장하다, 번식하다, 증가하다   명 맛

4905 滋润 zīrùn
6급 젖을 윤潤
형 습윤하다, 촉촉하다

4906 滋味 zīwèi
6급 맛 미味
명 좋은 맛, 향미

子 zǐ
아들 자子
명 아들, 알(작고 단단한 알 모양의 물건)

4907 子弹 zǐdàn
6급 탄알 탄彈
명 '탄두'의 낮은 말

仔 zǐ
새끼 자仔
형 어린, 새끼의, 가는, 세밀한

4908 仔细 zǐxì
4급 가늘 세細
형 세심하다, 꼼꼼하다

4909 紫 zǐ
5급 자줏빛 자紫
형 자색의, 자줏빛의

自 zì
스스로 자自
대 자기, 자신

4910 自卑 zìbēi
6급 낮을 비卑
형 스스로 남보다 못하다고 느끼다

4911 自从 zìcóng
5급 좇을 종從
전 ~에서, ~부터

4912 自动 zìdòng
5급 움직일 동動
형 자발적인, 자동으로

4913 自发 zìfā
6급 필 발發
형 자발적인, 자연적인

4914 自豪 zìháo
5급 호걸 호, 뛰어날 호豪
형 스스로 긍지를 느끼다

4915 自己 zìjǐ
3급 자기 기己
대 자기, 자신, 스스로

4916 自觉 zìjué
5급 깨달을 각覺
동 자각하다   형 자발적인

4917 自力更生 zìlìgēngshēng
6급 힘 력力, 다시 갱更, 날 생生
성 자력 갱생하다

4918 自满 zìmǎn
6급 가득 찰 만滿
형 자만하다

4919 自然 zìrán
4급 그러할 연然
명 자연   형 천연의, 자연의

4920 **自私** zìsī
5급 사사로울 사私
[형] 이기적이다

4921 **自信** zìxìn
4급 믿을 신信
[동] 자신하다, 자부하다　[형] 자신만만하다

4922 **自行车** zìxíngchē
3급 다닐 행行, 수레 차車
[명] 자전거

4923 **自由** zìyóu
5급 말미암을 유由
[형] 자유롭다　[명] 자유

4924 **自愿** zìyuàn
5급 원할 원願
[동] 자원하다

4925 **自主** zìzhǔ
6급 주인 주主
[동] 자주적이다, 자주적으로 하다

4926 **字** zì
1급 글자 자字
[명] 문자, 글자

4927 **字母** zìmǔ
5급 어미 모母
[명] 자모, 알파벳

4928 **字幕** zìmù
5급 장막 막幕
[명] 자막

宗 zōng
조상 종, 으뜸 종宗
[동] 숭상하다　[명] 조상, 선조

4929 **宗教** zōngjiào
6급 가르칠 교教
[명] 종교

4930 **宗旨** zōngzhǐ
6급 뜻 지旨
[명] 종지, 취지, 목적

综 zōng
모을 종綜
[동] 한데 모으다, 합치다, 종합하다

4931 **综合** zōnghé
5급 모두 합合
[동] 종합하다, 총괄하다

棕 zōng
종려나무 종棕
[명] 종려나무

4932 **棕色** zōngsè
6급 빛 색色
[명] 갈색, 다갈색

踪 zōng
자취 종踪
[명] 발자취, 발자국

4933 **踪迹** zōngjì
6급 자취 적迹
[명] 종적, 행적, 발자취

总 zǒng
다 총, 합할 총總
[동] 총괄하다, 종합하다, 모으다

4934 **总裁** zǒngcái
5급 마를 재裁
[명] 총재, 총수

4935 **总而言之** zǒng'éryánzhī
6급 말 이을 이而, 말씀 언言, 어조사 지之
성 총괄적으로 말하면, 요컨대

4936 **总共** zǒnggòng
5급 함께 공共
부 모두, 전부

4937 **总和** zǒnghé
6급 화할 화和
명 총계, 총수, 총화

4938 **总结** zǒngjié
4급 묶을 결結
동 총괄하다, 총결산하다

4939 **总理** zǒnglǐ
5급 다스릴 리理
명 총리, 사장

4940 **总是** zǒngshì
3급 옳을 시是
부 늘, 줄곧, 언제나

4941 **总算** zǒngsuàn
5급 셈 산算
부 겨우, 간신히, 마침내, 드디어

4942 **总统** zǒngtǒng
5급 거느릴 통統
명 총통, 대통령

4943 **总之** zǒngzhī
5급 어조사 지之
접 총괄하면, 하여간

纵 zòng
세로 종縱
형 세로의, 종의

4944 **纵横** zònghéng
6급 가로 횡橫
명 종횡, 가로 세로

4945 **走** zǒu
2급 달릴 주
동 걷다, 떠나다

4946 **走廊** zǒuláng
6급 복도 랑廊
명 복도, 회랑

4947 **走漏** zǒulòu
6급 샐 루漏
동 (정보를) 누설하다, 밀수로 탈세하다

4948 **走私** zǒusī
6급 사사로울 사私
동 밀수하다

4949 **揍** zòu
6급 때릴 주揍
동 (사람을) 때리다, 치다

4950 **租** zū
4급 조세 조租
동 세내다, 임차하다, 세를 주다, 임대하다

4951 **租赁** zūlìn
6급 세낼 임, 품삯 임賃
동 임차하다, (세를 주고) 빌리다

足 zú
발 족足
명 다리, 발 부 ~에 충분하다, 족히 ~할 만하다

4952 **足以** zúyǐ
6급 써 이以
부 충분히 ~할 수 있다, ~하기에 족하다

阻 zǔ
막힐 조阻
동 가로막다, 저지하다

4953 **阻碍** zǔ'ài
6급 막을 애礙
동 (진행하지 못하도록) 가로막다

4954 **阻拦** zǔlán
6급 막을 란攔
동 저지하다, 방해하다, 막다

4955 **阻挠** zǔnáo
6급 어지러울 뇨撓
동 가로막다, 방해하다, 차단하다

4956 **阻止** zǔzhǐ
5급 그칠 지止
동 저지하다

4957 **组** zǔ
5급 짤 조, 조직할 조組
명 조, 그룹 동 짜다, 조직하다

4958 **组成** zǔchéng
5급 이룰 성成
동 짜다, 조성하다 명 구성

4959 **组合** zǔhé
5급 합할 합合
명 조합 동 조합하다

4960 **组织** zǔzhī
5급 짤 직織
동 조직하다 명 조직

祖 zǔ
조상 조, 할아버지 조祖
명 조상, 할아버지

4961 **祖父** zǔfù
6급 아버지 부父
명 조부, 할아버지

4962 **祖国** zǔguó
6급 나라 국國
명 조국

4963 **祖先** zǔxiān
6급 먼저 선先
명 선조, 조상

钻 zuān
뚫을 찬鑽
동 (구멍을) 뚫다, 깊이 연구하다, 파고들다

4964 **钻研** zuānyán
6급 갈 연研
동 깊이 연구하다, 심혈을 기울이다

钻 zuàn
송곳 찬鑽
명 다이아몬드, 금강석

4965 **钻石** zuànshí
6급 돌 석石
명 금강석, 다이아몬드

4966 **嘴** zuǐ
3급 부리 취嘴
명 입의 속칭

4967 **嘴唇** zuǐchún
6급 입술 순脣
명 입술

4968 **最** zuì
2급 가장 최
부 가장, 제일

4969 **最初** zuìchū
5급 처음 초初
몡 최초, 처음

4970 **最好** zuìhǎo
4급 좋을 호好
혱 가장 좋다 뷔 제일 좋기는

4971 **最后** zuìhòu
3급 뒤 후後
혱 최후의, 맨 마지막의 몡 최후, 끝

4972 **最近** zuìjìn
3급 가까울 근近
몡 최근, 요즈음, 일간

罪 zuì
허물 죄, 과실 죄罪
몡 죄, 범죄, 과실, 잘못

4973 **罪犯** zuìfàn
6급 범할 범犯
몡 범인, 죄인

4974 **醉** zuì
5급 취할 취醉
동 취하다, 빠지다

尊 zūn
높을 존, 존경할 존尊
동 존경하다, 존중하다 혱 (지위나 서열이) 높다

4975 **尊敬** zūnjìng
5급 공경할 경敬
동 존경하다 혱 존경하는

4976 **尊严** zūnyán
6급 엄할 엄嚴
혱 존귀하고 장엄하다, 존엄하다

4977 **尊重** zūnzhòng
4급 무거울 중重
동 존중하다, 중시하다

遵 zūn
좇을 준遵
동 따르다, 지키다, 좇다, 복종하다

4978 **遵守** zūnshǒu
5급 지킬 수守
동 준수하다, 지키다

4979 **遵循** zūnxún
6급 좇을 순循
동 따르다

昨 zuó
어제 작昨
몡 어제

4980 **昨天** zuótiān
1급 하늘 천天
몡 어제

琢 zuó
다듬을 탁, 쫄 탁琢
동 옥(돌)을 쪼다, 다듬다, 갈다

4981 **琢磨** zuómo
6급 갈 마磨
동 깊이 생각하다, 사색하다, 궁리하다

左 zuǒ
왼쪽 좌左
몡 왼쪽, 좌측

4982 **左边** zuǒbian
2급 가장자리 변邊
몡 왼쪽, 왼편

4983 左右 zuǒyòu
4급 오른쪽 우右
명 좌와 우, 왼쪽과 오른쪽, 주위, 곁

作 zuò
지을 작作
동 만들다, 생산하다, 일하다

4984 作弊 zuòbì
6급 부정행위 폐弊
동 법이나 규정을 어기다, 부정 행위를 하다

4985 作废 zuòfèi
6급 폐할 폐, 버릴 폐廢
동 폐기하다

4986 作风 zuòfēng
6급 바람 풍, 습속 풍, 풍속 풍風
명 기풍, 태도, 풍격

4987 作家 zuòjiā
4급 집 가家
명 작가

4988 作品 zuòpǐn
5급 물건 품品
명 창작품, 작품

4989 作为 zuòwéi
5급 할 위爲
동 ~로 여기다, ~로 삼다

4990 作文 zuòwén
5급 글월 문文
동 작문하다   명 작문, 글

4991 作息 zuòxī
6급 쉴 식息
동 일하고 휴식하다

4992 作业 zuòyè
3급 직업 업業
명 숙제, 과제

4993 作用 zuòyòng
4급 쓸 용用
명 작용, 영향, 효과

4994 作者 zuòzhě
4급 놈 자者
명 지은이, 저자

4995 坐 zuò
1급 앉을 좌坐
동 앉다

4996 座 zuò
4급 자리 좌座
명 좌석, 자리

4997 座位 zuòwèi
4급 자리 위位
명 좌석

4998 座右铭 zuòyòumíng
6급 오른쪽 우右, 새길 명銘
명 좌우명

4999 做 zuò
1급 지을 주, 만들 주做
동 ~을 하다, 만들다

5000 做主 zuòzhǔ
6급 주인 주主
동 주인이 되다, 책임지고 결정하다

부록 1

신HSK 1~6급 표제자 필사 노트

A 阿 啊 哎 唉 挨 癌 矮 爱 暧 安 岸 按 案 暗 昂 凹 熬 奥

B 八 巴 扒 疤 拔 把 爸 罢 霸 吧 掰 白 百 摆 败 拜 班 颁 斑 搬

版 办 半 扮 伴 帮 绑 榜 棒 傍 磅 包 薄 饱 宝 保 报 抱 暴 曝

爆 杯 卑 背 悲 北 贝 备 背 倍 被 奔 本 笨 崩 甭 迸 蹦 逼 鼻

比 彼 笔 鄙 必 毕 闭 弊 避 臂 边 编 鞭 贬 扁 变 便 遍 辨 辩

辫 标 表 憋 别 别 宾 濒 冰 丙 饼 并 病 拨 波 玻 剥 播 伯 脖
　　　　　　　　bié biè

博 搏 薄 补 捕 哺 不 布 步 部

C 擦 猜 才 材 财 裁 采 彩 踩 菜 参 餐 残 惭 灿 仓 苍 舱 操 嘈

草 册 厕 侧 测 策 层 曾 叉 差 插 茶 查 岔 刹 诧 差 拆 柴 搀
　　　　　　　　　　chā　　　　　　　　　　　chà

馋 缠 产 阐 颤 昌 长 尝 常 偿 场 敞 畅 倡 唱 抄 钞 超 巢 朝
　　　　　　　　　　cháng

嘲 潮 吵 炒 车 彻 撤 沉 陈 衬 称 趁 称 成 呈 诚 承 城 乘 盛
　　　　　　　　　　　　chèn　　chèng

程 惩 澄 橙 秤 吃 池 迟 持 尺 赤 翅 冲 充 重 崇 宠 抽 稠 筹
　　　　　　　　　　　　　　　　　　　　chóng

丑 臭 出 初 除 厨 处 储 触 川 穿 传 船 喘 串 窗 床 闯 创 吹
　　　　　　　　　　　　　　　　　chuán

▶ 이 자료는 뜨인돌출판사 홈페이지(www.ddstone.com) ≫ 독자마당 ≫ DSL 자료실)에서 다운받으세요.

부록 2

필사할 신HSK 1~6급 5000단어

A

阿姨　啊　哎　唉　挨　癌症　矮　爱　爱不释手　爱戴　爱好　爱护　爱情
爱惜　爱心　暧昧　安静　安宁　安排　安全　安慰　安详　安置　安装　岸
按摩　按时　按照　案件　案例　暗　暗示　昂贵　凹凸　熬　熬夜　奥秘

B

八　巴不得　巴结　扒　疤　拔苗助长　把　把关　把手　把握　爸爸　罢工
霸道　吧　掰　白　百分之　摆　摆脱　败坏　拜访　拜年　拜托　班　颁布
颁发　斑　搬　版本　办法　办公室　办理　半　半途而废　扮演　伴侣　伴随
帮忙　帮助　绑架　榜样　棒　傍晚　磅　包　包庇　包袱　包裹　包含　包括
包围　包装　包子　薄　饱　饱和　饱经沧桑　宝贝　宝贵　保持　保存　保管
保护　保留　保密　保姆　保守　保卫　保险　保养　保障　保证　保重　报仇
报酬　报答　报到　报道　报复　报告　报警　报名　报社　报销　报纸　抱
抱负　抱歉　抱怨　暴力　暴露　曝光　爆发　爆炸　杯子　卑鄙　背　悲哀
悲惨　悲观　北方　北极　北京　贝壳　备份　备忘录　背景　背叛　背诵
倍　被　被动　被告　被子　奔波　奔驰　本　本科　本来　本领　本能
本钱　本人　本身　本事　本质　笨　笨拙　崩溃　甭　迸发　蹦　逼迫　鼻涕
鼻子　比　比方　比较　比例　比如　比赛　比喻　比重　彼此　笔记本　鄙视
必然　必须　必要　毕竟　毕业　闭塞　弊病　弊端　避免　臂　边疆　边界
边境　边缘　编辑　编织　鞭策　鞭炮　贬低　贬义　扁　变故　变化　变迁
变质　便　便利　便条　便于　遍　遍布　辨认　辩护　辩解　辩论　辩证　辫子
标本　标点　标记　标题　标志　标准　表达　表格　表决　表面　表明　表情
表示　表态　表现　表演　表扬　表彰　憋　别　别人　别墅　别致　别扭　宾馆
濒临　冰雹　冰激凌　冰箱　丙　饼干　并非　并列　并且　病毒　拨　波浪
波涛　玻璃　剥削　播放　播种　伯母　脖子　博大精深　博览会　博士　博物馆
搏斗　薄弱　补偿　补充　补救　补贴　捕捉　哺乳　不　不安　不但…而且…